Respekt ist keine Einbahnstraße
Band 2

FSC
www.fsc.org
MIX
Papier aus verantwortungsvollen Quellen
Paper from responsible sources
FSC® C105338

Horst Schawohl

Respekt ist keine Einbahnstraße
Band 2

Das Einzel-Anti-Aggressivitäts-Training in der praktischen Anwendung

2023
Mönchengladbach
Forum Verlag Godesberg

Bibliographische Information der Deutschen Nationalbibliothek

Die Deutsche Nationalbibliothek verzeichnet diese Publikation in der Deutschen Nationalbibliographie: detaillierte bibliografische Daten sind im Internet über http://dnb.d-nb.de abrufbar.

Mönchengladbach 2023
Coverdesign: Kostas Megas
Gesamtherstellung: Books on Demand GmbH, Norderstedt
Printed in Germany
978-3-96410-008-5

Inhalt

„Das hilft mir auf jeden Fall mehr, wenn ich mit jemandem reden kann und das menschlich passt, als wenn ich da mit einem Therapeuten sitze, der dann nur die Augen verdreht, weil er irgendwas nicht versteht."

Teilnehmer, der 2 Jahre nach Beendigung des Einzel-AATs freiwillig erneut Termine wahrnehmen möchte

Als Einleitung ein: „Gut gemacht!“

Gut gemacht!“, lautete die knapp formulierte Antwort von Herbert Colla in einem Gespräch anlässlich der Feier seines 75. Geburtstages. Dieses ‚Gut gemacht!‘ bezog sich auf die Darlegungen des Verfassers hinsichtlich der bisherigen Praxiserfahrungen zum Einzel-AAT sowie weitergehender entwicklungspotentieller Überlegungen. „Dann mach mal weiter!“, lautete der lakonische Ansporn.

Also wurde weitergedacht und weitergemacht. Das Gruppenangebot Anti-Aggressivitäts-Training (AAT®) wurde dahingehend modifiziert, dass nunmehr ein Einzel-AAT® gleichsam als regelhafter Bestandteil in den Kanon der sozialpädagogisch-justiziellen Angebote implementiert werden konnte. Zudem ist eine Qualifizierung für angehende TrainerInnen als zertifiziertes Seminarangebot installiert worden[1].

Die Entwicklung vom sogenannten ‚heißen Stuhl‘ zur ‚konfrontativ-individualisierten Tatkommunikation‘ kann durchaus als konsequente methodisch-curriculare Fortschreibung verstanden werden[2].

Die dialogische Ausgestaltung des Einzel-AATs hat dabei eine andere Intensität der Konfrontation generiert, deren Zugang zur Klientel sich vom gruppenkontextuellen Habitus nach bisherigen Erfahrungswerten insbesondere durch die Möglichkeit der individualisierten Modifizierung(en) der zugrundeliegenden Inhalte unterscheidet. Mit anderen Worten: Das Curriculum kann passgenau jeweilige individuelle Bedarfe berücksichtigen und gewinnt dadurch an Wirksamkeit.

1 Schawohl 2021
2 Vgl. Schawohl 2014

„Sie haben mich mit Ihrem Reden verführt", erklärte ein Absolvent (20 Jahre) bei der Kursreflexion seine Einschätzung dieser Wirksamkeit, „weil ich von Anfang an wusste: Ich muss hier die Wahrheit sagen, weil das sonst nichts bringen würde. Und jedes Mal ist mir klar geworden, dass das alles aufeinander aufbaut, was wir hier bei jedem Termin besprochen haben - das hat alles immer Sinn ergeben und hat mir dann ‚für draußen' was gebracht, und da hatte man eigentlich gar keine andere Möglichkeit, als immer die Wahrheit zu sagen, obwohl man das ja gar nicht muss, wenn man nicht will, aber irgendwie wollte man hier immer reden" - das ist eine nahezu idealtypische Darlegung der Intention eines Einzel-AATs: Individual-perspektivische Möglichkeiten aktivieren, die *dann ‚für draußen' was bringen*.

Den Lehrbuchgläubigen mag da eine Frage umtreiben: Wo - bitte - bleibt die Konfrontation? Es geht doch um ein Anti-Aggressivitäts-Training, also um eine Maßnahme, die aus der Konfrontativen Pädagogik erwachsen ist. Das stimmt. Und das Element der Konfrontation wird auch berücksichtigt, allerdings ist das Maß nunmehr ein anderes, ohne dabei seine Wirksamkeit zu verlieren. Die Duden-Definition behält uneingeschränkte Gültigkeit: „1. Gegenüberstellung von einander widersprechenden Meinungen, Sachverhalten od. Personengruppen [...]"[3].

Gleichwohl: Zu dieser Konfrontation muss zunächst eingeladen werden und diese Einladung bedarf der Zustimmung der eingeladenen Person - es ist gleichsam der Schritt von der Interventionsberechtigung zur Interventionserlaubnis[4], und dieser vollzieht sich mit Bedacht und Anerkennung für die mit je eigener biografischer Faktizität

3 Duden 2011, S. 564
4 Vgl. Schawohl 2009

vorgetragenen Darstellungen der teilnehmenden Person. Diese Darstellungen erfolgen unter Berücksichtigung der bereits im Vorgespräch mitgeteilten normativen Vorgabe, es könne beim Einzel-AAT alles erzählt werden, es müsse gleichwohl gar nichts erzählt werden – diese Normvorgabe schafft eine weitreichende Basis für biografisch-dialogische Möglichkeiten der Entlastung, der Erleichterung, der Offenheit und somit der Aussicht auf Erkenntnis(se).

Das Zusammenwirken von Autorität, Respekt, Beziehung und Kommunikation generiert jenen Effekt, der es der Klientel ermöglicht, vertrauensvolle Offenheit zu wagen, um für die eigene Biografie einen individual-perspektivischen Zugewinn erfahrbar und erlebbar werden zu lassen (AUREBEKO-Effekt[5]), was sich dann im Resultat so beschreiben lässt:

I: Wann ist Ihnen denn klar gewesen oder klar geworden, dass das hier für Sie passen würde vom Stil her?

K: Eigentlich schon bei dem ersten Mal, als ich hier gewesen bin [meint: Termin für das Vorgespräch; Anm.] und wir so gesprochen haben, was hier stattfindet und wie das abläuft alles. Da hab' ich schon gemerkt, dass das hier in Ordnung ist und dass Sie vernünftig mit einem reden so.

I: Hat Sie das überrascht?

K: Dass hier so geredet wird, meinen Sie?

I: Ja, dieses Respektvolle und Menschliche, so wie Sie es [zuvor] beschreiben – was hätten Sie denn stattdessen erwartet?

K: Ja, so, dass man hier irgendwie anders…, ja, dass so auf ‚Wer-bist-du-denn-eigentlich?' oder so ‚Fertig-gemacht-Werden' eben – sowas vielleicht. Das hab' ich ja so auch schon mal in einer Gruppe mit-gemacht – da bin ich dann aber nur einige Male hin

5 Schawohl 2024

und dann nicht mehr, aber so wie hier ist das auf jeden Fall besser für die Leute, denke ich mal.

Der Inhalt dieses Buches stellt einen Theorie-Praxis-Transfer dar, der anschaulich werden lassen will, dass eine gelingende Umsetzung des Einzel-AATs perspektivisch für die Klientel einen wichtigen Beitrag dafür leisten kann, dass sie zukünftig nicht nur mit ihrem jeweiligen Milieu, sondern mit ‚der Welt' zurechtkommen mag[6]. Die Gesprächspassagen/Dialogbeispiele sind überwiegend mit T(rainer) oder I(nterviewer) sowie K(lient) wiedergegeben.

6 Vgl. Colla 2007, S.44

Ein Blick zurück in das Jahr 1986:

Die Leitungskonferenz der Jugendanstalt Hameln beauftragt im Herbst „eine interdisziplinäre Arbeitsgruppe unter Beteiligung von gewaltaffinen Insassen mit der Erarbeitung eines Anti-Aggressivitäts-Trainings für inhaftierte Gewalttäter. [...]. [Dadurch wurde] die Konzeption des Anti-Aggressivitäts-Trainings für Gewalttäter als Pilotprojekt des Vereins für Jugendhilfe in der Jugendanstalt Hameln in die Praxis umgesetzt"[7].

Ein Blick in das Jahr 1998: Der renommierte Kriminologe Fritz Sack äußert sich skeptisch über das Anti-Aggressivitäts-Training (AAT): „Die Erwartungen an die Programme sind sehr hoch. Ich habe ein bißchen das Gefühl, es ist eine Modeerscheinung wie viele andere Projekte auch"[8].

Ein Blick in das Jahr 2008: In Mannheim findet an der Hochschule, Fakultät für Sozialwesen, der Kongress ‚20 Jahre AAT' statt. Die Einladung richtet sich an „sämtliche Akteure, ganz gleich ob Ausbildungsanbieter, Ausbildungsanwender, Initiatoren/innen jeder Art an Instituten und Hochschulen, Kritiker/innen wie Verfechter/innen"[9].

Ein Blick in das Jahr 2017: Die Fachhochschule Mannheim lädt zu einem fachlichen „Austausch zu Weiterentwicklungen Konfrontativer Pädagogik"[10] ein, unter anderem, um über „individualisierte konfrontative Verfahren"[11] konzeptionelle Einordnungen vorzunehmen, und auch diesbe-

7 Weidner 1997, S. 126ff.
8 Schriever 1998, S. 4
9 Weidner/Kilb 2007
10 Kilb 2017
11 ebd.

züglich wird der „Umgang mit einer neuen ambulanten Hilfe“[12] im fachlichen Austausch diskursiv betrachtet.

Nunmehr im Jahr 2021 lädt die Historisch-ökologische Bildungsstätte Emsland (HÖB Papenburg) in Kooperation mit dem Deutschen Institut für konfrontative Pädagogik (IKD Hamburg) zur 2. Papenburger AAT/CT® Fachtagung ein[13].

Dem aktuellen Eintrag auf der Homepage des IKD lässt sich folgende Information entnehmen: „Heute werden in Deutschland und der Schweiz in über 100 Trainingsprogrammen über 2000 Probanden jährlich betreut“[14].

Es ist also festzustellen: Bei allen kritischen Einwänden[15] handelt es sich beim AAT offensichtlich um Substanzielleres als eine bloße Modeerscheinung. Vielmehr offenbart die Entwicklung vom Gruppenangebot *Anti-Aggressivitäts-Training* hin zur konzeptionellen Festschreibung als Einzel-AAT mit dem methodischen Schritt vom ‚heißen Stuhl‘ zur konfrontativ-individualisierten Tatkommunikation das vorhandene Potential der konfrontativen Pädagogik.

Die Überlegung, dass „sowohl das klassische AAT oder auch ein noch zu qualifizierendes ‚Konfrontatives Einzeltraining nach AAT‘ auf den Gruppenkontext bezogen interkultureller, auf das mögliche Einzeltraining hin kulturspezifischer [zu] gestalten“[16] wäre, prononciert ebenso die zukünftigen Gestaltungsmöglichkeiten.

Dazu sei angemerkt: Der Verfasser hat seit Beginn der eigenen Auseinandersetzung mit dieser Thematik durchaus zu den skeptischen Stimmen gezählt, wobei es eine wohlwollende Skepsis gewesen ist, die die eigene Arbeitspraxis in

12 Rehbein 2018, S. 99ff.

13 2. Papenburger AAT/CT®-Fachtagung 24. – 26. Juni 2021

14 Homepage IKD, Stand: 09.03.2021

15 Vgl. dazu ausführlich: Schawohl 2014, Schawohl 2020

16 Kilb 2017

den vergangenen fünfundzwanzig Jahren belebt und bereichert hat, da folgende Annahme begleitend Berücksichtigung gefunden hat: „Der Skeptiker will sehen, und ‚Skepsis' heißt eigentlich prüfendes Betrachten. Seine Skepsis ist kein Zweifeln, das zum Verzweifeln führt […], sondern zur Behutsamkeit im Umgang mit Menschen, zu der Fähigkeit, unentschiedene Situationen auszuhalten und selbst in der Erfolglosigkeit nicht zu resignieren. Den bloßen Machern hat der skeptische psychosoziale Arbeiter und Wissenschaftler voraus, dass er, wo er nicht mehr einzugreifen vermag, wenigstens noch sehen kann. Anstelle steriler Aufgeregtheit und Betriebsamkeit übt er gelassene Aufmerksamkeit. Da aber im menschlichen Zusammen- und Gegeneinanderleben keine Situation so bleibt, wie sie ist, wird seine Aufmerksamkeit im Zusammenwirken mit Geduld und Phantasie nach Phasen skeptischen Innehaltens wieder Gelegenheiten für helfende Eingriffe finden"[17].

Angereichert mit Neugier, Aufgeschlossenheit und Begeisterung für die Möglichkeiten hat diese entspannte und entspannende Sichtweise zur aktuellen Entwicklung beigetragen.

Als Erinnerung sei ergänzend angemerkt, „die Entwicklung der Konfrontativen Pädagogik als Handlungsmethode erfolgte einerseits erfahrungsbasiert und in hypothesengestützter Form, angelehnt an wissenschaftliche Befunde aus der Lerntheorie, der Kognitionspsychologie, der Konfrontativen und Provokativen Therapie; andererseits wurden die ersten Curricula in experimenteller Form eines Trial-and-error-Verfahrens in der Praxis erprobt"[18], und „in manchen unserer Planungen und Tätigkeiten liegt ein Risiko; wir entdecken es zuweilen erst, wenn es sich erfüllt

17 Gottschalch 1988, S. 18
18 Kilb/Weidner 2013, S. 14

hat“[19] – es bleibt immer eine Ungewissheit, derer man sich bewusst sein muss. Mit den Worten des Philosophie-Professors Fraenkel, die für diese Betrachtung entlehnt werden können, meint das: „In die Gespräche, die ich versuche zu praktizieren, kann man nicht ohne zwei Voraussetzungen gehen: erstens, dass die eigenen Überzeugungen stimmen, und zweitens, dass diese Überzeugungen möglicherweise falsch sind. Mit dieser Ungewissheit, der sogenannten Fallibilität, leben zu können, erscheint mir sehr wichtig“[20] – das gilt es zu bedenken, wenn der Mut aufgebracht sowie das Wagnis eingegangen werden, Neues in die Welt gelangen zu lassen, damit es sich bewähren kann oder eben nicht: „Was heute plausibel erscheint, kann morgen Unsinn werden; was gestern goldrichtig wirkte, ist übermorgen grundfalsch. Der Irrtum ist der ständige Begleiter beim menschlichen Streben nach Glück“[21] – in diesem Falle hat das hier betrachtete Sujet sich bestens bewährt.

Das spezifisch ausgerichtete Einzeltraining berücksichtigt individuelle biografische Aspekte sowie die jeweiligen altersbedingten Erfahrungshorizonte, so dass auch die Gesprächsführung diese Spezifika zu berücksichtigen hat: Die konfrontativ-individualisierte Tatkommunikation folgt einer wohlwollend perspektivisch-dialogisch ausgerichteten Ansprache, um dadurch neue Erfahrungs- sowie Gestaltungsspielräume andeuten und diese zugänglich werden lassen zu können.

19 Lenz 2011, S. 118
20 Droemer/Fraenkel 2016, S. 50
21 Fichtner 2021, S. 16

Aus Sicht eines Einzel-AAT-Absolventen klingt der Theorie-Praxis-Transfer so:

I: Erinnern Sie sich mal an das Vorgespräch; da haben Sie gesagt: ‚Ich bin da nicht gleich so, dass ich so von mir erzähle. So bei bestimmten Themen finde ich, geht das nicht jeden was an: Familie zum Beispiel, da werd' ich nicht groß was sagen.' Erzählt haben Sie dann allerdings doch einiges – vor allem bei dem sogenannten ‚Referat'.

K: Schon, aber das war hier ja auch ganz was anderes als in einer Gruppe – da hätte ich gar nichts davon erzählt, weil ich finde, dass müssen die anderen gar nicht alles so wissen, und bestimmte Sachen sind eben privat.

I: Dann achten Sie darauf, dass für Sie auch weiterhin alles gut bleibt oder wird, damit es auch in Zukunft gut passt.

K: Wird schon gut gehen – danke auf jeden Fall, dass Sie das so mit mir ausgehalten haben.

I: Bleiben wir dabei: Passt schon.

Ein kurzer Gesprächsauszug:

K(lient): Ich merke gerade, dass ich so richtig motiviert bin, hier mitzumachen.

T(rainer): Woran machen Sie das fest?

K: Weil mich das motiviert, wie Sie mir das hier [beim Vorgespräch; Anm.] gerade alles erklärt haben, was hier so stattfindet.

T: Das passt so für Sie?

K: Zu einhundert Prozent passt das so.

T: Mehr geht nicht. Dann schaue ich mal, für wann ich Ihnen den ersten Termin geben kann.

K: Von mir aus können wir sofort anfangen.

Bei diesem vorgesehen Teilnehmer scheint zumindest bereits mehr als nur ein sekundärer Motivationsanteil entwickelt worden zu sein. So selbstverständlich und eindeutig gestaltet sich die Anfangssituation jedoch nicht immer, so dass ein wenig genauer hingeschaut werden soll.

Die Motivationsforschung stellt zwei wichtige Fragestellungen in den Mittelpunkt:

1. Wonach streben Menschen?

2. Woher rührt dieses Streben?

Es sind gleichsam die Fragen nach dem Ziel und dem Zweck sowie nach dem Ursprung menschlichen Handelns. Die Bedeutsamkeit dieser Fragestellungen bringt Vollmers so auf den Punkt: „Menschen streben, solange sie leben“[22],

22 Vollmers 1999, S. 11

und „wer vernunftgeleitet strebt, bewegt sich auf das Gute zu“[23].

Insofern lohnt eine (sozialpädagogische) Begleitung für die in der Regel jungen Menschen, damit ihnen möglichst zukünftig Gutes widerfahre. *„Ich muss Ihnen aber gleich sagen, dass ich nicht gleich alles über mich erzählen kann. Das dauert bei mir immer so ein bisschen, bis ich weiß, ob ich jemandem vertrauen kann. Also am Anfang ist erst mal Kennenlernen wichtig, bevor ich dann über mich und meine Probleme was sagen kann“*, formuliert ein 21-jähriger beim Vorgespräch zunächst seine abwartend-skeptische Haltung. Immerhin: Die Bereitschaft, etwas zu sagen ‚über mich und meine Probleme‘, ist scheinbar vorhanden.

Für die Auseinandersetzung mit den hier im Fokus stehenden jungen Menschen bedeutet das für die spezifisch qualifizierten Professionellen sowohl enorme Herausforderung als auch Anforderung, denn es gilt eventuell jemandem Respekt erweisen zu müssen, „der mit etwaigen Tötungsabsichten gegen zentrale Wertvorstellungen der Gesellschaft (und damit auch der Fachkraft) verstößt“[24], und dennoch muss es gelingen, den Probanden den die Vertrauensbasis schaffenden Respekt entgegenzubringen, damit aus wenig oder gar nicht motivierten Menschen möglichst aktive Partner am Hilfeprozess werden[25]. Dabei wird ein weiterer Wert tangiert: Toleranz – „eine demokratische, gegenseitige Toleranz. Sie geht davon aus, dass wir in pluralistischen Gesellschaften mit Unterschieden in Lebensstilen und Wertvorstellungen zurechtkommen müssen – auf der

23 Beckers 2019, S. 49
24 Kähler 2005, S. 121
25 Vgl. Klug/Zobrist 2021; vgl. Schawohl 2009

Basis von Prinzipien wie Menschenrechten, die für alle gelten"[26].

Dieses Prinzip wiederum gestattet keinerlei Toleranz. In der Motivationsarbeit rücken „die Person des [Trainers] und die Beziehung zwischen ihm und seinem Klienten in den Mittelpunkt der Betrachtung, sie sind wesentliche ‚Kontextfaktoren', [und] die Beziehungsarbeit [ist] reflektiert aus der Fallkonzeption für jeden (!) Einzelfall abzuleiten"[27].

Jedes Einzel-AAT ist ein interpersonales Unikum. Motivierend wirkt dabei eine konsequent zukunftsorientierte Argumentation, denn „dann fällt es dem [Gegenüber] leichter, sich kooperativ zu zeigen, auch wenn er das ursprünglich nicht wollte"[28]. Diese stringente Konsequenz findet ihren Anfang beim Vorgespräch und ermöglicht somit das Schaffen einer annehmbaren Gesprächsatmosphäre.

„So verschieden die Menschen sind, so verschieden ist das, was sie an Beziehungsangeboten brauchen. Welches Vorgehen als erfolgreich [...] zu betrachten ist, hängt sehr stark von den individuellen Bedürfnissen und Interaktionsmustern des Klienten ab"[29].

Wenn die individuellen Bedürfnisse verstehend berücksichtigt werden, lässt sich am Ende eines Einzel-AATs aus der Sicht eines Klienten Folgendes feststellen: *„[...] das war hier ja auch ganz was anderes als in einer Gruppe – da hätte ich gar nichts davon erzählt, weil ich finde, dass müssen die anderen gar nicht alles so wissen, [...]. So wie hier war das ja sogar im Gegenteil so, dass man richtig gut was erzählen konnte und man ja auch wusste, dass nichts weitergesagt wird davon – so bringt*

26 Laudenbach/Forst 2020, S. 57
27 Klug 2012, S. 338/339
28 Motamedi 1999, S. 85
29 Klug 2012, S. 339

das dann ja sogar richtig was und dann hilft einem das auch gut, weil man weiß, dass damit gut umgegangen wird. Das hab ich meiner Bewährungshelferin auch gesagt, dass das für mich mit so einem Einzeltraining auf jeden Fall besser gewesen ist, weil das alles mit mir zu tun hat, was da besprochen wird, und dann muss man ja auch immer hundertprozentig Konzentration da reingeben, weil man da ja auch möglichst alles mitrausnehmen will – für mich hat das hier mit Ihnen auf jeden Fall gepasst."

Resümee: Es konnte um seiner selbst willen vertrauensvolle Offenheit ermöglicht werden, damit er „im Prozess des Erzählens zu sich selbst kommt und zu leben lernt"[30].

Dabei kann ein kritischer Einwurf Winklers möglicherweise als bedenkenswertes Korrektiv angesehen werden, weil auf eine eventuelle Gefährlichkeit hingewiesen wird, die für jene besteht, die die konfrontative Pädagogik „betreiben. Man kann nämlich selbst verrohen, obwohl oder jedoch gerade weil man Zivilisation erzwingen möchte. Jeder, der im Gefängnis seinen Dienst versieht, weiß um die Ambivalenzen, die mit dem Geschehen dort verbunden sind. In der Sozialen Arbeit und der Sozialpädagogik muss daher mit der Gewalt der Zivilisation vorsichtig umgegangen werden, in einer Weise, die allen Akteuren die Würde belässt. Sie muss abgefedert sein durch Praktiken der Kooperation, geleitet von der Sorge um den Anderen und um die Fähigkeit ihm die soziale und kulturelle Welt in ihren Regeln zu zeigen, aber nicht aufzuerlegen, sondern der Reflexion und der eigenen Übung zugänglich zu machen"[31] .

Auf die immanente Schwierigkeit wird die Führungsebene der Polizei durch die Politikwissenschaft hingewiesen:

30 Lenz/Greiner/Sussebach 2015, S. 417
31 Winkler 2014, S. 53

„Wer in seinem Alltag immer mit bestimmten Tätergruppen zu tun habe, laufe Gefahr, ‚in Stereotype abzurutschen'"[32] – das muss beim Einzel-AAT ebenso mitbeachtet werden.

Die Motivationspsychologie kennt das Erwartung-Wert-Modell; danach wägt eine Person die Wertschätzung für ein bestimmtes Handlungsziel mit den zur Verfügung stehenden Realisierungschancen ab. „Neben der Bewertung eines Handlungsziels beeinflussen auch die wahrgenommenen Realisierungschancen die Motivation. Aus beiden [...] lassen sich Grundzüge von Motivationsprozessen rekonstruieren"[33]. Dabei gewinnt unter anderem die exponierte Beziehung TrainerIn – Proband enorm an Bedeutung – beginnend mit dem obligatorischen Vorgespräch und insbesondere während der Anfangsphase des Einzel-AATs. In diesem Kursstadium erfolgt die grundlegende Arbeit, um die Voraussetzungen für das Gelingen des in der Regel fünfzehn Termine umfassenden Trainings zu schaffen.

Ein 21-jähriger Proband hat seine Motivierung beim Vorgespräch so ausgedrückt: *„Ich muss für mich jetzt klarstellen, dass ich das jetzt endlich ernst meine, wenn ich sage: ‚Ich mach nichts mehr, was kriminell oder schlecht für andere Menschen ist.' Meine Freundin hat auch gesagt, dass ich das jetzt auch mal beweisen muss und nicht immer nur so sagen. Jetzt will ich das schaffen und hoffe, dass ich hier bei Ihnen an der richtigen Adresse bin."*

Einen anderen Aspekt der Motivanregung schildert ein Kursabsolvent beim reflektierenden Abschlussgespräch, da er eine gravierende Veränderung seiner individuellen

32 Jordan/Stadler 2019, S. 10
33 Schneider/Schmalt 2000, S.14

Lebenssituation als mitentscheidend für die Entwicklung eines ziehenden Faktors benennt:

K: Da ist alles anders geworden, seitdem ich mir immer vorstellen muss, dass mein Kind ohne Vater sein würde, wenn ich in den Knast muss.

I: Das heißt, Ihr Sohn hält Sie davon ab, die Aktionen [meint: Körperverletzungsdelikte; Anm.] fortzusetzen, die Sie hierher geführt haben?

K: Kann man so sagen, ja. Das Kind passt sozusagen auf mich auf (lacht).

I: Und im Knast würden andere auf Sie aufpassen – und Sie müssten sich immer fragen, was mit dem Kleinen draußen alles stattfindet, und egal, was es wäre, R.: Sie könnten nichts machen.

K: Sehen Sie, und deshalb geht sowas einfach nicht mehr.

I: Gut für alle Beteiligten: Für Ihren Sohn, für Ihre Freundin und für Sie – nur strahlende Gesichter.

K: Anders geht das auch nicht!

Fehlt eine hinreichende Motivation kann dies für ein eventuelles Scheitern verantwortlich sein, denn es kann eine positive Beziehung zwischen Veränderungsmotivation und Behandlungserfolg konstatiert werden[34].

Seine Teilnahmemotivation und die damit verbundene Erwartung schildert ein junger Heranwachsender so: *„Klar, das Ganze ist vom Gericht so vorgegeben worden, aber ich habe das selbst vorgeschlagen. Ich weiß, dass ich ohne solche Hilfe nie aus meinem Aggro-Tunnel rauskomme, in den ich immer wieder reingerate, wenn bei mir ein bestimmter Punkt überschritten ist und die Lampen alle auf Rot funkeln. Wenn ich da nicht weg-*

34 Vgl. Petry 1993, S. 55

komme, ist bald nur noch Rot angesagt und deshalb muss mir jemand zeigen, wie ich davon wegkomme, bevor es zu spät ist. Und das muss jemand sein, der gut Ahnung davon hat."

Die Interdependenz der Beziehung ‚TeilnehmerIn - TrainerIn' kommt zum Ausdruck, da beide „die Ergebnisse ihres Handelns nicht ausschließlich selbst kontrollieren. Jeder kann einen Teil seiner Motive und Ziele nur mit Hilfe der Interaktionspartner und nicht gegen deren Willen realisieren. [...]. Professionelles Handeln zeichnet sich - im Unterschied zu alltäglichem Handeln - dadurch aus, dass es begründet, methodisch geleitet, fall- und situationsangemessen ist"[35], um somit einen Prozess initiieren zu können, der Zukunft ermöglicht: „Wir brauchen andere Menschen, um zu wachsen. Niemand wächst für sich allein. Um unsere eigenen Fähigkeiten entfalten zu können, brauchen wir nicht nur die Wertschätzung, die Anerkennung und die Kritik der anderen. Wir brauchen auch ihre Fähigkeiten. In gewissem Sinn wachsen wir gemeinsam und zusammen mit anderen Menschen"[36].

„Ich kann Ihnen jetzt schon sagen, dass ich dieses Training hier machen möchte, da muss ich gar nicht weiter überlegen", äußert ein junger Heranwachsender bereits beim Vorgespräch eine optimistische Erwartung, *„weil ich glaube, dass das zwischen uns schon mal ganz gut passt. Sie haben gut Ahnung davon und bringen das gut rüber, und man kann gut mit Ihnen reden - also machen wir das."*

Dieses ‚Also-machen-wir-das' impliziert das Erreichen einer bestimmten Stufe des sogenannten transtheoretischen Modells der Verhaltensänderung (TTM), das von Prochaska und DiClemente entwickelt worden ist; danach sind

35 Sieland/Tarnowski 2009, S. 121
36 Vasek 2021, S. 31

mehrere aufeinander aufbauende Stufen aktiv zeitlich zu durchlaufen, die wie folgt beschrieben werden können:

„1. Absichtslosigkeit […]: Keine Intention, das problematische Verhalten in den nächsten sechs Monaten zu verändern. Klienten befinden sich in einer Abwehrhaltung gegenüber [einem] Veränderungsvorschlag […].

2. Absichtsbildung […]: Es findet eine bewusste Auseinandersetzung der Betroffenen mit ihrem Risikoverhalten statt, allerdings fällt keine Entscheidung zur Verhaltensänderung […].

3. Vorbereitung […]: Mit der festen Absicht, in den nächsten 30 Tagen das Verhalten zu verändern, werden erste Schritte unternommen […].

4. Handlungsstufe […]: Das Zielverhalten wird seit weniger als sechs Monaten gezeigt, der Betroffene findet die Arbeit an der Verhaltensänderung anstrengend, gleichzeitig ist er keineswegs davor gefeit, rückfällig zu werden.

5. Aufrechterhaltung […]: Das Zielverhalten wird seit sechs Monaten beibehalten. Die Zuversicht steigt, dass es erfolgreich sein könnte.

6. Stabilisation […]: Es ist keine situative Versuchung mehr vorhanden, die Rückfallgefahr ist nicht mehr gegeben“[37].

Dieses Stufenmodell lässt die erforderliche Ausdauer erkennen, die aufgebracht werden muss, um eine bisherige Verhaltensweise zu ändern oder sich zumindest weitestgehend davon zu verabschieden, *„damit ich endlich mal diese ständigen Knastgedanken weglassen kann und weiß, dass ich meinen Weg in Zukunft völlig anders orientieren muss sozusagen. Wird nicht leicht werden, aber jetzt bin ich zumindest soweit, dass ich auch mal bereit bin, dafür überhaupt mal die Hilfe*

37 Klug 2012, S. 332

von anderen zu suchen", formuliert ein Achtzehnjähriger die Situationseinschätzung sowie seine Erwartung vor Beginn des Trainings.

Einige der von Teilnehmenden an einem Einzel-AAT zu Beginn formulierten Ziele lauten beispielsweise:

- „Das Thema ‚Aggressionen' vertiefen. Noch sicherer ‚Nein!'sagen können";
- „Ich will mehr Kontrolle für mich in bestimmten Situationen haben. Nicht bei jeder Provokation mitmachen";
- „Cool bleiben, wenn es darauf ankommt. Mehr Respekt gegenüber anderen zeigen";
- „Nicht gleich an die Decke gehen, wenn mir was nicht passt. Misstrauen und Eifersucht unter Kontrolle bekommen. Aggressionen unter Kontrolle bekommen. Mit Kritik umgehen. Angemessen reagieren";
- „Einfach mal ‚über den Dingen stehen' können";
- „Mein Adrenalin soll nicht so schnell hochgehen, wenn ein Gewitter auftaucht. Ruhiger werden";
- „In Stresssituationen anders verhalten. Bei Provokationen ruhiger reagieren";
- „Meine Aggressivität unter Kontrolle bekommen. Endlich mal ein bisschen entspannter durchs Leben gehen. Mich nicht so schnell provozieren lassen";
- „Wenn eine Situation mich wütend macht, nicht gleich durchdrehen. Mich von meinen Freunden nicht negativ beeinflussen lassen";
- „Nicht so auf übertrieben dumme Sachen eingehen. Locker und gelassen bleiben, wenn es eng wird".

Diese Ziele und Vorhaben können bei gelingender Umsetzung eine positiv-perspektivische Konnotation entfalten, oder mit den Worten eines Absolventen (20 Jahre) ausgedrückt: *„So ein Training sollten alle mal machen, die sich nicht sicher sind, ob diese kriminellen Aktionen wirklich nötig sind. Wenn man mal ein bisschen nachdenkt und ein vernünftiger Mensch ist, dann weiß man doch, dass dieses ganze ‚Gewalt-Bimbam' so eine Art Flucht ist – das ist ein einfacher Weg. Ich bin ja auch gerade in einer mentalen Umbruchphase, und da muss ich sagen, hat man hier gut Reflexion und neue Einsichten gekriegt, die einem zeigen, dass es auch gut ohne diese pubertären Showeinlagen gehen kann. Das Nachdenken, wenn man hier redet, ist zwar auch manchmal richtig anstrengend, muss ich zugeben, aber dafür bringt es auch was. Das hab ich doch jetzt gut zusammengefasst, oder?"* Diese reflektierende Zusammenfassung kann so stehenbleiben.

Solche Darlegungen der individuellen Motive verdeutlichen die jeweiligen Motivationslagen von den jungen Teilnehmern und lassen sich zudem an anderer Stelle ausführlich nachlesen.[38]

38 Schawohl 2009

Wirkfaktor Autorität

„Autorität, die nicht durch meinen Respekt entsteht, verwerfe ich […]“[39], formuliert Bertolt Brecht, und Heinrich Böll sekundiert, „Autorität muß sich als solche bilden, bewähren, muß ständig gesprächsbereit sein, sich der Kritik - der Prüfung - stellen“[40], und ausführlicher an anderer Stelle: „Ich nehme nicht einen Rang schon als Würde, sondern die Würde muß durch die Person in den Rang hineingebracht werden, dann bin ich bereit auch ein wenig Respekt zu zeigen“[41].

Beide Schriftsteller bringen pointiert die Bedeutsamkeit dieses hohen Gutes zum Ausdruck, und geben explizit zu verstehen, dass Respekt ‚geschuldet' wird, „man verdient ihn oder hat etwas an sich, was Respekt ‚hervorruft'. Diese (alltags)sprachlichen Verwendungsformen des Begriffs verweisen darauf, dass das Gegenüber aus Sicht dessen, der respektiert, bestimmte Merkmale besitzt, welche Beachtung und eine angemessene - respektvolle - Reaktion rechtfertigen“[42].

Inwiefern die beiden Begriffe Autorität und Respekt zusammen erwähnt sowie zusammen gedacht werden müssen, wird durch den nachfolgenden Gedankengang deutlich: Während des gesamten Einzel-AATs soll bei Wahrung der erforderlichen Distanz eine vertrauensvolle Offenheit generiert werden, zum anderen soll wiederum jene Nähe entwickelt werden, die einen perspektivischen Veränderungs- oder Erneuerungsprozess bezüglich separater Lebensaspekte befördern kann. Dieser Anspruch tangiert eine

39 Brecht 1998, S. 203
40 Böll 1989, S. 114
41 Böll 2009, S. 102
42 Reichart 2015, S. 21

Kernproblematik (sozial)pädagogischen Handelns, was unter Verweis auf Müller hier analog bedeutet: „Professionelles Handeln unterscheidet sich vom laienhaften Alltagshandeln darin, dass es fähig ist, Nähe und Distanz zu seinen Adressaten und deren Problemen auf kunstvolle Weise zu verschränken und miteinander zu vermitteln. […]. ‚Das Versprechen, intime Probleme der Menschen zu lösen, ohne ihnen zu nahe zu treten, ist die große Zauberformel der klassischen Professionen […]'"[43].

Diese wohlwollend-konfrontative Annäherung intendiert eine Zugangsmöglichkeit für die Freilegung prosozialer Verhaltensweisen. Das Wohlwollende sollte jedoch nicht dahingehend missverstanden werden, dass Indifferenz der Tenor des sozialpädagogischen Handelns ist, da Permissivität zum Agieren ohne Berücksichtigung und Einhaltung von Normen oder anderer Rahmenbedingungen führen und verleiten kann.

Der gezielt-konfrontative Kommunikationsstil, der einerseits die Lebenswelt der Klientel zu berücksichtigen hat, andererseits einer Realitätsprüfung standhalten soll, muss beim sozialpädagogischen Personal keineswegs dahingehende Befürchtungen wecken, den Bezug zur Klientel zu verlieren oder die Zugangsmöglichkeit zur vertrauensvoll-dialogischen Auseinandersetzung zu verbauen. Diese Bedenken wären insofern brisant, da die bewusst verzeihenden SozialpädagogInnen/-arbeiterInnen dazu tendieren, „in einer Art und Weise auf antisoziales Verhalten zu reagieren, die dazu beiträgt, dass es aufrechterhalten wird"[44]; das sollte weder im probanden-individuellen noch im gesellschaftlichen Interesse liegen.

43 Müller 2007, S. 141/142
44 Bandura 1979, S. 115

Es wird gar die Förderung realitätsfremder biografischer Entwicklungen vermutet, „wenn insbesondere in der sozialpädagogischen Arbeit mit schwierigen Einzelnen […] anbiederndes und meist auf eigenen Ängsten aufbauendes Verständnis für extreme Regelverletzungen aufgebracht wird. Daher wird ein handlungsbezogenes Verhaltensinventar mit einer möglichst großen Breite im Spektrum zwischen Akzeptanz und Verhaltensverstärkung einerseits sowie Kritik, Konfrontations- und in extremen Situationen auch Verurteilungs- und sogar Ablehnungsvermögen des Klientenverhaltens propagiert."[45].

Für die gelingende pädagogische Praxisumsetzung bedeutet dies, Vertrauen in die eigene Autorität zu haben sowie diese Autorität in der face-to-face-Begegnung mit der Klientel einzu- und durchzusetzen. Dieses Vertrauen sollte auf dem eigenen Zutrauen in sowie dem Wissen um eine fundierte und professionelle Kompetenz basieren – „professionelles Personal [ist] aufgrund seiner, im Zuge einer längeren Ausbildung erworbenen Fähigkeiten in der Lage […], diese Schwierigkeit zu meistern"[46]. Weiterführend ist die Beachtung der Dudendefinition, da der Begriff Autorität wie folgt erklärt wird: „1. […] auf Leistung oder Tradition beruhender maßgebender Einfluss einer Person oder Institution u. das daraus erwachsende Ansehen. 2. Einflussreiche, maßgebende Persönlichkeit von hohem [fachlichem] Ansehen"[47].

Da den Professionellen aufgrund eines Studiums und/ oder weiterführender qualifizierender Ausbildungen der Nachweis erforderlicher Leistungen möglich und ob eines gelungenen Theorie-Praxis-Transfers das fachliche Anse-

45 Kilb 2004, S. 160f.
46 Klatezki 2019, S. 46
47 Duden 2011, S. 131/132

hen erworben und erbracht sein sollte, gilt es, exakt diese Leistung(en) und dieses Ansehen selbstbewusst in die Arbeit mit der/dem jeweiligen Teilnehmerin/Teilnehmer in deren/dessen Interesse einzubringen. Diese Voraussetzung sollte seitens eines Jugendlichen oder jungen Heranwachsenden erwartet werden können.

Die Älteren, also der/die Trainer/in, stehen somit in der Verantwortung gegenüber den Jüngeren, also der am Einzel-AAT teilnehmenden Person.

Die Übernahme dieser Verantwortung impliziert zwangsläufig manche Konfrontationen; Konfrontationen mit jungen Menschen, die ihre Forderungen, Erwartungen, Interessen und Denkmuster durchzusetzen versuchen, testend, ob zuvor nach Absprache aufgestellte Regeln seitens des autoritativen und in diesem Zusammenhang ebenso autoritären Gegenübers zur Einhaltung angemahnt werden; und nichts spricht gegen Regeln sowie deren Einhaltung und die Einforderung der Einhaltung, wenn diese nachvollziehbar und orientierungsgebend sind. Ein autoritatives Verbot ermöglicht dem Teilnehmer eine eindeutige Orientierung und vermeidet Missverständnisse.

Dabei geht es nicht um eine stigmatisierende oder reduzierende Interaktionsvariante, sondern vielmehr um eine ehrliche, offene, einfühlsame sowie wertschätzende und dabei verlässlich konsequente und konsequent verlässliche Dialogbereitschaft.

Dadurch wird dem Gegenüber Respekt erwiesen und zugleich die Beachtung und die Achtung für die zuvor festgelegten Vereinbarungen bestätigt, um dem Duktus der curricular-immanenten Triade Transparenz-Kooperation-Konfrontation zu folgen, so dass den Beteiligten Klarheit für die und Sicherheit in der Situation gewährleistet werden kann. Neben den individuell-biografischen Aspekten sind hier auch die strafrechtlich relevanten Fragestellungen vordergründig. Der dafür spezifische Gesprächsraum wird maßgeblich mitgestaltet durch das Expertenwissen und mitbegründet durch die Autorität der Professionellen. Die diesbezüglich für den Teilnehmer gebotene sowie zugesagte Verlässlichkeit hinsichtlich der ihm gegenüber eingenommenen Haltung und die gegebenenfalls zur Verfügung stehenden Stile unterschiedlicher Konfrontationen - personal, intrapersonal, interpersonal, provokativ - generieren jene Belastbarkeit der pädagogischen Beziehung, die für den zeitlich begrenzten Rahmen eines Einzel-AATs sowie darüber hinaus perspektivische biografische Erweiterungen ermöglicht. Das bedeutet für den/die Trainer/in: Es darf kein Solidarisierungsangebot im Sinne eines Konfliktvermeidungsbündnisses erfolgen; vielmehr ist ein wohlwollendes Konfrontationsbündnis angesagt, um einer permissiven Tendenz jegliche Basis zu entziehen.

An diesem Punkt sind Positionierungen erforderlich, ist orientierungsgebende Haltung gefragt, ist Beständigkeit gefordert, was bei gelungener Umsetzung folgende Rückmeldung hervorruft: *„Sie sind für diesen Job echt geboren. Sie machen das echt gut. Sie wissen wovon Sie reden, und das ist der einzige Grund, warum Sie so reden können mit uns – also reden dürfen, ohne dass wir sagen, dass interessiert uns sowieso nicht"*[48].

Damit werden drei ganz entscheidende Aspekte direkt beziehungsweise indirekt erwähnt: Die personale Anerkennung („Sie sind für diesen Job echt geboren"), das fachliche Wissen (‚Wovon') sowie das kommunikativ-dialogische Wissen (‚Wie').

48 Schawohl 2013, S. 36

Das durch Autorität begründete und begründbare Anerkennungsverhältnis wird gleichsam als conditio sine qua non formuliert. Implizit wird ausgedrückt, dass Glaubwürdigkeit sowie Autorität miteinander korrespondieren, die Glaubwürdigkeit durch diese Autorität überhaupt erst möglich wird. „Wer anderen aufgrund ihrer Rolle, ihrer Erscheinung oder symbolischer Zeichen von Macht den Status von Autoritäten verleiht, vereinfacht die Informationsverarbeitung, indem er sich auf deren Expertentum und Vertrauenswürdigkeit verlässt"[49]. Dieses Vertrauen seitens der Klientel nimmt die Professionellen in die Pflicht und ist zudem Voraussetzung für eine gelingende Kooperation. Um die vermutete oder erwartete Autorität des professionellen Gegenübers erfassen zu können, sind für die Klientel zwei Fragen von Bedeutung:

1. Ist die Autoritätsperson tatsächlich ein Experte?

2. Inwieweit können wir diesem Experten vertrauen?[50]

Beide Aspekte werden von dem Teilnehmer nach seinen eigenen Maßstäben überprüft, was der Klient (K) in diesem Fallbeispiel so zum Ausdruck bringt:

K: [...] ...diese Termine hier bei Ihnen waren ja nicht mal die, die mich genervt haben – das war ja sogar gut, dass ich hier mal jemanden hatte, mit dem ich reden konnte und der mich auch versteht – wissen Sie, was ich meine? Ich muss Ihnen nicht alles erst erklären, weil Sie auch so wissen, was ich meine. Zu Hause mit meinem Vater kann ich das nicht besprechen – der hat selbst genug Probleme; der ist krank, wissen Sie ja, der war im Krankenhaus und sitzt im Rollstuhl jetzt, da kann ich ihm nicht noch mit meinen Geschichten kommen und ihm die ganze Gerichtskacke vor die Nase halten, der hat selbst mit sich genügend Probleme.

49 Zimbardo 1995, S. 714
50 Cialdini 2006, S. 290

I: Das heißt, dieser Teil der Auflage war für Sie jetzt nicht der Unangenehmste?

K: Gar nicht, nur eben die Zeit und dass ich das dann jedes Mal mit meinem Chef vorher klarmachen musste, dass ich die Schichten dann so legen kann, dass das hier passt, das war nervig irgendwie. Aber hier selbst das war ja sogar gut für mich, weil ich hier eben auch mal jemanden habe, der weiß, was bei mir alles stattfindet, also, der das eben auch versteht, wenn ich so hier und da und überall Stress habe und mir das dann einfach alles zu viel wird – so eben. Hier wusste ich immer: Das passt – jedes Mal, wenn ich hier raus bin, habe ich mich besser gefühlt als vorher. Aber ich will einfach, dass ich endlich mal meine Ruhe habe und nicht immer diese Paranoia haben muss, dass alle was von mir wollen. Ich mach ja auch nichts mehr – das müssen die doch auch endlich mal in ihre Köpfe reinkriegen, oder wollen die mich mein ganzes Leben lang damit nerven?

I: Wenn Sie sagen ‚Das passt [und] jedes Mal, wenn ich hier raus bin, habe ich mich besser gefühlt als vorher', – können Sie sagen, wodurch das hier für Sie gepasst hat und inwiefern es Ihnen nach den Terminen besser ging?

K: Wie gesagt: Sie wissen, was ich meine, also: Sie verstehen mich. Das war schon mal immer ganz wichtig für mich, dass ich weiß, ich muss Ihnen nicht alles drei-, vier-, fünfmal erklären, bevor Sie wissen, was ich meine. Und besser ging es mir schon mal deshalb, weil hier auch geguckt wurde, was es bedeuten könnte, wenn ich niemals damit aufhöre – so dies-das, bli-bla-blub. Ich weiß das ja auch alles mittlerweile, aber das ist trotzdem gut, wenn man ab und zu immer noch mal daran denkt und darauf gebracht wird, und bei mir war das immer so, wenn ich hier raus bin, habe ich mir eine Zigarette angesteckt und noch mal überlegt, was wir hier so geredet haben.

Diese Einlassung gibt zu verstehen, dass die Begrifflichkeiten Autorität, Respekt, Beziehung, Kommunikation - die auch Konfrontation sowie Reflexion beinhaltet - und Perspektive im Zusammenhang gedacht werden können. Das Zusammenwirken dieser Faktoren generiert die essentielle Wirksamkeit des Verstanden-Werdens (‚Sie verstehen mich'). Es kann betont werden: „Verstehen bedeutet kognitives und emotionales Einordnen von neuen in alte, von unbekannten in bekannte Zusammenhänge [...]. Verstehen ist Rekonstruktion im Dialog. Menschen wollen sich verstanden fühlen, weil dies Isolation reduziert, Verbindung schafft und Unterstützung sichert und weil es Anerkennung und Wertschätzung bedeutet. ‚Verstehen' ist so gesehen der wirksamste Gesprächsförderer"[51]. Verwiesen sei an dieser Stelle auf einen Aufsatz Geisslers[52], da dieser sich explizit damit beschäftigt, nicht dem Fehlschluss zu folgen, Amtsautorität sei mit pädagogischer Autorität zu identifizieren. Diese Identifizierung ist per se gerade nicht gegeben, da Amtsautorität für sich genommen „ein reines Abstraktum ist, das für sich belassen gar nicht wirkfähige Autorität sein kann"[53]. Das alleinige Vertrauen auf einen solchen Wirkfaktor kann sowohl komische als auch tragische Situationen hervorbringen. Ein dermaßen dünnes Eis trägt weder weit noch lange - „so kann man durchaus vom Amt her Autorität haben, für die Menschen aber überhaupt keine Autorität sein. Jene schon vorgegebene Bedeutung des Amtes auch im Ansehen der Menschen zur Geltung zu

51 Widulle 2011, S. 96
52 Geissler 2000, S. 76 ff.
53 Geissler 2000, S. 76

bringen, das eben ist die besondere pädagogische Aufgabe einer jeden Autorität. Deshalb liegt tatsächliche Autorität nicht schon dort vor, wo man sich auf das Amt stützt, sondern erst dort, wo man auch wirkliche Anerkennung findet"[54]. Dieser Anerkennungsprozess lässt sich durchaus gestalten, zumindest jedoch beeinflussen, da folgende Annahmen zugrunde gelegt werden:

- Autorität meint ein bestimmtes Verhältnis von Menschen zueinander;
- diese Autoritätsverhältnisse haben etwas mit sozialer Macht zu tun;
- soziale Macht wird verstanden als Einfluss, der das Wollen und das Handeln von Untergebenen bestimmt;
- soziale Macht kann durch Autorität wie auch durch Zwang und Gewalt ausgeübt werden;
- Zwang fragt nicht nach einem freien Willen des Betroffenen, wohingegen Autorität nicht gegen den freien Willen wirkt;
- daraus ergibt sich, dass jemand einer Autorität folgt und dieser gehorcht, wenn und weil er selber es will; - durch diese freie Zustimmung gewinnt Autorität ihre Macht;
- Freiheit ist hier so zu verstehen, dass diese stattfindet im Rahmen einer gemeinsamen gesellschaftlichen Ordnung;
- Autorität hat, wem andere von sich aus gehorchen wollen;
- unabdingbar ist ein Vertrauensverhältnis;
- die Vertrauenswürdigkeit schafft die Überzeugungskraft einer Autorität;
- Autorität muss zurücktreten, wenn Heranwachsende sich zunehmend neue Bereiche der Selbstständigkeit

54 Geissler 2000, S. 77

erschlossen haben; als Autorität wird anerkannt, wer andere zuvor als Person bestätigt hat.

Diese Autoritätsgenese ist beim Einzel-AAT zu berücksichtigen, da ohne diese Berücksichtigung ein beziehungsfördernder Einstieg nicht gelingen wird. Dieses Beziehungsverhältnis ist erst dann hinreichend belastbar für die weitere - durchaus konfrontative sowie konfrontierende - Arbeit, wenn die Zustimmung des Probanden erfolgt. Nur durch diese Zustimmung können die Professionellen die ihnen angetragene Machtposition ohne jeglichen Missbrauch ausüben. „Macht als Autorität gewinnt ihren Einfluss durch eine freie Zustimmung“[55], ist zu betonen, da eine Person eben erst dann Autorität besitzt, „wenn eine andere ihr diese zuspricht. Autorität ist die Anerkennung des ‚mehr‘ an Wissen, ‚mehr‘ an Einblick, ‚mehr‘ an Erfahrung. Die Urteile und Einschätzungen der Person, die ich im bestimmten Sinne als Autorität schätze, beziehe ich in meine eigene Urteilsfindung mit ein, je unwissender ich in meinem Gebiet bin, um so mehr, Autorität ist also zum Einen eine Lernbeziehung, indem ich andere autorisiere, für mein Lernen maßgeblich zu sein, zum Anderen eine Ermächtigungsbeziehung, die die Wirksamkeit der maßgebenden Person ermöglicht und verstärkt“[56] - „Autorität kann nur entstehen, sie darf nicht einfach ‚verfügen‘“[57], soll humanistisch geprägt hinzugefügt werden.

Wenn nun diese Zustimmung seitens der teilnehmenden Person erfolgt, impliziert das in der Regel die Basis für die Bereitschaft, eine Lern- und Arbeitsbeziehung einzugehen und diese für den Zeitraum der Trainingsdauer zu nutzen,

55 Geissler 2000, S. 79
56 Wintergerst 2001, S. 26
57 Böll 1989, S. 114

um die daraus gewonnenen Lerninhalte über das Kursende hinaus nutzen und in die und für die individuelle Lebenswelt übernehmen zu können: *„Und das war dann auch so, wenn ich draußen unterwegs war, dann hab' ich das auch so im Kopf: Du hast die Termine bei Herrn Schawohl. Sie haben mich begleitet, obwohl Sie nicht bei mir waren, wissen Sie, wie ich meine?"*

Ein wohlwollend-zugewandter und dabei zugleich verbindlicher Gesprächsstil ermöglicht Halt, Struktur und Sicherheit für die Beteiligten.

Eine unmissverständliche Kommunikation generiert das Vertrauen der teilnehmenden Person für die erwartete und tatsächliche Umsetzung dessen, was zugesagt und zuvor angekündigt worden ist. Somit impliziert diese Autorität Verlässlichkeit. Aufgrund solcher erlebten und akzeptierten Autorität bilden sich für die Klientel des Einzel-AATs Chancen für die Eröffnung einer perspektivischen Biografieerweiterung. Empathie und Emphase erlauben die Vermittlung konfrontativer sowie provokativer Inhalte. Das vorhandene Interesse an seiner Person sowie für seine Belange muss für den jungen Menschen von Beginn an zu bemerken sein, um den motivationalen Prozess begünstigend beeinflussen zu können[58].

Neben der curricular-immanenten Triade Transparenz-Kooperation-Konfrontation steht gleichberechtigt die interdependente Triade professionelle Kompetenz-gelingender Takt-wirksame Autorität - eine „klare Linie mit Herz"[59] kann hier nach wie vor maßgebend und richtungsweisend sein. Das beinhaltet eine vermeintliche Widersprüchlichkeit: „Moderne Autorität ist in sich widersprüchlich. Sie

58 Vgl. Schawohl 2013
59 Weidner 2006, S. 31

muss verbindlich und großzügig zugleich sein"[60] - diese Sichtweise ist kein Entweder - oder, sondern ein Sowohl - als auch. Zwei zentrale Thesen benennen mit Blick auf Autoritätspersonen folgende Gedanken:

„1. Je stärker die Menschen das Handeln von Autoritätspersonen als fair und gerecht empfinden, desto höher ist ihre Bereitschaft Ihnen zu folgen.

2. Entscheidend ist hierbei, ob die Autoritätspersonen sich selber an die Regeln halten, ihr Handeln verständlich erklären und mit ihrem Gegenüber respektvoll und fair umgehen."[61]

Diesen Thesen darf uneingeschränkte Praxistauglichkeit bescheinigt werden.

Die abschließende Einlassung eines 18-jährigen am Ende des Einzel-AATs mag diese Tauglichkeit bestätigen: *„Sie haben mir Gehör geschenkt und ich habe Ihnen zugehört, weil ich gemerkt habe, dass Sie Ahnung davon haben, worüber wir hier gesprochen haben. Und wissen Sie, was mich am meisten wundert? Sie haben nicht ein einziges Mal gesagt ‚Du musst' oder ‚Du sollst' oder so, sondern Sie haben eigentlich immer mir überlassen, wie ich mich entscheide; aber ohne Sie wäre ich gar nicht in diese Situation gebracht worden, dass ich mir das überlegen muss, und ich glaube, deshalb hat mir das hier was gebracht und deshalb hab ich überhaupt so intensiv mitgemacht hier".*

Hier wurde offenkundig „in einer Weise [gearbeitet], die allen Akteuren die Würde belässt. Sie muss abgefedert sein, durch Praktiken der Kooperation, geleitet von der Sorge um den Anderen und um die Fähigkeit ihm die soziale und kulturelle Welt in ihren Regeln zu zeigen, aber nicht aufzuerlegen, sondern der Reflexion und der eigenen Übung

60 Bergmann 2001, S. 213
61 Pfeiffer 2020, S. 80

zugänglich zu machen"[62]. Die kooperative Komponente begünstigt die Bildung einer Bereitschaft zur Bereitschaft bei der anderen Person, das erforderliche Zutrauen zu wagen, den Schritt von der sekundären zur primären Behandlungsmotivation möglichst aktiv mitzugestalten, um die für das Training zur Verfügung stehende Zeit gut nutzen und eventuelle Belastung reduzieren sowie Druck abbauen zu können. Von der das Einzel-AAT durchführenden Person ist zu berücksichtigen, dass „die meisten Veränderungen lange [dauern]. Ich darf keinen innerlichen Druck aufbauen, ich muss dem anderen die Freiheit lassen, wann er was ändert"[63] und ebenso, ob und in welchem Umfang eine Veränderung überhaupt stattfindet und als sinnvoll angesehen wird.

Um den dieses Kapitel prägenden Autoren noch einmal zu bemühen, sei erwähnt, dass „ungezwungener Gehorsam ein Teil der Bestimmungsmerkmale [ist], die Autorität konstituieren"[64], und die pädagogische Intention verlangt danach, ‚Zugsituationen' den eindeutigen Vorzug gegenüber den ‚Drucksituationen' zu geben[65] – wenn ein solches Verständnis bemüht wird und praktische Anwendung findet, lässt sich mit aller Berechtigung und anhaltender Gültigkeit sagen: „Konfrontative Pädagogik: it works!"[66].

62 Winkler 2014, S. 53
63 Rohde 2020, S. 73
64 Geissler 2000, S. 79
65 Geissler 2000, S. 81
66 Schawohl/Weidner 2014, S. 38

Respekt ist keine Einbahnstraße oder: „Spielen wir Respekt-Pingpong“

„Respekt entsteht in der Beziehung [...]. Erst in einer konkreten Situation [...] erkennt man, ob man den anderen als gleichwertigen Partner anerkennt oder nicht“[67], und „alles muß schließlich über diese Beziehung, also durch persönliche Vermittlung transportiert werden. Immer geht es darum, dass Menschen unmittelbar auf andere Menschen einwirken, um zu erreichen, was sie sich vorgenommen haben“[68] - das ist eine gehalt- und verantwortungsvolle Vorgabe, um die alles entscheidende grundlegende Voraussetzung für die angestrebte dialogische Konfrontation zu begründen. Unter Verweis auf Buber stellt Scheuerl einleitend voran: „Das erzieherische Verhältnis ist ein dialogisches“[69], und in kompakter Ergänzung sei hinzugefügt: „Beziehung ermöglicht die seelische Integration von sozialer Werthaltung, Respekt und Grenzsetzung“[70]. Da ist in vier Zitaten ein gutes Fundament für die Einzel-AAT-Praxis begründet worden.

Die erste Regel beim Einzel-AAT lautet: Respekt. Und diese eine Regel ließe alle weiteren Regeln bei konsequenter Beachtung und Befolgung beinahe überflüssig erscheinen. Bemerkenswerterweise sehen die angemeldeten Teilnehmer das nahezu uneingeschränkt ebenso. Respekt wirkt und passt und zählt in der Regel überall, ist er doch gleichsam der „Kitt der Gesellschaft“[71], dessen induktive Bedeutsamkeit sich organisationspsychologisch so beschreiben lässt: „In einer Gesellschaft [kommt] es auf Respekt an. Und zwar

67 Reichart 2015, S. 18
68 Giesecke 1999, S. 16
69 Scheuerl 2000, S. 183
70 Bärsch/Rohde 2008, S. 121
71 Reichart 2015, S. 14

den horizontalen Respekt, der darauf basiert, den anderen als gleichwertig anzusehen. Nicht zu sagen: Ich habe recht und du nicht. Sondern im Zweifel den mitfühlenden Dialog suchen“[72]. Insbesondere die Begegnung auf Augenhöhe und das daraus resultierende Gespräch vermissen junge Menschen im Austausch, da „viele Jugendliche nicht mehr als ein Augenrollen von ihrem erwachsenen Gegenüber [bekommen], wenn sie ihre Gedanken und Wünsche äußern“[73] – das geschieht beim Einzel-AAT nicht, da hier gleichsam axiomatisch gilt: Respekt ist keine Einbahnstraße.

Gleichwohl wird vielfach das Fehlen desselben beklagt und angemahnt, und dabei „kostet Respekt nichts. Insofern stellt sich die Frage, warum auf diesem Gebiet Knappheit herrschen sollte“[74].

Für viele Facetten lassen sich täglich Beispiele aus den unterschiedlichsten Bereichen finden, insbesondere auf dem Boulevard – auch dem der Medien. Man beachte die Vielfalt der betreffenden Bereiche: Arbeit, Schule, Kultur, Politik, Religion, Familie, Erziehung, Sport, Justiz, Therapie – es handelt sich um ein ubiquitäres Phänomen:

- Eine Studie gelangt zu dem Ergebnis: „Viele Angestellte wurden in ihren Jobs schon respektlos von Chefs behandelt“[75];
- ein Chef haue gern mal auf den Tisch, „um sich Respekt zu verschaffen“[76];
- der Deutsche Lehrerverband bezeichnet den täglichen Unterricht gleichsam als ein Trainingslager „für

72 Lauenstein 2020, S. 66
73 Karanikolas/Maas 2020, S. 34
74 Sennett 2002, S. 15, zit. n.: Ebert/Pastoors 2018, S. 331
75 Höfker 2021, S. 15
76 Vasek 2019, S. 43

soziale Fähigkeiten, in dem Respekt, Hilfsbereitschaft und Rücksichtnahme vermittelt werden"[77];

- ein Politologe und Islamwissenschaftler mahnt, „wenn nötig, muss die Staatsmacht sich auch mit Gewalt Respekt verschaffen"[78];
- ein Pfarrer meint, „die Kirche müsse mit Respekt Menschen annehmen, die anders leben und anders denken"[79];
- ein Musiker huldigt einem Komponisten: „Eingängige Songs zu schreiben ist sehr schwer! Respekt"[80];
- „Ermittler berichten: Schon Kinder lachen Polizisten hämisch an, weil sie gelernt haben, keinen Respekt vor ihnen zu haben"[81] („Das Grundproblem ist der mangelnde Respekt vor der Polizei"[82]; „Ich kenn keinen Respekt vor den Cops"[83]);
- ein Ratgeber benennt für die Achtung der eigenen sowie der Grenzen anderer: „Respekt ist ein Schlüsselwort in diesem Prozess"[84];
- eine Forderung für den Einsatz von Schiedsrichtern im Amateurfußball lautet: „Etwas mehr Respekt, bitte!"[85].

77 Elger et al. 2020, S. 14
78 Burger/Ghadban 2018, S. 4
79 Bromberg/Röer 2021, S. 19
80 Bánhidai 2021, S. 31
81 Backes et al. 2019; S. 14
82 Hamburger Morgenpost vom 01.03.2021, S. 38
83 Jaeger 2019, S. 3
84 Michel 2020, S. 82
85 Jantos 2019, S. 12

Ein Klient legt im Interview seine Respekt-Genese wie folgt dar:

I: Wissen Sie noch, welchen einen Vorteil Sie bei einer Beibehaltung bisheriger Verhaltensweisen benannt haben?

K: Ich glaube Respekt, aber das war nur dieser Ghetto-Respekt, also nichts, was wirklich Vorteile hat für mich.

I: Sagen Sie heute.

K: Ja, sicher. Damals hat das irgendwie anders gezählt, also ist für mich mehr wert gewesen. Eigentlich kann man sagen, dass war so der Name, den ich mir gemacht habe – der hat gezählt. Auf den konnte ich mich auch verlassen.

I: Das heißt, Ihr Name hat gezählt, hatte also eine Bedeutung in Ihrem Kiez?

K: Kann man so sagen, ja.

I: Und sobald Sie Ihren Kiez dann mal verlassen haben, war Ihr Name nichts mehr wert oder zumindest nicht mehr so viel wie in Ihrem Kiez oder in Ihrer Hood.

K: Also, man kannte sich schon irgendwie oder hat mal so irgendwas gehört von anderen oder über andere auch. Aber eigentlich ist das schon so wie Sie sagen: Raus aus der Hood und Du bist woanders nur irgendwer, weil da ja wieder die anderen Jungs unterwegs sind. Eigentlich auch albern, wenn man das heute mal überlegt, wie man früher gedacht hat – lächerlich irgendwie muss man sagen.

I: Wie gesagt: Das ist Ihre heutige Bewertung. Damals, oder meinetwegen auch früher wie Sie sagen, war das Ihr Name, Ihr Ruf, Ihr Ansehen, und damit haben Sie sich genau den Respekt erworben, den Sie als einzigen Vorteil benannt haben – das macht schon Sinn.

K: Ja, aber eben auch nur bezogen auf früher.

I: Ein anderer Teilnehmer hat hier beim Training mal gesagt: ‚Was andere denken, ist Dein Ruf' – bezogen auf früher passt dieser Satz doch auch für Sie.

K: ‚Was andere denken, ist Dein Ruf' – ja, das stimmt schon. So hab ich früher ja auch gedacht – natürlich ist das ‚Dein Ruf'. Aber heute ist mein Ruf eben ein anderer – heute ist mein Ruf so, dass ich Respekt bekomme, weil ich genau das Gegenteil von dem mache, was ich früher gemacht habe, so muss man das Ganze mal sehen.

I: Die Zeiten ändern sich, und die Zeit verändert manchmal auch die Bewertungen und die Maßstäbe der Menschen.

K: So ist das.

Beim Vorgespräch kamen Trainer (T) und vorgesehener Klient (K) folgendermaßen überein:

K: Eigentlich ist das ja auch ganz einfach: Sie sind respektvoll und ich bin respektvoll, also geben wir uns sozusagen beide Respekt.

T: So kann man das sagen, ja – immer hin und her.

K: Wie beim Pingpong sozusagen.

T: Also spielen wir Respekt-Pingpong.

So entsteht gleichsam eine Win-Win-Situation – allerdings: Irgendjemand muss den Respekt mobilisieren, irgendjemand muss von sich aus die Bereitschaft signalisieren: Ich erweise meinen Respekt, ich verhalte mich respektvoll, denn „wer respektiert werden will, muss den ersten Schritt tun, und andere aufrichtig respektieren“[86], oder um es mit Kant zu sagen: „Ein jeder Mensch hat rechtmäßigen

86 Ebert/Pastoors 2018, S. 332

Anspruch auf Achtung von seinen Nebenmenschen, und wechselseitig ist er dazu auch gegen jeden anderen verbunden"[87].

Damit trifft Kant im Grundsatz die Intention der hier im Fokus stehenden Klientel, gleichwohl formuliert diese manchmal anders, nämlich mit einer fordernden Erwartung: ‚Wenn mich der Andere respektiert, respektiere ich ihn auch' oder: ‚Wer mir Respekt gibt, bekommt auch Respekt von mir' – allerdings lässt sich in der Regel mit beiderseitigem Verständnis so viel Übereinstimmung schaffen, dass eine gute Voraussetzung für ein gemeinsames Arbeiten begründet werden kann.

Das zunächst haltgebende Bindeglied ist nicht selten ein Konflikt, eine andere Position, eine andere Sichtweise. Dafür ist jeweils ein Gegenüber erforderlich, um den Konflikt, die andere Position, die andere Sichtweise aushalten, annehmen, akzeptieren und anerkennen zu können. Dabei ist zu beachten: Die von den Jugendlichen und jungen Heranwachsenden mitgebrachten Konflikte resultieren nicht ausschließlich aus den zuvor begangenen Straftaten.

Gleichwohl beruht die Teilnahme an einem Einzel-AAT auf den zuvor begangenen strafbaren Handlungen der jungen Menschen, so dass neben anderen thematischen Aspekten das juristisch als Unrechtshandlung geahndete Verhalten der Klientel permanente Beachtung findet. Unter Berücksichtigung der im Rahmen der Qualitätsstandards festgelegten Ausschlusskriterien (siehe: Methodische Inhalte) kann davon ausgegangen werden, dass bei den jungen Teilnehmern ein derart hinreichendes Einsichtsvermögen ausgebildet ist, „dass menschliches Leben zu respektieren

87 Zit. n. Reichart 2015, S. 22

ist“[88] und dass die Annahme getroffen werden kann, dass ein Handeln gemäß dieser Maxime keinen besonderen Reifegrad voraussetzt. Diese Stufe des moralischen Bewusstseins sollte der Klientel auch nicht in globo abgesprochen werden und würde zudem auch durchaus nicht immer als respektvoll verstanden werden, was ein 19-jähriger Teilnehmer wie folgt zum Ausdruck gebracht hat:

I: […]. Sie erinnern sich an die Zeitungsmeldungen, bei denen Sie vier auswählen und beurteilen sollten?

K: Ja, das mit der Rentnerin und dem Kaninchen.

I: Genau. Erinnern Sie sich noch, welche Strafen die Täter jeweils bekommen hätten, wenn es nach Ihnen gegangen wäre?

K: Knast die meisten oder Sozialstunden.

I: Genau. Und Ihre Haftstrafen sind schon ziemlich hoch gewesen. Für die Tat mit der Rentnerin hätten Sie sieben Jahre gegeben, für die gefilmte Prügelei drei bis vier Jahre, für die Tat mit dem Kaninchen Therapie und zweihundert Sozialstunden, und für den Mord lebenslänglich.

K: Ja, für solche Taten muss man doch solche Strafen geben. Sonst denken die doch, die können einfach immer so weitermachen – irgendwie müssen die das doch mal lernen.

I: Und dafür würden Sie solche Strafen als sinnvoll erachten?

K: Ich finde, die haben das nicht anders verdient. Mit mehreren Leuten eine alte Frau zusammenschlagen – die hätte ja auch sterben können dabei. Und der Junge, der von den anderen gefilmt und verprügelt wurde, leidet doch bestimmt auch jahrelang

88 Hinz 2005, S. 194

darunter – da können die Jungs dann auch ruhig ein paar Jahre in den Knast, finde ich.

Lakonisch gibt ein 20-jähriger Teilnehmer bei der Kursrückschau zu Protokoll: „Für Täter gibt es keine besseren Richter als die in Hamburg."

Juristischer Permissivität wird mit diesen Worten eine recht deutliche Absage erteilt, und zumindest darf vermutet werden, dass ein euphemistisches Darüber-hinweg-Sehen als ein inakzeptables Unterstützungsangebot für eine eventuelle Gewalt propagierende Devianz- und Delinquenzkultur (miss) verstanden werden könnte. Lakonisch kann der Passage einer Stellungnahme zugestimmt werden, da es heißt: „Die Glaubwürdigkeit des Rechtsstaates verlangt die Anwendung des Gesetzes und die professionelle Auseinandersetzung der Justiz mit den jungen Tätern, den konkreten Taten und den Opfern"[89].

Ein Interview beinhaltet eine solche Devianz und Delinquenz fördernde beziehungsweise begünstigende Sichtweise, da es heißt:

I: Ihr Auftreten vor einigen Jahren hat aus heutiger Sicht schon so etwas radikal Größenwahnsinniges; darauf komme ich gerade, weil Sie bei dieser Karte ‚Es gibt mir ein gutes Gefühl, dass Leute Angst vor mir haben', gesagt haben: ‚Ich hab die alle nicht ernstgenommen: Polizei, Gericht, Sozialstunden, Bewährung – alles albern. Die konnten mir alle gar nichts – ausgelacht hab ich die. Einem Bullen hab ich sogar vor die Füße gespuckt, und was hat dieser Lappen gemacht? Nichts!' – die Macht des Paten.

K: Die Macht des Paten – oh, Mann! Wenn man sich das heute so anguckt, ist das ja wirklich nicht mehr normal gewesen, was

89 Vorstand und Geschäftsführung der DVJJ 2020, S. 413

wir uns damals erlaubt haben. Das passt so gesehen eigentlich schon ganz gut wie Sie das sagen mit dem Größenwahnsinnigen – unglaublich, aber genau das war damals unser Film.

I: Und Sie hatten eine der Hauptrollen und wollten auch noch Regie führen.

K: Alles! Ich wollte alles damals! Ich hab mich sozusagen hochgearbeitet.

I: Das heißt, Sie hatten Ihren Ruf.

K: Ich hatte meinen Ruf.

I: Stimmt, und Sie hatten ja damals auch die Philosophie: ‚Ein Mensch, der sich einen Namen erarbeitet hat, wird mehr respektiert, als der, der gar nichts mit der Polizei zu tun hat'. Mit dieser Denke mussten Sie ja die kriminelle Laufbahn einschlagen und vor allem beibehalten.

K: Damals hab ich wirklich geglaubt, das muss so sein, ja.

„Im Grunde genommen würde es reichen, wenn wir uns auf die erste Regel verständigen könnten: ‚Respekt'" – eine gleichsam standardisierte Formulierung des Verfassers gegenüber den möglichen Teilnehmern an einem Einzel-AAT während des Vorgesprächs, um ergänzend hinzuzufügen:

„Allerdings: Wenn sich immer alle daran halten würden, würden Sie gar nicht hier sitzen."

Beinahe stereotyp wird das mit einem verschmitzt-verlegenen Lächeln quittiert, was durchaus als eine beipflichtende Zustimmung betrachtet werden darf. Dieses Zustimmungsbekenntnis kann als Einladung verstanden werden, „sich in Beziehung zum Gesagten zu setzen"[90].

90 Lenz 2014, S. 173

Die Bereitschaft, dieser Einladung Folge leisten zu können und zu wollen, kann durch das Vorgespräch zumindest begünstigend beeinflusst werden, indem implizite Hinweise gegeben werden, dass es nicht darum geht, jemanden kommunikativ in die Enge zu treiben, sondern ihm Optionen gelassen werden, sein Gesicht zu wahren[91].

Dennoch wird der Klient nicht im Unklaren darüber gelassen, was ihn im Laufe des Einzel-AATs erwartet, allerdings wird ebenso deutlich benannt, was von ihm im Laufe des Trainings erwartet wird.

Dazu passt die Einlassung des Klienten (K), der den Umgang miteinander sowie die Gesprächsatmosphäre beim Einzel-AAT so beschreibt:

I: […]. Beim Ziel haben Sie noch die Erwartung formuliert, Sie möchten ‚wie ein Mensch behandelt werden' – was genau meinen Sie damit?

K: Dass man mich eben so behandelt, wie es sich gehört als Mensch, also dass ich eben auch so gesehen werde als Mensch eben, dass andere nicht denken, bei dem kann man ja mal so eben einfach sagen, der interessiert uns nicht, weil der ja so 'n Asozialer oder nur so 'n Krimineller ist – das meine ich damit. Also eben das man nicht immer nur so das Schlechte sieht, was man vielleicht auch so gemacht hat, aber dann nur sagt, so andere Sachen werden gar nicht beachtet, wenn man mal irgendwo was Gutes gemacht hat so.

I: In welchen Bereichen oder von welchen Personen fühlen Sie sich denn manchmal nicht richtig verstanden, weil die guten Sachen übersehen oder nicht beachtet werden?

K: Auf jeden Fall beim Gericht oder bei der Bewährungshilfe schon mal.

91 Ebert/Pastoors 2018, S. 50

I: Haben Sie da solche Situationen erlebt?

K: Hundertpro. Da wird dann immer nur so negativ geguckt, wenn irgendwas wieder nicht so gemacht wurde oder wenn es wieder heißt: ‚Oh, G., da hast Du wohl wieder mal Mist gebaut oder da hast Du Deine Auflage ja immer noch nicht gemacht – das muss ich dann wohl dem Gericht melden und dann gibt es Arrest für Dich'.

I: Sind denn noch Auflagen offen bei Ihnen?

K: Arbeitsleistungen noch sechs oder so.

I: Bis wann wollen Sie die erledigen?

K: Nächste Woche und dann im nächsten Monat erledige ich die – das hab' ich Frau S. [Mitarbeiterin der Jugendbewährungshilfe; Anm.] auch so gesagt, aber die meinte dann gleich wieder: ‚Das soll ich Dir jetzt glauben? Du hättest damit schon längst fertig sein können, aber Du kümmerst Dich ja nicht um die Termine oder soll ich doch den Arrest beantragen, damit Du das besser verstehst?' Die freut sich immer richtig, wenn sie mir mit diesem Arrest so drohen kann.

I: Meinen Sie, das wird aus ‚Freude' so gesagt?

K: Sie müssen die mal sehen, wenn die das so zu mir sagt – immer mit einem richtig frechen Grinsen dabei. Ich glaub, das bringt der richtig Spaß, wenn die da so mäßig auf Machtposition machen kann, die genießt das so.

I: Wenn Sie das jetzt als Beispiel dafür erwähnen, dass Sie ‚wie ein Mensch behandelt werden möchten', heißt das ja, diesen Umgang Ihnen gegenüber empfinden Sie nicht als menschlich – was wäre denn in dieser Situation aus Ihrer Sicht eine ‚menschliche Behandlung'?

K: Auf jeden Fall nicht so dieses ‚Ich-kann-Dich-in-den-Arrest-stecken-wenn-ich-will', so dieses ‚Von-oben-Herab' – wer ist sie denn, dass sie glaubt, so mit mir reden zu können? Das mach' ich doch auch nicht so mit ihr.

I: Mit Arrest können Sie ihr ja auch nicht drohen.

K: Dass mein' ich so ja auch nicht, aber Sie wissen doch, was ich meine: So dieses ‚Nase-Oben' eben. Sie kann doch auch ganz normal mit mir reden, so wie ein Mensch eben – das machen Sie hier doch auch, also.

I: Wie würden Sie denn die Gesprächsatmosphäre hier beim Einzeltraining beschreiben?

K: Ja, schon so, dass man hier menschlich miteinander geredet hat. Das war auf jeden Fall so, dass das hier respektvoll von allen Seiten her gewesen ist, also: Sie haben mich mit Respekt behandelt, und ich glaube, ich habe mich Ihnen gegenüber auch mit Respekt gezeigt – und so gehört sich das ja auch unter normalen Menschen würde ich sagen.

I: Respekt passt in der Regel immer und überall.

K: Richtig. Und deshalb finde ich ja auch, dass man das so erwarten kann, wenn man beim Gericht oder bei Frau S. [Bewährungshelferin; Anm.] ist, aber da ist dann wieder ‚Nase hoch'.

I: Woran haben Sie denn hier das ‚menschlich-miteinander-Reden' festgemacht?

K: Dass Sie mich hier eben so behandelt haben, ja – wie ein Mensch haben Sie mit mir gesprochen und mich auch so als Mensch behandelt. Sie haben jetzt nicht so auf ‚Ich-bin-was-Besseres-als-Du' gemacht, sondern immer so, dass man sich nicht schlecht fühlen musste oder dass man gesagt hat, da hab' ich keine Lust, mir das anzuhören, da geh' ich gar nicht hin. Eigentlich bin ich sogar gerne hierhergekommen, muss ich sagen.

I: G., Ihr Zertifikat bekommen Sie auch ohne vorherige Lobeshymne von mir.

K: Ne, ist ehrlich so.

I: Wann ist Ihnen denn klar gewesen oder klar geworden, dass das hier für Sie passen würde vom Stil her?

K: Eigentlich schon bei dem ersten Mal, als ich hier gewesen bin und wir so gesprochen haben, was hier stattfindet und wie das abläuft alles [meint: Termin für das Vorgespräch; Anm.]. Da hab' ich schon gemerkt, dass das hier in Ordnung ist und dass Sie vernünftig mit einem reden so.

I: Hat Sie das überrascht?

K: Dass hier so geredet wird, meinen Sie?

I: Ja, dieses Respektvolle und Menschliche, so wie Sie es beschreiben – was hätten Sie denn stattdessen erwartet?

K: Ja, so, dass man hier irgendwie anders…, ja, dass so auf ‚Wer-bist-du-denn-eigentlich?' oder so fertig gemacht werden eben – sowas vielleicht. Das hab' ich ja so auch schon mal in einer Gruppe mitgemacht – da bin ich dann aber nur einige Male hin und dann nicht mehr, aber so wie hier ist das auf jeden Fall besser für die Leute, denke ich mal.

I: Wie kommen Sie darauf, dass das so ‚wie hier auf jeden Fall besser für die Leute' ist?

K: Ja, ich denke mal, dass man so dann eher sagt, worum es geht, also dass man bei den Themen auch mehr mitarbeitet, weil man ja weiß, dass einem selbst das auch was bringt dann, weil es ja immer um einen selbst geht und nicht um ‚Herrn Irgendwen' oder ‚Herrn Sowieso'. Und auch, wenn man weiß, dass Sie das auch so verstehen können, was man sagt, weil Sie davon ganz gut Ahnung haben; auch so vom Knast und was das bedeutet, wenn man da mal drin war und so. Ich betrachte das hier auch gar nicht als Strafe, sondern als Hilfe. Wenn ich hier nur herkomme und dann immer nur sage: ‚Weiß ich nicht' oder ‚Will ich nicht' oder ‚Interessiert mich doch nicht', dann bringt das ja auch nichts. Aber so wie hier ist das dann ja auch so gewesen, dass man sich überlegt, was man dann sagt und man dann auch das Gefühl hat, das bringt einem selbst was und man macht sich da auch schon mal einen Kopf so danach, was hier so gesprochen wurde.

Das bringt zum Ausdruck, dass die im Vorgespräch geäußerte Formulierung ‚Sie können davon ausgehen, dass Sie hier anerkannt, geachtet und wertgeschätzt werden - das erwarten andere natürlich auch von Ihnen' durch konsequente Anwendung eine bestätigende sowie dankbare Zustimmung findet, denn es bedeutet gleichsam, „den anderen Menschen [...] zu respektieren, korrekt zu behandeln, nicht zu übervorteilen. Kurz: ihm das zu geben, was ihm zusteht, einfach weil er ist wie [...] ich"[92]. Die interdependente Wirksamkeit dieser Vorgabe bringt der Schriftsteller Siegfried Lenz zum Ausdruck, da er über den Umgang einer anderen Autorin mit den Menschen Afrikas schreibt, sie spüre sehr früh, „dass sie das Wesen dieses Landes allenfalls verstehen, doch nie beherrschen kann. Nie unternimmt sie den Versuch zur Missionierung, zur Unterwerfung. Der Respekt, der ihr von den Kaffeepflückern und Häuptlingen, von Viehzüchtern und Kriegern entgegengebracht wird, ist nur die Antwort auf ihren eigenen Respekt, mit dem sie die Andersartigkeit des sie umgebenden Lebens zur Kenntnis nimmt"[93].

Erinnert sei an den 18-jährigen, der seine abschließende Bewertung so formuliert:

I: Erinnern Sie sich mal an das Vorgespräch; da haben Sie gesagt: ‚Ich bin da nicht gleich so, dass ich so von mir erzähle. So bei bestimmten Themen finde ich, geht das nicht jeden was an: Familie zum Beispiel, da werd' ich nicht groß was sagen.' Erzählt

92 Brantschen 2005, S. 85
93 Lenz 1983, S. 178

haben Sie dann allerdings doch einiges – vor allem bei dem sogenannten ‚Referat'.

K: Schon, aber das war hier ja auch ganz was anderes als in einer Gruppe – da hätte ich gar nichts davon erzählt, weil ich finde, dass müssen die anderen gar nicht alles so wissen, und bestimmte Sachen sind eben privat. So wie hier war das ja sogar im Gegenteil so, dass man richtig gut was erzählen konnte und man ja auch wusste, dass nichts weitergesagt wird davon – so bringt das dann ja sogar richtig was und dann hilft einem das auch gut, weil man weiß, dass damit gut umgegangen wird. Das hab ich meiner Bewährungshelferin auch gesagt, dass das für mich mit so einem Einzeltraining auf jeden Fall besser gewesen ist, weil das alles mit mir zu tun hat, was da besprochen wird, und dann muss man ja auch immer hundertprozentig Konzentration da reingeben, weil man da ja auch möglichst alles mitrausnehmen will – für mich hat das hier mit Ihnen auf jeden Fall gepasst.

Diese Passagen enthalten explizite und implizite Hinweise, welche Wirkfaktoren bei einem Einzel-AAT unter anderem positive Resonanz erzeugen können:

- Angemessener Kommunikationsstil: „… wie ein Mensch haben Sie mit mir gesprochen und mich auch so als Mensch behandelt. Sie haben jetzt nicht so auf ‚Ich-bin-was-Besseres-als-Du' gemacht, sondern immer so, dass man sich nicht schlecht fühlen musste oder dass man gesagt hat, da hab' ich keine Lust, mir das anzuhören, da geh' ich gar nicht hin. Eigentlich bin ich sogar gerne hierhergekommen, muss ich sagen";
- gegenseitiger Respekt: „Das war auf jeden Fall so, dass das hier respektvoll von allen Seiten her gewesen ist, also: Sie haben mich mit Respekt behandelt, und ich glaube, ich habe mich Ihnen gegenüber auch mit

Respekt gezeigt - und so gehört sich das ja auch unter normalen Menschen würde ich sagen";

- perspektivischer Aspekt: „...und dann muss man ja auch immer hundertprozentig Konzentration da reingeben, weil man da ja auch möglichst alles mitrausnehmen will - für mich hat das hier mit Ihnen auf jeden Fall gepasst";
- Individualisierung ermöglicht vertrauensvolle/vertrauliche Themenbearbeitung: „..., ich denke mal, dass man so dann eher sagt, worum es geht, also dass man bei den Themen auch mehr mitarbeitet, weil man ja weiß, dass einem selbst das auch was bringt dann, weil es ja immer um einen selbst geht und nicht um ‚Herrn Irgendwen' oder ‚Herrn Sowieso'";
- erkennbare und nachvollziehbare fachliche Kompetenz: „..., wenn man weiß, dass Sie das auch so verstehen können, was man sagt, weil Sie davon ganz gut Ahnung haben; auch so vom Knast und was das bedeutet, wenn man da mal drin war und so. Ich betrachte das hier auch gar nicht als Strafe, sondern als Hilfe";
- Herausarbeiten und Nutzen von individuellen Ressourcen: „Dass man mich eben so behandelt, wie es sich gehört als Mensch, also dass ich eben auch so gesehen werde als Mensch eben, dass andere nicht denken, bei dem kann man ja mal so eben einfach sagen, der interessiert uns nicht, weil der ja so' n Asozialer oder nur so' n Krimineller ist - das meine ich damit. Also eben das man nicht immer nur so das Schlechte sieht, was man vielleicht auch so gemacht hat, aber dann nur sagt, so andere Sachen werden gar nicht beachtet, wenn man mal irgendwo was Gutes gemacht hat so";

- Förderung von Selbstwirksamkeit: „..., aber das war hier ja auch ganz was anderes als in einer Gruppe - da hätte ich gar nichts davon erzählt, weil ich finde, das müssen die anderen gar nicht alles so wissen, und bestimmte Sachen sind eben privat. So wie hier war das ja sogar im Gegenteil so, dass man richtig gut was erzählen konnte und man ja auch wusste, dass nichts weitergesagt wird davon - so bringt das dann ja sogar richtig was und dann hilft einem das auch gut, weil man weiß, dass damit gut umgegangen wird";
- Initiierung von Reflexionsmomenten: „... so wie hier ist das dann ja auch so gewesen, dass man sich überlegt, was man dann sagt und man dann auch das Gefühl hat, das bringt einem selbst was und man macht sich da auch schon mal einen Kopf so danach, was hier so gesprochen wurde.

Wenn solche Initiierungen und Reflexionen durch ein Einzel-AAT bewirkt werden können, lässt sich mit Recht die An-nahme formulieren, dass eine gelingende Praxisumsetzung als gehalt- und sinnvoll erachtet werden kann.

Beziehung durch Kommunikation

Mit einem Thiersch-Zitat sei dieses Kapitel eingeleitet: „Voraussetzung allen pädagogischen Handelns ist Diagnose im weiten Sinn, verstanden als Rekonstruktion der lebensweltlich gesehenen Situation und als Konstruktion einer gemeinsamen Entwicklung, des Entwurfs, der Korrektur, des Neuentwurfs von Deutungs- und Handlungsoptionen. Die Entwicklung solcher Diagnose ist immer auch die Auseinandersetzung mit der Eigenheit und Fremdheit des Anderen, die es zu respektieren gilt. [...]. Es braucht Möglichkeiten und Raum, dass AdressatInnen sich ihrer eigenen, oft nicht so geklärten, aber für sie evidenten Deutungen und Handlungskonzepte vergewissern, die sie im mäeutischen Gespräch erst entdecken können. Dazu dienen vor allem auch Gelegenheiten zu biografischen Erzählungen [...]"[94], die beim Einzel-AAT beispielsweise beim sogenannten ‚Referat' (siehe: Methodische Inhalte) thematisch im Fokus stehen und sich einer Sprache bedienen, „die gegenseitige Verständigung auf Augenhöhe ermöglicht"[95] und dazu dienen kann, „im Dialog mit anderen inneren Reichtum anzuhäufen, Worte, Begriffe, Argumente finden, die [die] Fantasie und [den] Möglichkeitssinn anregen"[96] – „gute Beziehungen funktionieren nur über gegenseitigen Respekt [und] über Kommunikation"[97].

Als beispielhafte Erläuterung mag der folgende Ausschnitt aus einem Interview dienen:

I: A., wenn Sie sich Ihr zu Beginn des Einzel-AATs formuliertes Ziel, ‚Ruhiger reagieren bei Provokationen. Keine weiteren Straf-

94 Thiersch 2007, S. 42
95 Laudenbach/Forst 2020, S. 57
96 Reinhard 2021, S. 77
97 Lührs 2021, S. 25

taten begehen. Kontrollierter Umgang mit Drogen', anschauen: Wie wäre Ihre Einschätzung, zu wieviel Prozent Sie dieses Ziel beziehungsweise diese Ziele aus Ihrer Sicht erreicht haben?

K: Bezogen auf ,Ruhiger reagieren bei Provokationen' zu achtzig bis fünfundachtzig oder neunzig Prozent würde ich sagen. ,Keine weiteren Straftaten' auf jeden Fall hundert Prozent. ,Kontrollierter Umgang mit Drogen', also was das Kiffen jetzt angeht, würde ich auch sagen eigentlich zu hundert Prozent, weil ich ja nur noch ganz selten mal was rauche im Vergleich zu früher gesehen.

I: Sind Sie überrascht, dass Sie eine solch positive Bilanz ziehen können?

K: Was heißt überrascht? Ich finde, dass ich das soweit alles gut geschafft habe, was ich mir vorgenommen habe und dass ich da schon sagen kann, dass ich da meine Ziele ganz gut erreicht habe.

I: Wenn Sie sich Ihre Formulierung mal anschauen, sind das ja wie beim Überraschungsei drei Dinge auf einmal – ist da ein Ziel dabei, bei dem Sie rückblickend sagen, das hätte ich so am Anfang nicht erwartet, da bin ich tatsächlich überrascht, dass mir das gelungen ist?

K: Also beim Kiffen war ich mir jetzt nicht so ganz sicher, wie gut ich das schaffen würde. Also, dass ich das kontrollieren kann, war mir eigentlich schon klar, aber ich hab ja jetzt so verglichen mit früher fast ganz aufgehört, kann man sagen. Jetzt rauch ich vielleicht mal am Wochenende was und das auch nicht immer, und während der Woche eigentlich gar nichts mehr – da muss ich schon sagen, dass ich das so vor einem Jahr zum Beispiel gar nicht gedacht hätte.

I: Also können Sie sich dafür schon mal selbst auf die Schulter klopfen.

K: Stimmt, ja.

I: Gibt es Menschen in Ihrem Umfeld, denen aufgefallen ist, dass Sie sich verändert haben oder dass Sie anders drauf sind als vor einigen Monaten oder vor einem Jahr?

K: Ja, schon. Meine Mutter merkt das auf jeden Fall und auch meine Freundin. Das ist ja schon auch leichter für die jetzt, wenn die wissen, dass ich keine Zeitbombe mehr bin so wie früher.

I: Ist das mit der ‚Zeitbombe' Ihre Formulierung oder haben das andere so geäußert?

K: Das hab ich jetzt so gesagt, aber für andere muss das so rübergekommen sein, wenn damals irgendwas gewesen ist, dass die dann immer denken mussten, jetzt hat der schon wieder einen seiner Anfälle.

I: War das damals so?

K: Eigentlich schon, muss man eigentlich so sagen. Da hat schon eine klitzekleine Kleinigkeit gereicht, dass ich gedacht habe, da muss ich jetzt was machen, das geht gar nicht, wenn ich da jetzt nichts mache.

I: Können Sie dafür mal ein Beispiel nennen, dass Sie in einer Situation gedacht haben, ‚da muss ich jetzt was machen'?

K: Na ja, wenn zum Beispiel einer was gegen die Familie gesagt hat oder so, dann hab ich gar nicht erst gewartet, ob der sich dann vielleicht noch entschuldigt oder so oder ob der das vielleicht gar nicht so gemeint hat dann – das war mir eigentlich auch egal, da bin ich gleich raufgegangen.

I: ‚Raufgegangen' heißt, es gab Fäuste?

K: Fäuste, Kicks, sowas – ja.

I: Wie gehen Sie denn heute damit um, wenn Sie der Meinung sind, da beleidigt jemand Ihre Familie?

K: Da rein und da wieder raus.

I: Obwohl die Beleidigung ja dieselbe ist wie vor einigen Monaten oder Jahren.

K: Das stimmt, aber inzwischen finde ich das albern, wenn ich bei jedem sage, da muss ich was machen. Das ist ja auch unnötig, weil mir das ja auch nicht wirklich was bringt – das hat man ja gesehen, dass ich eigentlich nur Nachteile davon habe, wenn ich bei jeder Beleidigung sofort reagiere [meint: Thematisierung bei der Bearbeitung der Vier-Felder-Matrix; Anm.]. Also: Wofür soll das gut sein, wenn ich dafür dann auch noch rein muss – unnötig. Ich muss auch niemandem mehr irgendwas beweisen.

I: Das klingt nach Einsicht.

K: Kann man so sagen, ja.

I: Und nach Vernunft.

K: Ja, auch – ist wohl so, wenn man älter wird.

I: Zumindest bei Ihnen.

K: Ja.

I: Sie erinnern sich an die Aussagekarten, mit denen wir hier gearbeitet haben, bei denen Sie zunächst einmal nur entscheiden sollten, ob die jeweilige Aussage Ihrer Meinung nach stimmt oder nicht stimmt – da haben Sie bei der Aussage ‚Mit Gewalt kann man sich Respekt verschaffen' gesagt: „‚Stimmt' und ‚Stimmt nicht' – beides eigentlich" und auf meine Nachfrage, was Sie aus heutiger Sicht tendenziell eher antworten würden, gesagt: „‚Stimmt nicht'";– wissen Sie noch in etwa, wie Sie diese Tendenz begründet haben?

K: Ich glaube, das ‚Stimmt nicht' war so von mir aus heutiger Sicht die Antwort, weil ich gesagt habe, dass das heute eben auch nicht mehr passt oder lohnt oder beides irgendwie.

I: Stimmt, in diese Richtung ging es.

K: Ja, und das passt dann ja auch mit dieser Übersicht, wo eigentlich nur Nachteile waren, wenn ich immer so weitermachen würde (siehe oben).

I: Stimmt, das passt dann auch dazu. Ihre Antwort war: ‚Heute sage ich ‚Stimmt nicht‘, weil es andere Möglichkeiten gibt – ich denke, dass passt auch nicht mehr, wenn man sich mal überlegt, dass das eigentlich nicht wirklich was bringt. Eigentlich ist das negativ, wenn man mal ehrlich ist‘.

K: Genau, stimmt ja auch.

I: Inhaltlich ist dagegen nichts einzuwenden. Wissen Sie auch noch in etwa, wie Sie Ihre Argumentation für das frühere ‚Stimmt‘ begründet haben?

K: Ja, ich glaube, weil man sich nicht immer einfach alles so bieten lassen kann, weil alle dann einfach immer so selbstverständlich auf frech rüberkommen und glauben, dass sie sich alles erlauben können.

I: Fasst wortwörtlich die Antwort, die Sie vor einigen Wochen gegeben haben, ja.

K: Hm, ja, so war das eben.

I: Und das bleibt auch so?

K: Wie meinen Sie das?

I: Bezogen auf die Jugendlichen heute.

K: Kommt darauf an, welche Jugendlichen Sie jetzt meinen.

I: Die, die heute an Ihrer Stelle in Ihrem Kiez unterwegs sind.

K: Bei denen ist das auf jeden Fall noch mehr so als bei uns damals – hundertprozentig!

I: ‚Noch mehr so als bei uns damals‘ bedeutet was?

K: Na ja, die sind ganz anders als wir damals – das ist fast schon krank manchmal. Alleine schon, was die an Waffen dabei haben – das gab es bei uns damals auf jeden Fall nicht so wie heute.

I: Das haben Sie so in etwa ja auch bei der Karte ‚Wer eine Waffe bei sich trägt benutzt sie auch‘ gesagt.

K: Stimmt, ja.

I: Genau – ‚Stimmt' haben Sie damals auch gesagt.

K: Ist ja auch so. Siebzig, achtzig Prozent sind auf jeden Fall bewaffnet – das ist schon echt nicht mehr normal.

I: Und Ihre Begründung dafür, dass die Waffen eingesetzt werden, war: ‚Die haben keine Eier, sonst würden die die Waffen ja gar nicht brauchen'.

K: Ja, ist ja auch so. Waffen sind was für Pussies – Punkt.

I: Stimmt, auch diesen Satz haben Sie bei der Karte genauso formuliert. Und ergänzt: ‚Mit Waffen ist asozial und peinlich. Wenn ich kämpfen will, brauch' ich kein Messer oder sonst was.'

K: So ist das.

I: Sie erinnern sich vermutlich auch noch an das sogenannte ‚Referat', als Sie die Begriffe Freude, Trauer, Angst, Wut, Glück und Gewalt auf die drei Bereiche Familie, Schule oder Ausbildung oder Job und Freunde zugeordnet haben.

K: Ja, natürlich.

I: Da haben Sie bei der Kombination Freude – Familie sofort Ihren Sohn erwähnt.

K: Ja.

I: Und dann haben Sie erwähnt, Ihr Sohn sei ‚das Beste', was Ihnen in Ihrem Leben bisher passiert ist.

K: Stimmt.

I: Ist Ihnen das von Anfang so klar gewesen, als Sie erfahren haben, dass Ihre Freundin schwanger gewesen ist?

K: Ne, da sowieso schon mal gar nicht.

I: Wie war Ihre erste Reaktion?

K: Ja, scheiße erst mal irgendwie, aber dann auch irgendwie, ja, schon, … so, wenn man sich vorstellt, da kommt jetzt ein Kind und du bist der Vater – dann doch schon so, dass wir uns gefreut haben, ja. Also, da war dann auch klar, dass das Kind bleibt auf jeden Fall.

I: Das heißt, es gab die Überlegung, ob das Kind abgetrieben werden soll?

K: Bei mir schon zuerst, aber meine Freundin wollte das gar nicht, also die wollte von Anfang an, dass das Kind auf die Welt kommt.

I: Und heute sind Sie froh darüber.

K: Auf jeden Fall! Das wäre gar nicht gegangen!

I: Sagen Sie heute.

K: Sag ich heute, weil ich ja jetzt weiß, wie das ist mit dem Kind.

I: Mit Ihrem Kind, mit Ihrem Sohn.

K: Mit meinem Sohn, ja.

I: Da strahlt der stolze Papa über das ganze Gesicht.

K: Ja klar!

I: Der Junge hat Ihr Leben komplett verändert – oder?

K: Auf jeden Fall. Ohne ihn wäre ich immer noch anders unterwegs vermute ich mal.

I: ‚Anders unterwegs' heißt: Kriminell unterwegs?

K: Denke ich mal. Auf jeden Fall würde ich immer noch so ein bisschen was machen. Nicht mehr so crazy wie früher, aber da würde schon noch mal was passieren können – weiß man ja nie so.

I: Was war denn früher ‚so crazy'?

K: Ja, schon so einige Sachen, die wir gemacht haben. Das war dann aber auch noch als ich jeden Tag gekifft habe. Völlig verpeilt eigentlich, kann man so sagen.

I: ‚Völlig verpeilt' meint was?

K: Ja, so nichts gecheckt eigentlich. Man hat das Ganze auch nicht alles so ernst genommen, kann man sagen.

I: Da präsentieren Sie sich ja heute ganz anders, was Ernsthaftigkeit und Vernunft angeht – das hatten wir ja vorhin schon. Also hat die Vaterrolle Sie vernünftiger werden lassen.

K: Kann man so sagen, ja.

I: Und stolz obendrein.

K: Ja.

I: Gut so. Ohne die Geburt Ihres Sohnes würden Sie heute auch immer noch kiffen?

K: Denke mal schon, ja.

I: Ist ja schon so etwas wie ein Hauptgewinn der Kleine, oder wie Sie es gesagt haben ‚das Beste' was Ihnen je passiert ist.

K: Das Allerbeste, ja!

I: Bei der Kombination Wut – Familie ist Ihnen sofort Ihre Familie eingefallen, also Ihre Eltern.

K: Ja.

I: Hat sich Ihr Verhältnis durch die Geburt Ihres Sohnes eigentlich etwas entspannt oder irgendwie verändert?

K: Kein bisschen. Die sind immer noch so asozial wie sie früher waren.

I: Worauf beziehen Sie das ‚Asoziale'?

K: Auf alles bei denen! Die haben sich damals einen Dreck gekümmert und die kümmern sich jetzt einen Dreck, wenn es um mich geht.

I: Da ist die Wut immer noch präsent.

K: Ja, ist so und bleibt so.

I: Zumindest ist es im Moment so.

K: Und auch in Zukunft, glauben Sie mir!

I: Zumindest ist das Ihre Einschätzung und Sie haben Ihre Gründe dafür.

K: Genau.

I: Zur Kombination Glück – Freunde ist Ihnen eingefallen, dass Sie glücklich darüber sind, dass Ihre ‚Jungs immer für einen da gewesen sind' – ist das heute immer noch so oder sind damit die Jungs aus Ihren kriminellen Zeiten gemeint gewesen?

K: Nicht nur eigentlich. Na klar war das damals schon so, dass man wusste, die sind da, wenn man mal jemanden braucht so, aber die sind ja nicht nur da, wenn man was starten will, also so illegale Sachen meine ich – die sind auch da, wenn mal so ganz auf entspannt irgendwo am Strand oder so ist, wenn man sich einfach mal so zum Shisha-Rauchen trifft oder so – das gehört ja auch mit dazu.

I: Hat sich Ihr Freundeskreis nach der Geburt Ihres Sohnes eigentlich verändert?

K: Was heißt verändert? Da sind immer noch einige, mit denen ich früher gut war, die auch heute noch da sind. Klar, man ist nicht mehr ganz so oft jetzt mit denen; früher war das ja jeden Tag, dass man sich irgendwo getroffen hat und man gekifft hat oder so – das ist heute nicht mehr so, aber man sieht sich schon noch immer mal. Aber jetzt ist auch eher so Zeit mit Kind und Freundin – da passt das dann auch nicht immer so, wenn die Jungs mit dabei sind, finde ich.

I: Zählt das für Sie auch mit zum vernünftig, einsichtig und erwachsen werden?

K: Passt auf jeden Fall dazu würde ich sagen.

I: Im Verlauf des Trainings haben Sie gesagt, ‚Ich fühl mich noch nicht so wirklich erwachsen', und begründet haben Sie das damit, dass manchmal noch ‚so Sachen passieren, die nicht so wirklich erwachsen sind, also zum Beispiel, wenn ich mit meinen Jungs bin und wir dann über allen möglichen Scheiß lachen und eigentlich nur albern sind' – würden Sie diese Einschätzung heute immer noch so vornehmen?

K: Also ich glaub schon, dass ich jetzt, also heute, schon mehr erwachsen bin als damals – was heißt damals? Das ist ja jetzt auch noch nicht so wirklich lange her jetzt, dass man sagen kann, da ist voll viel Zeit vergangen, aber ich finde schon, dass ich jetzt also doch mehr vernünftig geworden bin wie wir das vorhin gesagt haben. Ich kümmer' mich um meinen Sohn, ich mach meinen Job, ich bin nicht mehr soviel mit meinen Jungs und so, kiffen ist weniger geworden – also schon so alles Sachen, bei denen ich sagen würde, das ist jetzt nicht mehr so dieses Unerwachsene, wenn man das so sagen kann.

I: Heißt: Sie sind zumindest einen weiteren Schritt Richtung erwachsen werden gegangen.

K: Kann man so sagen, ja.

I: Bei der Wandzeitung haben Sie bei der Überschrift Stolz als erstes erwähnt ‚Auf meinen Sohn' – dieser kleine Mensch hat Ihr Leben vollkommen verändert wie es scheint.

K: Ja, auf jeden Fall. Wie schon gesagt, das ist das Beste, was mir passieren konnte. Ohne ihn kann ich mir mein Leben gar nicht mehr vorstellen.

I: Hatten Sie irgendwann – vor oder nach der Geburt – mal das Gefühl, die Vaterrolle nicht schaffen zu können?

K: Dass ich jetzt kein guter Vater bin oder kein guter Vater sein kann, meinen Sie?

I: Gar nicht mal diese Zuschreibung ‚guter Vater', sondern eher in die Richtung gedacht, dass Sie aus Ihrem Elternhaus ja nun kein Vorbild dafür hatten, was eine gelingende Vater-Sohn-Beziehung ausmachen sollte, wenn es diese denn geben würde.

K: Ach, so meinen Sie das. Ne, da hab ich mir gleich gesagt, dass mein Sohn auf jeden Fall einen richtigen Vater bekommt, also jemand, der auch wirklich für ihn da ist und nicht so dieses scheißegal, was mit meinem Sohn ist – soll er doch selbst sehen, wie er zurechtkommt, interessiert mich doch nicht.

I: Was bedeutet die Formulierung ‚richtiger Vater' für Sie?

K: Ja, dass ich für meinen Sohn also da bin, immer da bin, dass er sich darauf auch verlassen kann zu hundert Prozent. Er soll wissen, dass seine Eltern sich um ihn kümmern und er für die nicht egal ist, also dass den Eltern nicht egal ist, was mit dem Kind passiert – so mein ich das.

I: Diese Gleichgültigkeit haben Sie in Ihrer Kindheit so erlebt?

K: Nur, ja.

I: Wer hat sich denn um Sie gekümmert, wenn Sie Hilfe oder Unterstützung benötigt haben?

K: Niemand eigentlich wirklich. Wenn mal was war in der Schule oder so, dann hat meine Mutter immer gesagt: ‚Jetzt muss ich mich wieder um Deinen Scheiß kümmern, immer muss ich mich um Deine Scheiß-Angelegenheiten kümmern – wieso immer ich?'. So auf diesen ging das dann, aber so richtig interessiert hat die das dann auch nicht, die war einfach nur genervt, wenn wieder mal was war, wo sie dann so keine Zeit hatte, um ihren Kram zu machen.

I: ‚Ihren Kram machen' meint was?

K: Rauchen, saufen, fernsehen, rumhängen einfach nur – was anderes hat die ja nie gemacht.

I: Und Ihr Vater war auch nicht da, das haben Sie beim Referat ja bereits erwähnt.

K: Der hat den Namen ‚Vater' gar nicht verdient. Wenn jemand nur Vater heißt, ohne Vater zu sein, dann ist er kein Vater. Und mein Vater war niemals Vater, der war im Knast. Der war eigentlich immer nur im Knast: Bei meiner Geburt, als ich zur Schule gekommen bin, wenn irgendwas mit den Lehrern zu klären war – der war immer weg. Und dann war er mal kurz draußen und dann ist er abgeschoben worden und darf jetzt fünf oder sechs Jahre oder so nicht wieder zurück nach Deutschland. Also kann man auch so sagen: Mein Vater war eigentlich immer irgendwie nicht da und meine Mutter war zwar schon da, aber irgendwie immer so abwesend, also auch keine Hilfe für mich. Asi-Eltern eben – ist so.

I: Sie haben jedenfalls Ihre klare Meinung dazu.

K: Ja, kann ich ja auch nicht mehr ändern jetzt.

I: Allerdings selbst besser machen, was Ihnen für den Anfang als stolzer Papa ja scheinbar auch ganz gut gelingt.

K: Das muss auch so bleiben.

Diese von dem Teilnehmer mit biografischer Eindeutigkeit und robuster Melancholie skizzierte Grundlage gibt einen der fundamentalen Bausteine des Einzel-AATs zu erkennen, da sie auf dem gesprochenen Wort basiert, „mit Klartext und Empathie, mit Nachdruck und Emphase. Das verlangt […] unter anderem: Mit Aufmerksamkeit und Geduld hinzuhören und zuzuhören und daraus resultierend (zu)treffende Fragen zu stellen“[98] („Aufmerksam zuzuhören ist in allen Gesprächsformen die wichtigste Kommunikationsform für die Ermutigung der Gesprächspartner zum Berichten und für die Verständigung der Gesprächspartner“[99]), und „jedes Wort enthält auch die Person, die es ausspricht, die Situation, in der sie es ausspricht, und den Grund, warum sie es ausspricht“[100], und „jede Geschichte wird von jemandem erzählt und drückt somit eine mögliche, persönliche Perspektive aus“[101]. Dabei geht es nicht um

98 Schawohl 2004, S. 99
99 Widulle 2011, S. 96
100 Havel 1990, S. 217
101 Klatetzki 2019, S. 58

ein „inquisitorisches Ausfragen“[102] – „Fragen im Gespräch sind dann angemessen, wenn Klientenäußerungen global-abstrakt-missverständlich sind, wenn sie widersprüchlich-diffus-missverständlich oder sehr zögerlich sind oder wenn es sich um für Klienten besonders wichtige Themen handelt. Gesprächsführende Personen sollten

- nur fragen, wenn sie wirklich etwas wissen wollen,
- möglichst offene Fragen verwenden,
- geschlossene Fragen nur im Notfall benutzen,
- auch mit Fragen beim Thema des Gesprächspartners bleiben,
- keine Doppel- oder Mehrfachfragen stellen,
- keine Warum-Fragen stellen,
- bei Fragen die Reaktionen des Gesprächspartners beachten [...]“[103].

Unter Verweis auf Popper erfolgt die Anmerkung, „es gehe darum, dem anderen zuzuhören, neugierig zu bleiben, ‚was den aufrichtigen Wunsch einschließt, zu verstehen, was er sagen will‘“[104] – die zuhörende Person nimmt sich mit interessierter Aufmerksamkeit zurück. Mit anderen Worten und gebotener Ausführlichkeit: „Was tun wir beim Zuhören? Zunächst einmal: Wir reden nicht. Wir schweigen, überlassen anderen das Feld und stellen unser eigenes Bedürfnis, selbst etwas zu sagen, erst einmal zurück. Zuhören zu können ist somit auch eine Fähigkeit, die mit Selbstkontrolle zu tun hat. Wer gut zuhören kann, zeigt sich bereit, etwas aufzunehmen, oft auch, etwas zu lernen. [...]. Gutes Zuhören erfordert nicht nur Konzentration, sondern auch Verständnis und Empathie. [...]. Das bedeutet nicht,

102 Redlich 2009, S. 23; zit. n.: Widulle 2011, S. 97
103 Redlich 2009, S. 24; zit. n.: Widulle 2011, S. 97
104 Lotter 2020, S. 41

dass der Zuhörer alles gutheißen oder sofort verstehen muss, was der Sprecher sagt. Es heißt erst einmal nur: dem, was da kommt, Raum zu geben. […]. Und gutes Zuhören hat tatsächlich großen Einfluss auf das, was gesprochen wird. Wer gut und gern zuhört, dem vertrauen wir uns eher an. So jemand behält das, was er gehört hat, auch für sich […]. Zuzuhören ist etwas sehr Soziales. Und ein Verhalten, das alle bereichern kann“[105] – „das Prinzip der Beiläufigkeit im Erzählten wird da wirksam“, [wenn etwas aufgeht] „so auf ganz unbemerkte Weise […], exemplarisch nicht hervorgehoben, sondern unbemerkt geht es in der Erzählung auf […]“[106]. Ein solches Geschehen ermöglicht der dialogische Austausch bei einem Einzel-AAT.

Die vom Dialog geprägte und getragene Situation weist eine ganz eigene Immanenz auf, die es zu bedenken und zu beachten gilt, um das jeweils vorhandene ‚Situationspotenzial‘ im Blick zu haben. Dieser der chinesischen Philosophie entliehene Begriff verweist darauf, dass dieses Potenzial „immer wieder neu einzuschätzen und zu bewerten [sei], Prozesse indirekt zu beeinflussen, sie reifen zu lassen. Nur auf diese Weise bleiben wir offen und sensibel für das, was in einer Situation möglich ist“[107]. Bezogen auf das Einzel-AAT meint das, die teilnehmende Person im Dialog gleichsam sein und werden zu lassen, um den Gesprächen Raum und Fluss zu geben. Dafür benötigt es Geduld, Zeit und Zuversicht – ein gleichsam mäeutisches Geschehen, das dem Einzel-AAT innewohnt.

Bezogen auf die vorab dargelegte Dialogpassage sei der Hinweis gestattet, dass an den expliziten sowie impliziten inhaltlichen Ausführungen des Teilnehmers unter ande-

105 Walter 2021, S. 47ff.
106 Lenz 2015, S. 409
107 Vasek 2020, S. 83

rem der Aspekt der Vater-Sohn-Beziehung in zweifacher Hinsicht fortgesetzt thematisiert worden ist: Zum einen die Beziehung, die den Teilnehmer als Sohn zu seinem Vater verortet, zum anderen die Beziehung, die ihn als Vater zu seinem Sohn verortet[108] - auch dieser Passus belegt, dass die jungen Menschen nicht auf die von ihnen begangenen Straftaten reduziert werden, sondern dass im Rahmen der dialogischen Konfrontation immer ein perspektivischer Blick beibehalten wird.

So kann es gelingen, etwas zu befördern, freizulegen, zu initiieren, was ohne ein Gespräch so nicht möglich gewesen wäre.

Dabei sind die Professionellen „normale Mitwirkende einer sozialen Praxis und zugleich ‚Organon'. Sie sind diejenigen, die das Neue in der Praxis, als Person und für die Person des jungen Menschen hervorbringen, sie haben eine produktive, erzeugende Kraft" [109], und diese Kraft wird eben nicht nur durch Rationalität generiert, denn „menschliche Beziehungen erschöpfen sich nicht im rationalen Diskurs. Argumente allein schaffen keine Beziehung – und erst Recht keine gute"[110]. Und eben dieser Aspekt einer menschlichen Beziehung begründet und ermöglicht die dialogische Auseinandersetzung, jene antagonistische Kooperation, so dass perspektivische Begünstigungen gesät werden können.

Die Faktoren Beziehungsrespekt sowie Funktion als Organon sind implizit in dieser Interviewpassage enthalten, da abschließend gesagt wird:

108 Vgl. Bjerg 2020
109 Winkler 2016, S. 49
110 Vasek 2021, S. 17

I: Im Grunde war während des gesamten Trainings Ihr Tenor: Ich will meine Ruhe und weg von dem kriminellen Weg, den ich jahrelang gegangen bin. Zumindest gibt es etliche Zitate von Ihnen, die bei den Wochenrückblicken zu finden sind, bei der Wandzeitung, bei den Aussagekarten – ich glaube fast, es hat nicht eine Sitzung gegeben, in der Sie nicht in diese Richtung gedacht oder geredet haben.

K: Das stimmt auch. Und ich muss sagen, dass mir das auch jedes Mal deutlicher geworden ist, wenn ich jede Woche hier gewesen bin – das hat mir sozusagen die Bestätigung dafür gegeben oder sogar die Erkenntnis gebracht, dass das so auf jeden Fall richtig ist.

I: Vielmehr kann von so einem Einzel-AAT ja gar nicht erwartet werden. Und all das wäre ohne Ihre Mitarbeit und ohne Ihr Mitwirken nicht zustande gekommen. Wobei Sie ja auch von Beginn an mit großer Bereitschaft dabei waren.

K: Weil ich das ja auch wollte. Ich hab das ja selbst so bei der Bewährungshilfe vorgeschlagen, dass ich so ein Einzel-AAT hier machen will. Und hab ich ja schon gesagt: Nach jedem Termin bei Ihnen habe ich mich besser gefühlt als vorher und dann hab' ich jedes Mal gewusst, dass das auf jeden Fall richtig war. Und das war auch immer so vorbereitet oder wurde von Ihnen immer so mit den Gesprächen so geleitet, dass das wie für mich gemacht war, das muss ich schon sagen.

I: Danke für das Kompliment, M. – nur nochmal: Das war ja nur ein Teil, der andere Teil kam von Ihnen, also geht das Kompliment ebenso an Sie zurück.

K: Dann sag ich auch danke. Haben wir beide das also gut gemacht, kann man sagen.

I: Sagen wir es so.

Bei dieser Passage lässt sich unter Verweis auf Colla mitdenken und nachvollziehen, dass „die jungen Menschen die PädagogInnen nicht als ‚Verkünder großer Worte' erleben, sondern primär als konkrete Personen mit jeweils eigener Expressivität und Wirkung im pädagogischen Umgang und in seinem ihm innewohnenden Balanceakt von Nähe und Distanz"[111].

Zudem klingt konnotativ an, dass zunächst der Beziehungsaufbau erfolgt und dann die Konfrontation. Die Konfrontation wiederum erfolgt nur mit der Interventionserlaubnis der konkret Betroffenen, daher muss das gesprochene Wort die Bereitschaft für diese Erlaubnis bei den jungen Menschen generieren[112]. Da dem gesprochenen Wort eben dieser hohe Bedeutungsgehalt beigemessen wird, verlangt es danach, dass „die Gespräche vorbereitet, inhaltlich gut strukturiert und im Bewusstsein geführt werden, dass sie nachhaltig wirken sollen"[113].

Eine solche Strukturierung kann beispielsweise zu einer nachhaltigen Einsicht führen, wie sie von einem der Teilnehmer beim Reflexionsgespräch geäußert wird:

I: Wann haben Sie sich eigentlich davon verabschiedet, zu sagen: ‚Nebenbei kann ich ja auch immer noch Geld machen. Ich habe mir eine Fassade aufgebaut mit meinem Job, und was hinter der Fassade stattfindet, bekommt ja eh keiner mit'?

K: Das hatten wir ja vorhin schon gesagt, dass ich damit ein viel zu hohes Risiko eingehen würde und damit alles aufs Spiel setzen würde, was mir wichtig ist – die Rechnung kann für mich nicht aufgehen. Wenn ich mittlerweile hier was gelernt habe, dann, dass diese kriminelle Schiene für mich nichts bringt. Irgendwann muss ich das ja mal akzeptieren – sonst lande ich früher oder später doch noch im Gefängnis. Ich finde, man muss das Schicksal

111 Lauermann 2016, S. 37
112 Vgl. Schawohl 2009, S. 99ff.; Schawohl 2011, S. 157ff.
113 Klug 2012, S. 340

auch nicht auf übertrieben reizen – ich hab jedenfalls für mich verstanden, dass der Weg so für mich nicht gut sein kann, also der kriminelle Weg. Der legale Weg ist entspannter und führt nicht ins Gefängnis.

I: Nicht einmal Richtung Gefängnistor. Also ist Ihr Entschluss endgültig: Der S. von damals tritt nie wieder öffentlich in Erscheinung?

K: Der S. von damals kann gar nicht mehr öffentlich in Erscheinung treten, weil der S. von heute ihm lebenslänglich verpasst hat – so sieht es aus.

I: Und da heißt lebenslänglich dann wirklich lebenslänglich?

K: Lebenslänglich und SV [meint: Sicherungsverwahrung; Anm.] – der taucht nie wieder auf.

Philosophisch betrachtet ließe sich die am Ende formulierte Einsicht des jungen Heranwachsenden durchaus so verstehen, dass für ihn ein zwingender Grund vorliegt, sein Verhaltensrepertoire zu erweitern, um sein zukünftiges Leben in Freiheit ermöglichen zu können – „also etwas zu ‚müssen', das heißt nach [dem Moralphilosoph] Williams, eine ‚Entdeckung über sich selbst' zu machen, die eigenen Möglichkeiten und Grenzen zu erkennen"[114]. Erkenntnisgewinne dieser Art können beim Einzel-AAT generiert werden, um „einer unüberschaubaren Realität eine gewisse Abgegrenztheit und Überschaubarkeit zu geben"[115].

Die Beziehung zwischen einem Teilnehmer und einem Trainer exemplifiziert die komplementäre Bedeutung von Wohlwollen plus Konfrontation, von Gewährenlassen plus Gegenwirkung, von Empathie plus Emphase. Diese

114 Vasek 2020, S. 68
115 Lenz 2015, S. 198

Stilelemente schließen einander nicht aus – vielmehr gestatten eingeforderte Verbindlichkeit und respektvolle Zuwendung den Zugang zur Klientel.

In Entlehnung an die Politikwissenschaft kann von einer ‚antagonistischen Kooperation'[116] gesprochen werden, da eine Gleichzeitigkeit von einem möglichen Konflikt sowie beschränkter Kooperation gedacht und gelingend praktiziert werden kann. Konkordant gilt Kilbs Formulierung, es seien „eher die ‚kantigen', die fordernden, konfrontierenden und gleichzeitig auffangenden PädagogInnen, die Erinnerungs-Eckpunkte in der Retrospektive früherer AdressatInnen der Jugendhilfe markieren und nicht die ‚immer-und-alles-akzeptierende' Fraktion"[117].

Beziehungen – davon geht eine Annahme aus und benennt damit einen Wert an sich – „führen [...] zu Ergebnissen, die man Verständnis nennen kann, zu gewonnenen Einsichten, die sich wiederum weiterentwickeln"[118].

Da nicht selten jene junge Menschen der Jugendhilfe oder der Jugendstraffälligenhilfe überstellt werden, die zumindest für eine bestimmte Lebensphase der Einstellung folgen oder gefolgt sind, „mit Brutalität kann ich mir Respekt verschaffen"[119], soll diese Denkweise nunmehr zugunsten einer legal-perspektivischen Sichtweise im Rahmen eines Einzel-AATs möglichst nachhaltig dekonstruiert werden, um einen dahingehenden Beitrag zu leisten, dass der ‚S. von damals nicht mehr öffentlich in Erscheinung tritt', wie es vorab beschrieben worden ist.

Es ist deutlich geworden: Die Beziehung zwischen Menschen wird ganz wesentlich durch den kommunikativen

116 Niedhart 2019, S. 16
117 Kilb 2004, S. 160
118 Lotter 2020, S. 39
119 Preuß/Özuak 2019

Aspekt geprägt und bestimmt. Es klingt simpel, ist allerdings nicht ohne Schwierigkeiten umzusetzen, da ein Wagnis initiiert wird, von dem beide am Dialog Teilnehmenden ‚betroffen' sind, da „man sich riskieren [muss], Neues wagen, sich zur Disposition stellen, in Kauf nehmen, dass man in den eigenen Aussagen ernst genommen wird"[120].

Um diesem gewagten Verständnis Nachdruck zu verleihen, erfahren die möglichen Teilnehmer beim obligatorischen Vorgespräch, dass ein Einzel-AAT den Vorteil mit sich bringt, dass sie ernstgenommen werden mit dem, was sie sagen – dass es gleichwohl einen damit einhergehenden Nachteil geben könnte, nämlich den, dass sie tatsächlich ernstgenommen werden, mit dem, was sie sagen. Das eventuell Einfache beinhaltet somit durchaus Potential für Komplikationen.

Die möglichen Schwierigkeiten können dabei auf mehreren Ebenen bedeutsam werden:

- es können unterschiedliche Muttersprachen zugrunde liegen;
- das Sprachverständnis kann unterschiedlich ausgeprägt sein;
- das Ausdrucksvermögen differiert;
- die Diskussionskultur weicht voneinander ab;
- die Dialogbereitschaft ist unterschiedlich ausgeprägt;
- die Dialogfähigkeit ist unterschiedlich ausgeprägt;
- das Interesse an einer dialogischen Kommunikation ist gering oder nicht bedingungslos vorhanden;

120 Krüger 2016, S. 55

- der Glaube an die Wirksamkeit des gesprochenen Wortes wird abweichend voneinander bewertet.

Somit muss zum Teil gegen diese Hemmnisse oder Widerstände eine kommunikative Basis geschaffen werden, um mit einem in der Regel jüngeren Menschen einen um seiner Sache willen auseinandersetzenden sowie herausfordernden Dialog mit der oben erwähnten Empathie und Emphase führen zu können.

Intention dieser Dialogbereitschaft ist stets das Schaffen einer perspektivischen Begünstigungsmöglichkeit, um sowohl das Sprachverhalten als auch das Verhaltensrepertoire des Teilnehmers erweitern zu können. Hinsichtlich des Sprachverhaltens von Jugendlichen sowie jungen Heranwachsenden kann angenommen werden, dass dieses „sowohl in formaler als auch in inhaltlicher Hinsicht [...] deutlich durch die Art des Sprachverhaltens von erziehenden Erwachsenen beeinflusst wird"[121] - eine für die praktische Arbeit durchaus zu exponierende Annahme, damit den bisherigen strafbaren Taten Worte und diesen Worten nunmehr gewaltfreie Taten folgen können.

Zum Ausdruck zu bringen ist hier „weniger schmerzliche Betroffenheit oder gar Sehnsucht nach dem Einssein mit dem anderen, als freundliche Distanz und nüchterne Güte"[122].

Das berücksichtigt eine Intention, die für die Beziehungsarbeit mit intensivbetreuten jungen Menschen bedeutsam ist, da „Offenheit, Ehrlichkeit und Transparenz in der Zusammenarbeit im Sinne eines echten Interesses am Probanden [wesentliche Beziehungsfaktoren sind], ohne diesem

121 Tausch/Tausch 1973, 79f.
122 Gottschalch 1988, S. 13

aber seine Eigenverantwortung und eigene Entscheidungsfreiheit zu nehmen.

Wichtig für die Beziehungskonstanz ist hierbei auch, die in diesem Prozess häufigen Richtungswechsel und Fehlversuche zu akzeptieren und den Entwicklungsprozess daraufhin immer wieder neu anzupassen. Eine Fehler verzeihende und Rückschläge akzeptierende Haltung ermöglicht eine tragfähige Beziehungskonstanz"[123].

Die zuvor bereits zitierte Einlassung eines Einzel-AAT-Absolventen bringt die gelingende Umsetzung auf den Punkt:

K. „[...] für mich hat das hier mit Ihnen auf jeden Fall gepasst.

I: Das hört sich gut an.

K: Ist es ja auch, weil es auch wirklich gut gepasst hat. Sie haben mir Gehör geschenkt und ich habe Ihnen zugehört, weil ich gemerkt habe, dass Sie Ahnung davon haben, worüber wir hier gesprochen haben. Und wissen Sie, was mich am meisten wundert? Sie haben nicht ein einziges Mal gesagt ‚Du musst' oder ‚Du sollst' oder so, sondern Sie haben eigentlich immer mir überlassen, wie ich mich entscheide; aber ohne Sie wäre ich gar nicht in diese Situation gebracht worden, dass ich mir das überlegen muss, und ich glaube, deshalb hat mir das hier was gebracht und deshalbhab ich überhaupt so intensiv mitgemacht hier.

I: Dann achten Sie darauf, dass für Sie auch weiterhin alles gut bleibt oder wird, damit es auch in Zukunft gut passt.

K: Wird schon gut gehen – danke auf jeden Fall, dass Sie das so mit mir ausgehalten haben.

Erwiesener sowie akzeptierter Respekt generiert jene Atmosphäre, die es ermöglicht, „die Unterschiede zu verste-

123 Walsh/Hausenberger et al. 2016, S. 244

hen"[124] und diese annehmen zu können, um dem Gegenüber wertschätzend entgegenzukommen und die dazu beiträgt, den Selbstrespekt zu fördern, was wiederum interdependente Positivfolgen generiert[125]. Diese Art der konfrontativ-dialogischen Zuwendung bedeutet Annahme des anderen Menschen, nicht Ablehnung, Hinwendung zu seinen Belangen und den ihn bewegenden Themenfeldern mit den dazugehörigen jeweils unterschiedlich ausgeprägten Individualaspekten, die im Kontext eines Einzel-AATs hinreichend Berücksichtigung finden können und dem jungen Gegenüber dadurch zu verstehen geben wollen, dass diese Modifizierung des konfrontativ-pädagogischen Settings für ihn gleichwohl ein vertrauensgestaltendes Gesprächsangebot eröffnet - mit anderen Worten: „Vertrauen in der Interaktion setzt nicht auf ein bestimmtes Resultat, sondern setzt auf Sinn für beide Seiten. Vertrauen in Interaktionen bedeutet nicht, ich vertraue darauf, dass mein Gegenüber mich genauso versteht, wie ich denke und spreche bzw. dass mein Gegenüber denkt und handelt, wie ich es ihm sage. Es bedeutet vielmehr, dass ich davon ausgehe, dass mein Sprechen und Handeln für ihn sinnvoll ist und dass er mir dasselbe umgekehrt zutraut. Vertrauen produziert Sinn, und Sinnerfahrung produziert Vertrauen und Selbstvertrauen [...]. Vertrauen ist also immer eine Antizipation von Positivem"[126] und wird durch die interdependente Bedeutung und Ausformung der TrainerIn-Proband-Dichotomie nachvollziehbar gestaltet - „Vertrauen schafft Raum für mehr Staunen, mehr Neugier - und vielleicht sogar einen Perspektivwechsel"[127].

124 Lang/Toscani 2018, S. 17
125 Vgl. Ackermann 2020, S. 30ff.
126 Hoppe 2009, S. 138 f.
127 Vasek 2021, S. 15

Eine Passage aus einem Interview dient der praktischen Erklärung dieser theoretischen Einlassung:

I: Sie haben bei einem der Wochenrückblicke mal gesagt: ‚Ich fühl mich tiefenentspannt, besonders, wenn ich hier gewesen bin' – wodurch kommt diese Tiefenentspannung für Sie zustande?

K: Durch das Reden denke ich mal. Das ist doch hier so, dass man gut miteinander reden kann so. Man hat doch auch so seine Probleme und weiß nicht immer, wie man bestimmte Situationen gut klären kann, ohne dass es eben gleich knallt oder wieder Polizei mit dabei ist. Oder eben auch einfach so, dass ich was sagen kann, ohne dass das gleich an die große Glocke kommt danach, weil man ja weiß, dass Sie das nicht überall rumerzählen dann. Man sieht die Sachen auch mal anders und kann dann auch mal sagen, dass man nicht nur immer so Recht hat in bestimmten Sachen – auf sowas kommt man dann ja auch gar nicht alleine so. Wer malt sich denn schon solche Felder auf [meint: Vier-Felder-Matrix, siehe oben; Anm.] und sieht dann, wie wenig das dann gut ist, weil es ja eigentlich meistens nur Nachteile gibt. Wenn man das mal vorher machen würde, versteht man das viel eher, wie unnötig das eigentlich ist.

I: Zumindest haben Sie jetzt für sich die Möglichkeit, im Vorwege zu entscheiden, wie Sie sich entscheiden, denn Ihre vier Felder waren ja auch sehr eindeutig ausgefüllt.

K: Das kann man wohl sagen: Hunderttausend Nachteile und zwei oder drei klitzekleine Vorteile, wenn man das denn überhaupt Vorteile nennen kann. Das zum Beispiel ist doch gut, wenn man sowas hier lernt bei Ihnen. Manche Sachen versteht man auch erst manchmal so beim Reden – dann wird einem auf einmal klar: Schwachsinn, was Du da machst oder bringt doch gar nichts, wenn Du das jetzt so und so machen willst, lass mal lieber, bleibst Du frei, hast Deine Familie und Deine Ruhe, und musst Dir keinen Kopf machen mit Gericht und Polizei und Gefängnis. Da, wenn ich da jetzt schon wieder drüber rede so, dann ist das genau das, was ich meine: Man versteht das dann alles besser, weil einem das dann richtig klar wird.

Als Untertitel für diese Passage ließe sich anmerken, „Vertrauen erreicht man leider nicht [allein] mit Worten und Motivationsreden. Sondern nur durch verlässliches, verbindliches Handeln"[128] – die Glaubwürdigkeit des Gegenübers muss vom Interaktionspartner somit intrapersonell verifiziert werden.

Eine freundliche Distanz sowie nüchterne Güte und der dazugehörige pädagogische Takt – ein Begriff, den Herbart bereits 1802 in die Pädagogik eingeführt hat und der als „Scharnier zwischen (empirischer) pädagogischer Wissenschaft, also Theorie, und pädagogischer Praxis gilt"[129] – verleihen für die dialogische Kommunikation eine Situationssicherheit, die zur Wahrung der Würde der Person und zur Wahrung der Gleichwertigkeit der Gesprächspartner beiträgt. *„Und auch danke dafür, dass Sie mir richtig geholfen haben. Ich bin ja auch kein ganz so einfacher Typ. So am Ende muss ich sagen, ich bin ganz erstaunt, was man über sich erfährt. Das ist richtig gut und hilft einem auch, weil man das alleine so gar nicht alles verstehen könnte"*, reflektiert ein Einzel-AAT-Absolvent während der abschließenden Phase des Trainings.

In der reflektierenden Betrachtung eines 20-jährigen Absolventen wurde der Kommunikationsstil als ‚Respektgarantie' bezeichnet, *„weil ich jedes Mal vorher sozusagen meinen Modus geändert habe, wenn ich hier zum Training gegangen bin: Ghettomodus aus und Respektmodus ein – dann war das sozusagen sowas wie die Respektgarantie dafür, dass es hier keinen Ärger gibt und keine Gewalt"*. Diese ‚Respektgarantie' könnte

128 Rippert 2020, S. 60
129 Colla 1999, S. 349

und sollte über das Einzel-AAT hinaus gelten und für den jungen Mann allgemeingültig bleiben und würde so mit dem bereits zuvor erwähnten Gedanken Collas korrespondieren, nach dem unterstellt wird, „dass der junge Mensch mit der ‚Welt', nicht nur mit dem eigenen Milieu auskommen will"[130], den ein 19-jähriger so bestätigt: *„Auf Dauer ist es doch – Entschuldigung, wenn ich das so sage –, aber es ist doch für' n Arsch sozusagen, wenn ich glaube, dass ich in meinem Ghetto der King bin, und woanders bin ich der Kasper, weil da ein anderer auf King macht; also überleg ich mir doch, wie ich mit weniger Ärger klarkommen kann, wenn ich mir dadurch eine bessere Zukunft aufbauen kann".*

Exakt eine solche perspektivische Intention muss beim Einzel-AAT immer mitberücksichtigt werden, geht es doch um die Sache der Klientel - oder anders gesagt: „Der Nutzen des Lernens muss für das jeweilige Individuum erkennbar sein (‚Was bringt mir das?')"[131]. Dieser hinterfragte, gleichsam erwartete perspektivische Individualnutzen verleiht dieser Angebotsmöglichkeit eine exponierte Bedeutung. *„Wenn ich das früher gewusst hätte, dass das hier für einen selbst so viel bringt, dann wäre ich schon viel früher hierher gekommen",* bewertet ein Absolvent (20 Jahre) nach Erhalt des Zertifikates den wahrgenommenen Nutzen des Einzeltrainings.

Auf Nachfrage werden folgende prospektive Effekte von dem Teilnehmer aufgezählt:

- „Ich habe mein Ziel erreicht [‚Nicht mehr so aggressiv reagieren bei Provokationen. Respektvoller sein. Nichts mehr mit Polizei und Gericht zu tun haben; Anm. d. Verf.];

130 Colla 2007, S. 44
131 Mitzel 2016, S. 417

- es hat keine Anzeigen mehr gegeben, weil ich nichts mehr gemacht habe;
- Job läuft besser;
- die Stimmung zu Hause ist entspannter irgendwie;
- es gibt insgesamt weniger Stress;
- die Beziehung läuft - also: Alles gut!".

Diese Selbstwirksamkeit und Zuversicht ausdrückende Auflistung bestätigt, dass sich „im Gespräch Perspektiven und Wege auf[tun], an die zunächst gar nicht zu denken war" [132] . Die Einzel-AAT-TrainerInnen sind gleichsam Lernhelfer, „die ihr Handwerk planmäßig und zielorientiert auszuüben verstehen. Sie sind Menschen, von und mit denen man etwas lernen kann: Sie wissen oder können etwas, was andere nicht wissen oder können, und sie sind in der Lage, mit diesen anderen eine produktive Lerngemeinschaft einzugehen; beides zusammen macht den Kern pädagogischen Handelns aus"[133].

Erwartetes Expertentum sowie die praktische Umsetzung der Expertise verlangen somit Vertrauen, denn „ohne Vertrauen ist keine Kommunikation möglich, ohne Kommunikation kein Vertrauen"[134], und „für den Erfolg in der Kommunikation kommt es vor allem auf das personale Vertrauen an. […]. Für den Erfolg der Kommunikation ist es von entscheidender Bedeutung, ob wir als zuverlässiger und berechenbarer Partner wahrgenommen werden. Indem wir zu unserem Wort stehen, beweisen wir unseren Mitmenschen, dass wir sie ernst nehmen. Wir können deshalb erwarten, dass andere uns ebenfalls korrekt behan-

132 Schmid 2017, S. 37
133 Giesecke 1996, S. 395
134 Ebert/Pastoors 2018, S. 58

deln"[135]. Diese Verlässlichkeit gestattet eine dialogische Konfrontation in deren Folge Perspektiven und Möglichkeiten aufgezeigt und entwickelt werden können, die anderenfalls weniger oder gar keine Beachtung gefunden hätten. Das mag Bestätigung finden, wenn die nachfolgende Passage eines Interviews herangezogen wird, da der Klient (K) auf die Frage, ob ihm das Training etwas gebracht hätte, antwortet:

K: Hundertprozentig ja, würde ich sagen. Sogar einiges.

I: Was denn zum Beispiel?

K: Also: Auf jeden Fall ist mir klar geworden, was da alles so dranhängt, also was nach so einer Straftat noch alles kommt – nicht nur so wie bei dem Opfer, was Sie in dem Urteil vorgelesen haben, aber auch für einen selbst; und ich muss sagen, dass mir auch das Reden selbst gut gefallen hat und dass mir das auf jeden Fall richtig viel gebracht hat, weil man sich schon extrem mit sich selbst beschäftigt dadurch und auch richtig viel zum Nachdenken kommt; und man bekommt so ein anderes Bewusstsein, wenn man sich so intensiv damit auseinandersetzen muss, finde ich, also so, dass man dann auch immer noch beim Rausgehen darüber nachdenkt – bei mir war das jedenfalls so, dass mein Kopf dann immer noch so seine Gedankenzündungen hatte, sag'ich mal, weil das nicht sofort auf null runtergespult werden kann danach.

I: Hört sich reflektiert und reflektierend an.

K: Reflektieren – genau, das ist das richtige Wort dafür. Ich bin reflektierter geworden und dadurch eben auch bewusster, dass niemand wirklich etwas Gutes von solchen Aktionen hat.

I: Wenn dass das Ergebnis Ihrer Reflexion ist, behalten Sie das immer in Erinnerung.

135 Ebert/Pastoors 2018, S. 59ff.

K: Ja, und an das Training hier werde ich mich auch gerne erinnern. Das hat richtig Spaß gebracht und wir hatten immer gute Gespräche miteinander, finde ich jedenfalls so aus meiner Sicht, – das hatte immer irgendwie Tiefgang und dadurch musste man sich schon einigermaßen anstrengen, um da auch gut mitreden zu können. Wo führt jemand wie ich denn schon mal solche Gespräche?

I: Resultiert diese Hymne jetzt aus diesen von Ihnen erwähnten Gedankenzündungen?

K: Vielleicht so, ja; aber so ungefähr war das dann jedes Mal hier für mich, ja.

I: Setzen Sie diese Gedanken entsprechend um, dann passt es.

‚Solche Gespräche', so darf angenommen werden, erfordern, dass aufrichtig miteinander geredet wird – das wiederum „bedeutet echte Neugierde statt des Versuchs, den anderen von der eigenen Position zu überzeugen. Aufrichtig heißt auch, dass man wirklich wissen will, warum die anderen so ticken, wie man es selbst nicht tut. Klartext, das ist nicht eindeutig sein, nicht alles in Einheitssprache sagen, sondern der Versuch, anderes und andere zu verstehen. Und, am allerwichtigsten, sich selbst verständlich zu machen. Also zugänglich"[136].

Ein anderer Teilnehmer (21 Jahre) reflektiert:

I: Sie haben vorhin davon gesprochen, ‚sowas wie hier überhaupt mal durchhalten zu können' – was meinen Sie mit ‚sowas wie hier'?

K: Dieses Einzel-AAT. Ich konnte mir am Anfang selber gar nicht vorstellen, dass ich das hier von Anfang bis Ende durchziehe. Und jetzt bin ich selber überrascht, dass ich das geschafft

136 Lotter 2020, S. 41

habe. Und die Termine hier haben mir auch jedes Mal geholfen. Ich wusste immer schon vorher, dass ich mich darauf freuen kann, wenn ich zu Herrn Schawohl gehe, weil es mir danach immer besser geht. Sie gucken mich so an, als würden Sie mir das nicht glauben, aber das ist wirklich so, Herr Schawohl. Das hat sogar meine Mutter gesagt, dass die Termine hier wohl richtig gut für mich sind.

I: Dann haben Sie Ihrer Mutter auch noch eine Freude oder zumindest ein gutes Gefühl bereiten können.

K: Ja, aber sie meinte so nach den ersten Terminen hier, dass mir das auf jeden Fall mehr bringen würde als damals die Termine beim Psychologen; da bin ich dann auch gar nicht mehr hingegangen, weil mir das überhaupt nicht geholfen hat damals.

I: Wann waren Sie beim Psychologen?

K: Oh, das ist schon länger her, da war ich so fünfzehn oder sechzehn, ja wohl eher sechzehn, wenn ich mich richtig erinnere, aber das hab ich dann beendet irgendwann.

I: Nun sind seitdem ja etwa fünf Jahre vergangen – da spielt der Faktor Zeit ja auch eine Rolle, dass dieses Training hier jetzt eher für Sie passt. Eventuell wäre so ein Angebot zum damaligen Zeitpunkt für Sie genauso unpassend gewesen, wer weiß?

Summa summarum kann hier als Zwischenfazit festgehalten werden: Für eine bestimmte Klientel kann der hier skizzierte Kommunikationsstil angemessen und hilfreich sein und dabei sowohl Respekt als auch durchaus Sympathie ausdrücken. Dadurch wird eine tragfähige Basis für die sozialpädagogische Beziehungsarbeit geboten, die auf das gesprochene Wort setzt und somit Dialogangebote generiert. So soll perspektivisch der curriculare Gedanke realisierbar werden: Den (bisherigen strafbaren) Taten folgen Worte, damit den Worten (nunmehr gewaltfreie) Taten folgen[137].

137 Vgl. Schawohl 2005, S. 308

Die Teilnehmer an einem Einzel-AAT sind zuvor in der Regel aufgrund einer justiziellen Entscheidung dieser Maßnahme zugewiesen worden. Nicht selten ist über dieserart Straftaten zuvor ausführlich in den Medien berichtet worden.

Manche Überschrift bekundet schon die mediale Intention: Die Medien haben nach wie vor „generell ein Skandalisierungsinteresse. Die Gewaltthematik, besonders gezielt auf die jungen Bevölkerungsschichten, bietet sich hier geradezu an. Ruhiges, bedachtes, langfristig angelegtes und differenziertes Umgehen mit dem Thema ist dabei wenig sensationsfähig“[138].

Ruminierend scheint in diesem Zusammenhang die Debatte hinsichtlich der Strafmündigkeitsgrenze. Kalendarisch ritualisiert tritt diese entweder zum Jahresanfang im Gefolge der jeweiligen parteipolitischen Treffen auf („Können Kinder Kriminelle sein?“[139]; „Berichterstattung über Straftaten: Nationalität nennen - oder nicht?“[140];) oder sie wird im Rahmen oder im Vorfeld von mehr oder weniger bedeutsamen Wahlen geführt („Das Leben in unserer Stadt wird von Jahr zu Jahr sicherer“[141]), oder sie wird medial ‚inszeniert‘, da sowohl Platzierung als auch die Aufmachung etwas über die gewünschte Beachtung aussagt: So findet sich die Mitteilung „Kriminalität stark rückläufig“[142] wenig prominent als Meldung am Rande, wohingegen die Meldung „Mehr Diebesbanden, Einbrüche nehmen zu“ [143]

138 Kilb 2003, S. 38
139 Ullrich/Kröber 2020, S. 10
140 David 2020, S. 2/3
141 Schäfer 2020, S. 8/9
142 Hamburger Morgenpost 28.01.2020, S. 8
143 Hamburger Morgenpost 30.01.2020, S. 1

sowie die Überschrift „Hamburgs jüngster Einbrecher: Er ist erst 14!“[144] auf der Titelseite stehen – das oben erwähnte Skandalisierungsinteresse wird deutlich. Pointiert merkt der Vorstand der Deutschen Vereinigung für Jugendgerichte und Jugendgerichtshilfen e.V. in einem Positionspapier an, es gäbe viele Bereiche, „in denen über Verbesserungen bei der Unterstützung von Kindern und Jugendlichen zum Zweck der Verhinderung von Straftaten gesprochen werden kann und sollte. Die Strafmündigkeitsgrenze ist hier kein sinnvoller Ansatzpunkt“[145] – „auch zeigt diese Diskussion, […], wie Strafrecht als ‚politischer Reflex‘ funktioniert“[146].

Als stets handlungsleitenden Gedanken erwähnt ein Akteur, „wie ich als Jugendrichter durch meine Entscheidungen dazu beitragen kann, dass der Angeklagte nicht rückfällig wird, nicht erneut Menschen verletzt, damit aufhört, ihnen Leiden zuzufügen. Meine Frage war also, was er braucht, damit er auf einen guten Kurs kommt“[147], so dass gleichsam die perspektivische Intention in den Vordergrund rückt. Weiterhin hält dieser Jugendrichter folgende Items[148] für bedeutsam:

- eine konsequente Bestrafung;
- eine intensive Kommunikation;
- eine Begegnung auf Augenhöhe;
- ein respektvoller, fairer Umgang.

Induktiv kann diese Haltung dahingehend verstanden werden, dass eine Autorität nur und ausschließlich mit

144 Busch 2020, S. 1
145 Vorstand der DVJJ 2019
146 Preuß 2020, S. 357
147 Pfeiffer 2020, S. 81
148 Ebd. S. 81f

dem einhergehenden Respekt vor dem anderen Menschen als wirksam und anerkennenswert gelten kann[149].

In diese Richtung weitergedacht, darf mit einem solchen Selbstverständnis als ebenso essentiell erwähnt werden, dass - da die Menschenwürde an oberster Stelle der Verfassung steht - diese „einen verbindlichen und unveräußerlichen Orientierungsrahmen im Sinne der Menschenrechte [bildet] - für alle staatliche Gewalt wie für jeden einzelnen Menschen"[150], so dass das Recht „ein weithin sichtbares Muster für einen menschenrechtsfreundlichen Umgang mit abweichendem Verhalten sein [kann]"[151].

Würden sich alle Beteiligten an diese Verbindlichkeit halten, gäbe es ebenfalls weniger Einbahnstraßensituationen. Wird nun das Phänomen Jugendgewalt und Jungendkriminalität auf der Folie unterschiedlicher Interessen betrachtet und zudem durch die mediale Berichterstattung nicht selten mit der Attitüde zusätzlicher Dramatisierung angereichert, resultieren daraus weniger sachliche Darstellungen als vielmehr sensationell aufgebauschte Berichte, da die „Medienrealität eigenen Gesetzen folgt. [...]. Die mediale Perspektive vergrößert nicht nur, sie verzerrt auch - und darin ist manches Missverständnis angelegt. [...]. Indem Medien über Kriminalität berichten, bilden sie den Gegenstand ihrer Betrachtung nicht lediglich ab, sondern erschaffen ihn selbst"[152] und tendieren nicht selten zur Dramatisierung - der mediale Fokus blickt auf „'die Jugendkriminalität', vor allem die ‚steigende Jugendkriminalität'"[153]. Solche Aufgeregtheiten sind selten konstruktiv, sondern eher der ebenso verführerischen wie flüchtigen Augenblicksauf-

149 Vgl. Brandler 2020, S. 72ff.
150 Brandt/Mohammadi 2019, S. 5
151 Hassemer 2009, S. 114
152 Hestermann 2012, S. 15
153 Albrecht/Lamnek 1979, S. 11

merksamkeit der Print- sowie zunehmend der digitalen Bildberichterstattung geschuldet. Durch diesen „Hype um Kriminalitätsberichterstattung" [154] werden ‚spektakuläre Fälle' eben auch ‚gemacht'[155] - „schließlich verläuft alles im Sande, bis zum nächsten Mal"[156].

Es mag der Eindruck einer unendlichen Geschichte entstehen, so dass die Daueraktualität dieses Phänomens die Notwendigkeit einer Auseinandersetzung geradezu zwingend erfordert. Aus dieser Daueraktualität resultiert manchmal die Teilnahme an einem Einzel-AAT, wenn eine Gerichtsverhandlung in einem Urteil entsprechend tenoriert.

Der Zugang zum Einzel-AAT erfolgt in der Regel aufgrund eines Gerichtsurteils und einer daraus resultierenden

- Weisung gem. § 10 (1) Nr. 6 JGG (Weisungen sind Gebote und Verbote, welche die Lebensführung des Jugendlichen regeln und dadurch seine Erziehung fördern und sichern sollen. Dabei dürfen an die Lebensführung des Jugendlichen keine unzumutbaren Anforderungen gestellt werden. Der Richter kann dem Jugendlichen insbesondere auferlegen, [...] an einem sozialen Trainingskurs teilzunehmen);
- Auflage gem. § 23 JGG (1) (Der Richter soll für die Dauer der Bewährungszeit die Lebensführung des Jugendlichen durch Weisungen erzieherisch beeinflussen. Er kann dem Jugendlichen auch Auflagen erteilen. Diese Anordnungen kann er auch nachträglich treffen, ändern oder aufheben. Die §§ 10, 11 Abs. 3 und § 15 Abs. 1, 2, 3 Satz 2 gelten entsprechend);

154 Hummelmeier 2012, S. 80
155 Vgl. Hummelmeier 2012, S. 83
156 Gleißner 2004, S. 9

- Anordnung gem. § 71 (1) JGG (Bis zur Rechtskraft des Urteils kann der Richter vorläufige Anordnungen über die Erziehung des Jugendlichen treffen oder die Gewährung von Leistungen nach dem Achten Buch Sozialgesetzbuch anregen);
- Auflage gem. 88 (6) JGG (Der Vollstreckungsleiter kann die Vollstreckung des Restes der Jugendstrafe zur Bewährung aussetzen, wenn der Verurteilte einen Teil der Strafe verbüßt hat und dies im Hinblick auf die Entwicklung des Jugendlichen, auch unter Berücksichtigung des Sicherheitsinteresses der Allgemeinheit, verantwortet werden kann) oder
- im Rahmen von Haftverschonung gem. § 116 StPO (Aussetzung des Vollzugs des Haftbefehls).

In einem Urteil ist beispielsweise zu lesen, dass es dem Gericht angezeigt erschien, „den Angeklagten anzuweisen, sich im Rahmen eines Einzelkonflikttrainings [...] intensiv mit seinen Defiziten und auch seiner aktuellen Lebenssituation auseinanderzusetzen, um ihm zum einen nochmals das Unrecht der von ihm begangenen Straftaten erzieherisch angemessen vor Augen zu führen und zum anderen ihm zukünftig Verhaltensstrategien mit auf den Weg zu geben, so dass er sich zukünftig zumindestens straffrei wird führen können, auch wenn er in Konfliktsituationen [...] gelangen sollte“[157].

Ein anderes Gericht hielt es erzieherisch für geboten, „unter Berücksichtigung aller Umstände, insbesondere auch der vorangegangenen Verfahren beim Angeklagten und des bei ihm offensichtlich bestehenden Aggressionsproblems [...], ihm die Weisung zu erteilen, ein Anti-Aggressions-

157 Amtsgericht Hamburg 2019

Training durchzuführen. Dieser Kursus soll als Einzel-Training durchgeführt werden"[158].

Der justizielle Faktor wird bei jedem Einzel-AAT divers thematisiert – ein kurzer Gesprächsauszug:

K: […].Aber bei mir waren die Richter nie so streng. Die haben immer noch mal ein Auge zugedrückt, aber viel mehr hätte ich mir dann auch nicht mehr erlauben dürfen, sonst wäre ich auch reingegangen. Ich habe mich ehrlich schon oft gefragt, warum die mich nicht weggesperrt haben, und einmal meinte auch mein Anwalt, dass es jetzt richtig eng wird. Da hatte die Staatsanwaltschaft zwei Jahre gefordert, glaube ich und mein Anwalt hat ganz frech auf Freispruch plädiert, und was soll ich Ihnen sagen: Der ist damit auch glatt durchgekommen!

I: Was Sie heute scheinbar noch überrascht?

K: Ich muss sagen, da hat er schon gut gepokert, aber er ist damit durchgekommen.

Man mag dieser Anmerkung zustimmen: „Die Glaubwürdigkeit des Rechtsstaates verlangt die Anwendung des Gesetzes und die professionelle Auseinandersetzung der Justiz mit den jungen Tätern, den konkreten Taten und den Opfern. […]. Das flexible und auf den Einzelfall zugeschnittene Jugendstrafrecht ermöglicht, bei noch in der Entwicklung befindlichen jungen Menschen gezielt Einfluss zu nehmen, in einer Weise, die hoffen lässt, dass sie keine weiteren Straftaten mehr begehen." [159] Eine Möglichkeit gezielter Einflussnahme kann die Teilnahme an einem Einzel-AAT sein.

158 Amtsgericht Hamburg 2019
159 DVJJ-Vorstand und –Geschäftsführung 2020, S. 413

Für die Statistik: 320 Einzel-AATs.

Die statistischen Daten umfassen Angaben über:

- das Alter;
- die Nationalität;
- die Taten;
- den Schulabschluss;
- das Beschäftigungsverhältnis;
- die bisherigen Hafterfahrungen.

Die Altersangaben lassen sich der folgenden Übersicht entnehmen:

14 Jahre	2 Teilnehmer
15 Jahre	4 Teilnehmer
16 Jahre	16 Teilnehmer
17 Jahre	31 Teilnehmer
18 Jahre	53 Teilnehmer
19 Jahre	63 Teilnehmer
20 Jahre	73 Teilnehmer
21 Jahre	50 Teilnehmer
22 Jahre	19 Teilnehmer
23 Jahre	7 Teilnehmer
24 Jahre	2 Teilnehmer

Die Nationalitäten der Teilnehmer unterteilen sich wie folgt:

deutsch	193
türkisch	41
afghanisch	35

syrisch	12
ägyptisch	11
iranisch	5
albanisch	4
ivorisch	3
jordanisch	3
ukrainisch	3
ghanaisch	2
serbisch	2
weißrussisch	2
libanesisch	1
marokkanisch	1
mazedonisch	1
somalisch	1

Die Straftaten, die in der Hauptsache jeweils zu einer Verurteilung geführt haben, sind:

Körperverletzungsdelikte	281
Raubdelikte	38
Tötungsdelikt	1

Anmerkung I: Einer Verurteilung können mehrere begangene Straftaten zu Grunde liegen.

Anmerkung II: Eine genauere Differenzierung der einzelnen Deliktvarianten erfolgt hier nicht.

Die (angestrebten) Schulabschlüsse der Teilnehmer sind nachfolgend aufgelistet:

Abitur	3
Fachhochschulreife	3
Mittlerer Schulabschluss	15
Erster Schulabschluss	130
Förderschulabschluss	5
Ohne Abschluss	164

Die Beschäftigungsverhältnisse unterteilen sich wie folgt:

Schule	12
Ausbildung	51
Studium	1
Maßnahme durch das Jobcenter	15
Job/Anlerntätigkeit	85
Arbeitsverhältnis auf Probe	9
Arbeit mit Festvertrag	26
arbeitssuchend	121

Hafterfahrungen

Untersuchungshaft	29
Strafhaft	6

Methodische Inhalte

Dieses Kapitel widmet sich der Darstellung der beim Einzel-AAT relevanten praktischen Methoden. Deren taugliche Geeignetheit kann durchaus mit der Erfahrung des Gruppenangebotes erklärt und begründet werden, nunmehr jedoch ergänzt um die entscheidende Komponente der Individualisierung.

Das Training umfasst in der Regel 15 Termine.

Der curriculare Ablauf beinhaltet

- die Kennenlernphase,
- die Konfrontationsphase,
- die Kompetenzphase sowie
- die Reflexionsphase.

Bevor die erste Sitzung eines Einzel-AATs erfolgt, findet obligatorisch ein Vorgespräch zwischen dem vorgesehenen Teilnehmer sowie der das Einzel-AAT durchführenden Person statt. Dieses Gespräch dient neben einem persönlichen Kennenlernen der Klärung der Rahmenbedingungen:

- Ort;
- Zeit;
- Dauer;
- Vorstellung der Inhalte;
- methodische Hinweise;
- Benennung sowie Erläuterung der Regeln:
    - Respekt,
    - keine Gewalt,
    - Pünktlichkeit,
    - Mitarbeit,
    - Verschwiegenheit,

    - keine Drogen,
    - Stopp-Recht;
- bisherige Verurteilungen und Straftaten;
- Teilnahmemotivation;
- mögliches Ziel;
- Abklärung des Vorliegens möglicher Ausschlusskriterien:
    - Vordergründige Drogenabhängigkeit,
    - psychiatrisch-indizierte Diagnose,
    - ausschließliche Verurteilung wegen Sexualstraftaten
- Zugehörigkeit zur organisierten Kriminalität.

Zum Regelpunkt Verschwiegenheit sei ein kurzer Impuls angefügt, da es hier beim Vorgespräch vereinzelt interessierte Nachfragen gibt.

Eine Ausarbeitung der Wissenschaftlichen Dienste des Deutschen Bundestages befasst sich mit der geltenden Rechtslage und dem möglichen Spielraum des Gesetzgebers hinsichtlich eines Zeugnisverweigerungsrechtes im Bereich der sozialen Arbeit und gelangt zu dem Fazit, „Angehörige des Berufsstands der Sozialarbeiter und Sozialpädagogen gehören als solche nicht zu dem Personenkreis, dem in § 53 StPO ein berufsbezogenes Zeugnisverweigerungsrecht eingeräumt wird. Es ist nicht ersichtlich, dass sich die dieser Rechtslage zugrundeliegende Entscheidung des Gesetzgebers nicht im Rahmen seines verfassungsrechtlichen Spielraums bewegen würde, zumal sich für Härtefälle ein Zeugnisverweigerungsrecht unmittelbar aus der Verfassung ergeben kann“[160]. Seit Jahrzehnten wird um eine mögliche Einbeziehung der sozialpädagogischen Be-

160 Wissenschaftliche Dienste des Deutschen Bundestages 2020, S. 37

rufsgruppe debattiert, insbesondere vor dem Hintergrund, dass ein Wandel der Tätigkeitsfelder der Sozialarbeit und Sozialpädagogik stattgefunden hat, so dass „mit dem Zurückweichen einer [...] staatlichen, vor einer stärker durch Privatisierung gekennzeichneten Prägung sozialer Arbeit das höchstpersönliche Vertrauensverhältnis als Grundlage professioneller sozialer Praxis immer mehr in den Vordergrund gerückt [ist]. Zum anderen hat sich das Berufsbild und das Professionsprofil[...] in einer Weise herausgebildet und verfestigt, dass die Abwertung dieser Berufsgruppe gegenüber den klassischen Professionen nicht mehr überzeugt"[161]. Somit erfordert die Tätigkeit beim Einzel-AAT von den das Training durchführenden Personen ständige Obacht hinsichtlich der institutionellen Rahmenbedingungen sowie der durch das Klientel angetragenen Inhalte – das muss im Vorwege bedacht werden, um für alle Beteiligten weitestgehende Klarheit zu schaffen. Gleichwohl wird diese Klarheit nicht vermeiden helfen, dass in dem einen oder anderen Fall Dilemmata auftreten können, für die dann situativ passende Umgangsmöglichkeiten gefunden werden müssen, die wiederum nicht zum Nachteil der Professionellen führen dürfen, da ansonsten die Unklarheit, die durch die Unentschlossenheit des Gesetzgebers hervorgerufen worden ist, gleichsam denjenigen überantwortet werden würde, die aufgrund dieser durch Untätigkeit verursachten Unklarheit in diese Dilemmasituation gedrängt worden sein würden – das passt(e) nicht.

Gleichsam als analoge ‚Dilemmaerweiterung' sei auf einen Umstand verwiesen, der Polizeibediensteten in der unmittelbaren Auseinandersetzung mit der Klientel nicht selten begegnet, da das polizeiliche Handeln der sogenannten street cop culture in dem Moment durchaus funktional ist,

161 Brühl/Deichsel/Nothacker 2005, S. 266

„wenn es im Sinne der subkulturellen Regeln legitim ist. [...]. Man handelt gerecht, wenn auch nicht unbedingt im Rahmen der Gesetze [...] - ein Beamter [formuliert] philosophisch: ‚Manchmal muss man die Illegalität bemühen, um die Legalität zu erreichen'"[162].

In der Phase des Kennenlernens erfolgt zu Beginn einer jeden Sitzung ein Wochenrückblick beziehungsweise eine Rückschau auf den Zeitraum, der seit dem letzten Termin vergangen ist.

In der ersten Sitzung formuliert der Teilnehmer ein für ihn wichtiges Ziel, das er bis zum Ende des Trainings erreichen beziehungsweise dem er sich annähern möchte, um sich perspektivisch gute/bessere Optionen für die weitere Lebensgestaltung erarbeiten zu können. Zudem dient diese Zielformulierung als ein begünstigendes Moment der Teilnahme[163], da die Formulierung als papierener Ausdruck bei jedem Sitzungstermin visualisiert im Raum sichtbar präsent ist. Neben dem motivierenden Impetus kann dadurch ein permanent-konkreter Bezug hergestellt werden, sollte eine beliebige Tendenz erkennbar werden, die eine Zielerreichung gefährden könnte.

Nachfolgend zwei praktische Darstellungen, was bei so einem Wochenrückblick inhaltlich thematisiert werden kann:

I: [...]. Noch einmal auf Ihr Ziel geguckt, D., können Sie eine Situation schildern, in der Sie ‚kontrollierter reagiert', also Ihren ‚Gefühlen nicht freien Lauf gelassen' haben?

K: Ja, da gibt es sogar ein sehr gutes Beispiel, was ich Ihnen hier ja auch schon mal erzählt habe beim Wochenrückblick am Anfang. Und zwar als die Polizei meine Wohnung gestürmt hat und

162 Schweer/Strasser/Zdun 2008, S. 19
163 Vgl. Schawohl 2009

mich aus dem Bett geholt hat und ich mich auf einen Stuhl setzen musste, damit die in aller Ruhe meine komplette Wohnung durchsuchen können. Ich hab denen auch immer noch gesagt, wo sie noch überall nachgucken können, weil die sowieso nichts finden können. Ich hab denen auch gesagt, dass ich mich ganz friedlich verhalte und nichts mache, obwohl die mich aus dem Schlaf gerissen haben und meine Wohnungstür beim Öffnen aus der Verankerung geholt haben – trotzdem habe ich mich die ganze Zeit kooperativ verhalten, und trotzdem durfte ich mir nicht mal was anziehen. Das müssen Sie sich mal vorstellen: Ich sage denen, dass ich nichts mache und ruhig bin, ich will mir nur wenigstens eine Hose anziehen, da haben die einfach nur gesagt: ‚Sitzen bleiben!' – ich finde, da bin ich richtig gut ruhig und kontrolliert geblieben. Ich glaube, die waren gepisst, weil die nichts gefunden haben.

I: Wie wäre so eine Aktion vor einem Jahr oder vor zwei Jahren abgelaufen? Auch so kontrolliert?

K: Überhaupt nicht! Da hätte ich die angeschrien, was die hier wollen und ob die nicht ganz dicht sind; da wäre ich auch auf die losgegangen und hätte mich solange mit denen geschlagen und Kick hier und da, bis die mich am Boden gehabt hätten. Da wäre ich mit dem Rammbock von der Tür auf die losgegangen und hätte denen noch gesagt: Hier, guckt mal: Das kann ich auch!' Da wäre ich auf jeden Fall komplett ausgerastet.

I: Da ist die kontrollierte und kooperative Variante vermutlich entspannter.

K: Ja. Und wissen Sie, was mich richtig gefreut hat? Dass ich von Anfang an wusste, dass die bei mir nichts finden werden, gar nichts. Deshalb hab ich denen ja auch immer noch gesagt, wo die noch überall suchen können.

Das zweite Beispiel:

I: S., zu Beginn des Trainings haben Sie als Ziel genannt: ‚Dass ich ein paar Strategien habe, wie ich mit meinen Aggressionen umgehen kann. Auf Gewalt verzichten' – wie lautet Ihre Einschätzung: Zu wieviel Prozent haben Sie diese beiden Vorhaben erreicht?

K: Zweimal hundert Prozent. Bei beiden Zielen hundert Prozent. Sie wissen ja, dass ich gar nichts mehr gemacht habe, seit ich hier bin – absolut null. Und deshalb ist das mit hundert Prozent auch nicht übertrieben.

I: Das klingt sicher und beinahe stabil.

K: Ist es auch und da bin auch stabil. Ich kann Ihnen auch Beispiele dafür geben, dass das so ist, wie ich sage – soll ich?

I: Da Sie wohl gerne wollen, machen Sie mal.

K: Also, das hatte ich ja schon mal erzählt hier [meint: Beim Wochenrückblick; Anm.], als ich mit meinem Kollegen am Bahnhof gewesen bin und auf dem anderen Bahnsteig zwei Typen gewesen sind, die auf Provokation rübergeguckt und gemuckt haben; und da hab' ich erst gedacht, ich sag jetzt was, aber dann hab' ich mir gedacht, ist unnötig und du willst das auch gar nicht, und da bin ich schön mit meinem Kollegen weiter, ohne dass wir da rüber sind.

I: Was wäre denn ohne Ihr Nachdenken, dass das ‚unnötig ist', in dieser Situation passiert?

K: Da wären wir rüber zu denen und hätten gefragt, was das soll, dass die so zu uns rüberglotzen und da ihre Faxen machen.

I: Das heißt, Sie wären mit Ihrem Kollegen auf dem Bahnsteig zurückgegangen, die Treppen hoch, die Treppen wieder runter, hin zu denen, nur um zu fragen, ‚was das soll'?

K: Ja klar, früher auf jeden Fall.

I: Was für ein Aufwand.

K: Das wäre egal gewesen. Wir wären da auf jeden Fall rüber und hätten die zur Rede gestellt.

I: Und von dieser Rede hätte unsereins dann eventuell in der Zeitung lesen können. Eine dieser Meldungen am Rande [meint: Arbeit mit Zeitungsmeldungen, s.o.; Anm.] vielleicht – Sie erinnern sich?

K: Ja, natürlich. Keine Ahnung, was dann passiert wäre.

I: Glauben Sie, es wäre bei einem gepflegten Gespräch geblieben?

K: Wohl eher nicht. Aber deshalb bin ich ja auch gar nicht rüber zu denen, sondern hab' auf entspannt gesagt: ‚Lass weitergehen, die interessieren uns gar nicht' – und fertig.

I: Was war denn Ihre Überlegung, zu sagen: Ich gehe da nicht rüber?

K: Wenn wir da rübergegangen wären, hätte es doch auf sicher Streit mit denen gegeben. Und was hätte das gebracht? Nichts. Also, gar nicht erst dahin, gibt es auch keinen Ärger, Punkt.

I: Gute Überlegung – und vor allem vorher und nicht erst im Nachhinein.

K: Genau, das meinte ich ja auch, dass ich das gar nicht erst wollte. Weil das ist doch klar, wenn wir da aus Stress erst mal rübermarschieren, dann eskaliert das – warum sollten wir da sonst auch rüber?

I: Gute Frage und vorher schon die passende Antwort gegeben. Sie hatten in einer der Sitzungen gesagt, dass Straftaten wie die, die zu Ihrer Verurteilung geführt haben, jetzt für Sie gar kein Thema mehr sind – was hat sich seitdem geändert, dass Sie sich da so festlegen?

K: Ich will meine Freiheit nicht riskieren. Bisher bin ich mit maximal Arrest und einmal kurz Zelle weggekommen, und wenn ich jetzt noch mal was mache, ist meine Bewährung weg und dann bin ich auf sicher für zwei Jahre oder noch länger eingesperrt und kann noch nicht mal sagen, dass mich das weiterbringen würde. Ich verliere ja auch die Zeit, die ich dann in der Zelle sitzen muss. Da verliere ich ja richtig: Zeit und Freiheit.

I: Wiegt beides schwer.

Auf einem Flipchartpapier werden biografische Daten erfasst (siehe dazu ausführlich unter: Biografiearbeit).

Auf einem weiteren Flipchartpapier wird eine Wandzeitung mit den folgenden regelhaften Überschriften erstellt:

- Hobbies;
- Stärken;
- Schwächen;
- Freundschaft;
- Typisch männlich;
- Typisch weiblich;
- Wut;
- Stolz.

Im Anschluss findet das sogenannte ‚Referat' statt. Dabei werden die Begrifflichkeiten

- Freude,
- Trauer,
- Angst,
- Wut,
- Glück,
- Gewalt

den drei Bereichen

- Familie,
- Schule/Ausbildung/Job/Studium (je nachdem, was zutrifft),
- Freundeskreis

zugeordnet.

Das meint, dass zu den jeweiligen Begrifflichkeiten Ereignisse, Erlebnisse, Begebenheiten bezogen auf die drei genannten Bereiche geschildert werden, die mit entsprechender Bedeutsamkeit und eigener Gewichtung für erwähnens- und erzählenswert erachtet werden. Dadurch wird die Zeit, die Möglichkeit und der Raum gegeben, um im ‚mäeutischen Gespräch' Momente für Entdeckungen sowie ‚Gelegenheiten zum biografischen Erzählen' zu gestatten.

Ein Beispiel:

I: S, Sie haben zum Beginn des Einzel-AATs als Ziel formuliert: ‚Ich will meine Aggressionen besser kontrollieren. Ich will mehr für mich verstehen können, was für ein Mensch ich eigentlich bin – einfach mehr über mich wissen' – was würden Sie am Ende des Trainings sagen: Zu wieviel Prozent haben Sie diese Punkte jeweils erreicht?

K: Zu wieviel Prozent?

I: Ja. Hundert Prozent ist das Maximum.

K: Also, meine Aggressionen habe ich auf jeden Fall besser unter Kontrolle jetzt – da würde ich sagen, bin ich schon so bei achtzig bis neunzig Prozent. Mit dem zweiten Teil bin ich eigentlich auf jeden Fall auch voran gekommen, würde ich sagen, also auch so bei siebzig, fünfundsiebzig, achtzig Prozent so.

I: Hätten Sie das so erwartet, dass Sie dieses Ziel mit diesen Werten erreichen?

K: Das weiß ich gar nicht so genau. Ich glaube, am Anfang konnte ich mir das gar nicht so vorstellen, wo ich da am Ende ankomme für mich. Also so gesehen, bin ich da schon ganz zufrieden mit mir. Oder finden Sie, dass das jetzt ein schlechtes Ergebnis ist?

I: Gar nicht. Aggressionen zu achtzig bis neunzig Prozent besser kontrollieren können, ist in jedem Falle ein gutes Ergebnis. Und wenn ich Sie richtig verstanden habe, sind in den Wochen während des Trainings auch keine weiteren Kontrollverluste aufgetreten – insofern ist das richtig gut.

K: Da hat es auch nichts mehr gegeben. Es gab ja auch gar keine Gründe, dass da etwas hätte passieren können.

I: Wie sind diese Gründe denn damals zustande gekommen?

K: Sie meinen, wieso ich überhaupt hierher musste?

I: Meinetwegen auch so. Irgendwelche Gründe oder Anlässe oder Situationen muss es ja gegeben haben, dass Sie die Körperverletzungsdelikte begangen haben.

K: Ja, natürlich – da war ja immer irgendwie was, dass man gar nicht anders konnte oder jedenfalls gedacht hat, das geht jetzt gar nicht mehr ohne Fetze. Aber ich muss auch sagen, dass ich das schon auch darauf angelegt habe, dass sich so eine Situation ergeben hat, damit ich zuschlagen konnte.

I: Zum Beispiel?

K: Ja, diese Sache, die Sie ja auch in dem Urteil gelesen haben. Das war eigentlich völlig unnötig und albern irgendwie, aber damals war ich auch noch so, dass ich gedacht habe: Egal, wenn' s sein muss, muss es eben sein. Dabei stimmt das ja auch eigentlich gar nicht so, weil es ja eben gar nicht sein musste, sondern eher sein sollte – so muss ich das sagen.

I: Können Sie sagen, welche Gründe es damals für Sie gab, dass es ‚sein sollte'?

K: Alles nur alberne Gründe eigentlich: Man wollte sich einfach beweisen; man hat seinen Jungs geholfen, wenn die irgendwo Stress hatten; oder man war sauer oder hatte einfach irgendwie Wut auf jemanden – also gar nichts, was so richtig dafür spricht, dass man da eine Schlägerei starten musste.

I: Wie Sie es gesagt haben: ‚Musste nicht sein, sollte eher sein'.

K: Das hört sich doch total krank an, oder?

I: Inwiefern?

K: Na ja, wenn man sich das mal richtig überlegt, wenn man darüber nachdenkt so, dann war das doch alles nur albern eigentlich. Es gab ja eigentlich nie so den einen richtigen Grund, bei dem man hätte sagen können: Jetzt bleibt mir nur noch diese eine Wahl – man hätte immer ‚Nein' sagenkönnen.

I: Das sagen Sie heute. Damals haben Sie sich für ‚Ja' entschieden.

K: Ja, aber damals war ich auch anders. Heute kann mir sowas gar nicht mehr passieren.

I: Da wird der aufmerksame Zuhörer natürlich neugierig, wie Sie das begründen.

K: Mir wäre das heute einfach peinlich. Ich will meine Schule gut abschließen und nicht im Gefängnis meine Zeit auf unnötig verbringen. Obwohl Gefängnis hier in Deutschland ja Luxus ist, verglichen mit meinem Land [Elfenbeinküste; Anm.] – da wäre das die Hölle, aber deshalb will ich trotzdem nicht meine Freiheit riskieren.

I: Das war ja auch einer der entscheidenden Gründe, die Sie genannt hatten bei der Fragestellung ‚Was fehlt im Knast am meisten?' Da ist Ihnen ja eine ganze Menge eingefallen, und ‚Freiheit' mit all den Punkten, die sich daraus ergeben, war ja ganz oben dabei.

K: Daran kann man doch schon wieder sehen, wie albern das eigentlich ist, wenn man sich nur wegen so Kindersachen die Freiheit nehmen lässt – albern und unnötig.

I: Die Einsicht des Neunzehnjährigen, der dem Sechzehn-, Siebzehnjährigen eben zwei bis drei Jahre mehr Lebenserfahrung voraus hat.

K: Sowas kann man eigentlich auch schon als Zwölfjähriger verstehen, finde ich.

I: Da wäre der Zwölfjähriger Ihnen als Siebzehnjähriger aber um einiges an Vernunft oder Einsicht voraus gewesen, S.

K: Das stimmt auch wieder, aber damals war ich eben noch so peinlich und kindisch unterwegs. Das hat sich eben erst im Laufe der letzten ein, zwei, drei Jahre ergeben, dass ich das anders sehe.

I: Wie würden Sie diese nunmehr andere Sichtweise erklären?

K: Ich bin, ja, wie soll sagen, ich bin vernünftiger geworden, so dass ich viele Sachen jetzt auch einfach besser verstehe als früher. Man lernt ja auch jeden Tag eigentlich was Neues dazu, wenn man sich bemüht.

I: Um was bemühen Sie sich denn so in Ihren täglichen Lernerfahrungen?

K: Dass ich jeden Tag vielleicht ein bisschen mehr an Weisheit bekomme, damit ich immer mehr und besser verstehen kann, worauf es eigentlich ankommt.

I: Das könnte ein durchaus gehaltvoller Satz sein. Wenn Sie in Ihrem Alter bereits bewusst die ersten der wohl zahllosen Stufen der Weisheit erklimmen, werden Sie zum Ende Ihres Lebens vermutlich über eine Menge an Weisheit verfügen können.

K: Ich meinte das jetzt so, dass ich mir einfach mehr bewusst darüber bin, was ich überhaupt mache und welche Folgen das dann hat, was ich mache – auch für andere.

I: Was haben Sie denn bisher an Erkenntnis darüber gewinnen können, ‚worauf es eigentlich ankommt'?

K: Da gibt es jetzt gar nicht so die genauen Beispiele, was ich dazu sagen könnte, aber ich achte jetzt schon mehr darauf, dass ich eben nicht immer nur so für den Moment gerade entscheide, worauf ich gerade Lust habe oder was mir für ein paar Minuten Spaß machen könnte, sondern ich überlege einfach mehr und mach nicht mehr so viele Sachen auf spontan – ich weiß jetzt im Moment gar nicht, wie ich das anders erklären kann.

I: Da wird ja schon eine Richtung erkennbar – sortieren wir das noch mal ein klein wenig. Was wäre denn zum Beispiel so ein Moment, bei dem Sie vor dieser neu gewonnenen Einsicht auf spontan gesagt hätten: ‚Das mach ich jetzt, weil ich da ganz spontan Lust zu habe – egal, was andere darüber denken oder welche Folgen das hat'?

K: Ja, zum Beispiel auch so irgendwelche Aktionen mit meinen Jungs – wenn da einer gesagt hat: ‚Lass mal die Mädels da klarmachen', dann haben wir uns das irgendwie organisiert und dann haben wir versucht, da unseren Spaß zu haben; oder wenn irgendwo Party war, dann sind wir da auch hin, egal, ob am nächsten Tag Schule oder sonst was gewesen ist – das hat uns dann gar nicht interessiert. Heute würde ich sagen: ‚Geht nicht bro', weil ich am nächsten Tag zur Schule muss', also wird während der Woche nicht so gefeiert.

I: Das wäre dann ein Beispiel für das, was Sie vorhin als bewusstes Handeln bezeichnet haben?

K: Ja, sowas zum Beispiel. Oder auch, dass ich jetzt viel weniger kiffe als früher. Und wenn ich jetzt kiffe, dann auch nur am Wochenende.

I: Früher war tägliches Kiffen angesagt?

K: Ich war leidenschaftlicher Kiffer – da gab es nicht einen Tag in der Woche, an dem nicht geraucht wurde. Das war schon nicht mehr normal, was wir uns da angetan haben.

I: Was hat da für Sie zu der Erkenntnis oder zum Entschluss geführt, dass einzustellen oder zumindest zu reduzieren?

K: Weil ich gemerkt habe, dass ich so gut wie gar nichts mehr auf die Reihe bekommen habe. Die wollten mich ja auch von der Schule schmeißen, weil ich so viele Fehlzeiten hatte. Da war eine Lehrerin, die sich richtig für mich eingesetzt hat – ohne die wäre ich sonst geflogen. Die hat es echt gut mit mir gemeint.

I: Das hört sich allerdings auch so an, als dass Sie verstanden hätten, dass Ihnen da eine Chance gegeben wird, die nicht allzu oft wiederkehren würde.

K: Das war für die Schule sozusagen meine letzte Chance, weil ich sonst gar keinen Schulplatz bekommen hätte – also vom Ding her hätten die mir keinen Platz mehr geben müssen.

I: Weil Sie die Schulpflichtjahre voll hatten

K: Genau. Das haben die mir auch gesagt: Wenn wir wollen, können wir Dich sofort von der Schule nehmen und dann kannst Du selbst sehen, wie Du zurechtkommst. Nur diese eine Lehrerin hat sich immer wieder für mich eingesetzt.

I: Die scheint Ihr Potential geahnt zu haben.

K: Die hat mir immer wieder gesagt: ‚Du kannst das schaffen. Wenn Du Dir richtig Mühe gibst, kannst Du sogar viel mehr als nur Deinen ESA [meint: Ersten Schulabschluss; Anm.] schaffen.' Die hat nicht locker gelassen. Zum Glück, muss ich sagen, sonst wär's das gewesen mit der Schule.

I: Aus Ihrem Elternhaus gab es keinerlei solche Unterstützung?

K: Meine Mutter hat das auch immer versucht, aber da muss ich ehrlicherweise sagen, dass mich das dann überhaupt nicht interessiert hat, weil wir sowieso andauernd nur Stress hatten und wir dann manchmal tagelang nicht miteinander geredet haben.

I: Hat sich das im Laufe der Zeit entspannt oder sonst wie geändert?

K: Das ist dadurch entspannter geworden, dass ich dann ja in eine Jugendwohnung gegangen bin. Seitdem ist das auf jeden Fall besser geworden. Eigentlich verstehen wir uns seitdem richtig gut, kann man sagen.

I: Annäherung durch Distanz.

K: So ungefähr, ja. Wir nerven uns eben gegenseitig nicht mehr so. Das ist auf jeden Fall besser so für uns beide.

I: Noch einmal zu Ihrem Zugewinn an Erkenntnis oder Einsicht: Würden Sie das Nutzen dieser Chance, die Ihnen die Lehrerin ja geradezu aufgenötigt hat, auch dieser zunehmenden Einsicht oder Vernunft zuschreiben?

K: Ich denke schon, ja. Weil ich sonst ja vielleicht gar nicht darauf eingegangen wäre, sondern vielleicht sogar gesagt hätte: ‚Jetzt nerven Sie mal nicht so. Das geht Sie doch auch gar nichts an, was ich mit meinem Leben anfange' – so auf diesen. Aber zum Glück ist das anders gekommen.

I: Welchen Schulabschluss wollen Sie versuchen?

K: Auf jeden Fall Real, und dann mal sehen, ob ich mein Fachabi versuche.

I: Versuchen Sie's.

Dieser Auszug vermittelt einen Eindruck davon, dass mit je eigener Individualität biografische Momente geschildert werden, die im weiteren Verlauf des Einzel-AATs kontextualisiert und sowohl rückbezüglich als auch perspektivisch thematisiert werden (können).

Ein weiteres Papier trägt die Überschrift: Warum werden Jugendliche kriminell/gewalttätig?

Die aus Sicht der teilnehmenden Person zunächst mit allgemeiner Gültigkeit erwähnten Gründe werden in einem nächsten deduktiven Schritt dahingehend betrachtet, welche/r der aufgelisteten Faktoren zurückliegend die individuelle Devianz- beziehungsweise Kriminalitätsaktivität beeinflusst hat und wiederum aus heutiger Sicht noch als möglicher Risikofaktor betrachtet werden könnte[164]. Des Weiteren werden die aktuellen Haltefaktoren thematisiert, um die jeweils stabilisierende Bedeutsamkeit jedes einzelnen Faktors hervorheben zu können.

Ein Praxisbeispiel:

I: Erinnern Sie sich an die Fragestellung: Warum werden Jugendliche kriminell oder gewalttätig? – da hatten Sie etliche Gründe aufgezählt, und als für Sie zutreffend haben Sie genannt: Macht, Kick oder Adrenalin, den eben erwähnten Ruf, Geld, Drogen, Alkohol, falsche Freunde, Vorbilder, Provokationen und Wut.

K: Ja.

I: Und von diesen damaligen Gründen wären, so war Ihre Einschätzung vor einigen Wochen, heute noch Alkohol und Provokationen Risikofaktoren – ist das unverändert so?

K: Jetzt nicht mehr so extrem wie damals, aber Alkohol ist ja schon so ein Grund, dass man dann doch mal leichter in was reingerät, was ohne eben nicht passieren würde. Und Provokationen jetzt auch nicht mehr so, dass ich bei jeder Kleinigkeit gleich wieder ausraste oder rot sehe, aber deshalb muss ich mir ja nicht gleich alles gefallen lassen, aber auf jeden Fall warte ich nicht mehr so darauf, ob jemand meint, er muss mich provozieren. Soll

164 Vgl. Kilb 2020

er machen– ich lach darüber. Und so Drogen nehm' ich ja schon lange nichts mehr, also fällt das ja auch schon mal ganz weg.

I: Das haben Sie ja auch bei Stolz [meint: Arbeit mit der Wandzeitung; Anm.] erwähnt, dass Sie seit jetzt fast acht Monaten gar nichts mehr konsumiert haben.

K: Stimmt.

I: Und geht auch?

K: Geht sogar sehr gut.

I: Noch eine richtige Entscheidung.

K: Auf jeden Fall, ja.

I: Zu Beginn haben Sie gesagt, dass schon ‚lange nichts mehr gewesen ist so richtig'. Was glauben Sie, woran das liegt? Gab es keine Sie provozierenden Situationen mehr oder legen Sie es einfach gar nicht mehr darauf an oder bewerten einige Situationen einfach anders?

K: Alles davon würde ich sagen. Auf jeden Fall mach ich nicht mehr so die Welle wie früher, und ich muss auch nicht mehr sofort immer reagieren, wenn mich jemand provozieren will, das geht da rein und da wieder raus. Und die Angstschiene muss auch nicht mehr sein. Warum sollten Leute Angst vor mir haben? Das ist so ein unnötiges Denken. Und ich hab auch gemerkt, wenn ich ruhiger bin, passiert auch viel weniger Stress allgemein.

I: Wenn Sie das so beibehalten, kommen Sie ganz dicht ran an die hundert Prozent.

K: Da bin ich ja schon fast angekommen. Gut, ein bisschen was fehlt noch, aber ich bin ganz kurz davor.

I: Wir hatten ja auch darüber gesprochen, was alles dazu beiträgt, dass Sie momentan von der kriminellen Bahn abgehalten werden. Da haben Sie genannt: Beziehung, Job, korrekte Freunde, Familie, Drogenverzicht. Diese Gründe treffen nach wie vor alle zu?

K: Ja.

I: Haben die Leute, die hier für Sie wichtig sind – Freundin, korrekte Freunde, Familie – sich mal dazu geäußert, dass Sie jetzt entspannter und nicht mehr so patenmäßig unterwegs sind?

K: Die finden das auf jeden Fall alle nur gut. Die sagen auch, dass ich stolz darauf sein kann, wie ich das geschafft habe. Obwohl das ja eigentlich normal sein sollte, wie das jetzt ist, aber egal: Jetzt mach ich ja nichts mehr und alle sind damit zufrieden.

I: Damit können auch alle zufrieden sein. Und ‚normal' hin oder her: So wie jetzt war es ja nicht immer und so ganz einfach ist das für Sie ja auch nicht gewesen, dass Sie das jetzt alles so gut auf die Reihe bekommen haben, also passt das schon mit dem ‚stolz-darauf-sein-Können' – keine falsche Bescheidenheit.

K: Danke schön, danke.

I: Gerne doch. Sie haben im Laufe des Trainings und auch hier zwei verschiedene Freundeskreise erwähnt: den ‚falschen' und den ‚korrekten'. Haben Sie zu den sogenannten ‚falschen Freunden' noch Kontakt?

K: Gar nicht mehr. Jedenfalls nicht mehr so wie früher, als man jeden Tag miteinander unterwegs war. Also nicht so, dass wir nun jeden Tag kriminelle Sachen gemacht haben, aber wir waren auf jeden Fall zusammen, und das ist heute gar nicht mehr. Wenn man sich heute sieht, ist vielleicht mal ein kurzes ‚Hallo' und das war's dann aber auch schon.

I: Wissen Sie, ob von diesen ‚falschen Freunden' einige auch diesen Weg eingeschlagen haben, den Sie jetzt gehen?

K: Das weiß ich gar nicht so genau, aber auf jeden Fall sind einige von denen auch im Knast gewesen und einige sind auch jetzt noch da. Ich glaub' einer muss sogar richtig lange sitzen – so für drei Jahre oder so.

I: Sind bei den ‚korrekten Freunden' auch welche dabei, die Sie damals schon gekannt haben, als Sie noch anders unterwegs ge-

wesen sind, also Leute, mit denen Sie damals schon zu tun hatten und die also auch den kriminellen B. kennen?

K: Einer eigentlich nur: L. [Name des Freundes; Anm.]. Und der hat damals schon immer gesagt, ich soll aufhören mit der Scheiße, und der freut sich jetzt auch richtig, dass sich das geändert hat.

I: Beziehungsweise dass Sie das geändert haben.

K: Oder so, ja.

I: Und von Ihrer Freundin gibt es vermutlich doch auch nur Pluspunkte für den straffreien und entspannten und vor allem in Freiheit lebenden B. [s.o.]?

K: Ja, aber die kannte mich ja damals auch noch gar nicht. Die weiß auch so die ganzen Einzelheiten gar nicht, und ich finde, das muss die auch gar nicht alles so genau wissen – jetzt mach ich ja nichts mehr.

I: Stabilisiert zumindest die Beziehung.

K: Ja. Das würde ich auch gar nicht wollen, dass die mich im Knast besuchen kommen muss – dann würde ich vorher Schluss machen.

I: Behalten Sie die Beziehung mal schön so bei, weil das dann ja auch bedeutet, dass Sie in Freiheit leben können. Und die Freiheit können Sie sich selbst garantieren, indem Sie keine Straftaten mehr begehen. Sie sehen, B.: Alles hängt mit allem zusammen.

K: Irgendwie schon, ja.

Es sei an die Anmerkung des 20-jährigen Teilnehmers erinnert: „Für Täter gibt es keine besseren Richter als die in Hamburg." In der Konfrontationsphase wird mit Aussagekarten gearbeitet, um Ansichten zu überprüfen und diese eventuell konträr zu hinterfragen. Jede diskussionswürdige Aussage soll zunächst von der teilnehmenden Person mit einem aus ihrer Sicht zutreffenden ‚Stimmt' oder

‚Stimmt nicht' beurteilt werden, was als Einstieg in die anschließende dialogische Auseinandersetzung dient.

Die Aussagen lauten zum Beispiel

- Mit Gewalt kann man sich Respekt verschaffen;
- Ich habe Angst davor, in den Knast gehen zu müssen;
- Ehrlich gesagt: Ich scheiß auf mein Opfer;
- Meine Freundin/Mein Freund darf alleine in die Disco gehen;
- Manche Menschen haben keinen Respekt verdient;
- Es gibt mir ein gutes Gefühl, dass Leute Angst vor mir haben.

Zwei Beispiele; erstens:

I: D., Sie erinnern sich vermutlich an die Aussagekarten, mit denen wir hier gearbeitet haben, bei denen Sie ‚Stimmt' oder ‚Stimmt nicht' entscheiden sollten?

K: Ja klar.

I: Gut. In diesem Zusammenhang haben Sie bei der Karte ‚Es gibt mir ein gutes Gefühl, dass Leute Angst vor mir haben' davon gesprochen, ‚Ich gebe mir dieses Recht-Zepter' und das wiederum würde Ihnen auch ein ‚sicheres Gefühl' verleihen. Was beinhaltet dieses Recht-Zepter für Sie?

K: Ich bin der Herrscher, der König, ich habe das Sagen und niemand kann mir widersprechen.

I: Menschen Göttern gleich.

K: Was?

I: Das ist ein Buchtitel, und ich glaube, es sind nicht die Götter, die am Ende scheitern, sondern der Mensch, also in diesem Falle Sie, also zumindest, wenn Sie dieses Recht-Zepter nicht irgendwann mal aus der Hand legen.

K: Ja klar, aber das habe ich ja schon längst weggelegt und weggeworfen, weil ich das gar nicht mehr brauche.

I: Trotzdem noch mal zurück zu dieser Zeit: D. hält dieses Zepter in der Hand und spricht: ‚Ich bin der Herrscher, der König, ich habe das Sagen und niemand kann mir widersprechen' – was ist denn passiert, wenn Ihnen doch mal jemand widersprochen hat?

K: Ja, das war dann nicht so schön für denjenigen, weil ich damit ja dann nicht einverstanden sein konnte.

I: Das haben Sie ja nun sehr zurückhaltend formuliert. Wie hat sich das denn in der Praxis bemerkbar gemacht, dass Sie ‚nicht einverstanden sein konnten'?

K: Meistens hat es dann ja körperliche Auseinandersetzungen gegeben. Was anderes ging dann ja auch nicht mehr.

I: Und dann musste der König vor Gericht und da hat das Recht-Zepter keine Wirkung mehr gehabt beziehungsweise jemand anders hat es in der Hand gehalten.

K: Ja, stimmt, da war die Wirkung gleich null.

I: Wie wirkt das aus heutiger Sicht auf Sie, wenn Sie daran denken, was für eine Einstellung Sie damals hatten?

K: Schon komisch oder kindisch und albern irgendwie, aber damals war ich ja auch noch ganz anders drauf, da war das vollkommen normal für mich. Ich hab mich ja wirklich für den Größten gehalten, obwohl ich darüber heute auch nur lachen kann.

I: Ihre Opfer vermutlich eher nicht.

K: Natürlich nicht, aber daran hab ich ja damals gar nicht gedacht – die haben mich kein bisschen interessiert. Mir war das völlig egal, ob ich denen irgendwas gebrochen hatte oder so oder ob die dann noch aufstehen konnten oder nicht.

I: Darüber hatten wir ja auch hier beim Training gesprochen, und aus heutiger Sicht haben Sie dann ja schon eingeräumt, dass Sie damals übertrieben haben. Bei der Karte ‚Ehrlich gesagt: Ich scheiß auf mein Opfer' haben Sie gesagt, dass Ihnen das heute richtig leid tut, vor allem, weil einige Ihrer Opfer überhaupt nichts dafür konnten, weil Sie den Stress regelrecht gesucht hätten.

K: Ja, eigentlich hätte man mich damals wegschließen müssen, damit ich nicht wie ein Wahnsinniger durch die Gegend renne, damit ich überhaupt mal merke, was ich da gemacht habe und wie unnötig das alles gewesen ist.

I: Rückblickend betrachtet ist Ihre Einschätzung zumindest gesellschaftstauglicher als damals. Und die überzeugenden Vorteile sind Ihnen ja auch nicht eingefallen, als Sie auflisten sollten, welche Vorteile es gäbe, wenn Sie Ihre damaligen Verhaltensweisen fortsetzen würden. Erinnern Sie sich an die Übersicht mit den vier Feldern [meint: Vier-Felder-Matrix; Anm.]?

K: Ja klar. Da gab es doch eigentlich gar keine richtigen Vorteile. Was konnte ich denn da schon sagen? Meinen Kopf durchsetzen und sonst gar nichts. Und Nachteile hatte ich doch elf oder so aufgezählt, oder?

I: Gut gemerkt: ein Vorteil, elf Nachteile. Und noch deutlicher war das Verhältnis, wenn Sie Ihr Verhalten ändern würden – nur umgekehrt.

K: Da gab es doch gar keine Nachteile, sondern nur Vorteile.

I: Zwölf Vorteile und gar keine Nachteile sind Ihnen eingefallen.

K: Das muss man sich mal vorstellen. Aber an sowas denkt man in dem Moment auch gar nicht, da ist das Denken auf null geschaltet und man ist nur auf Zerstörung sozusagen. Wenn man das mal aus heutiger Sicht betrachtet, ist das alles nur unnötig und irgendwie völlig krank gewesen.

I: Ihre heutigen Bewertungen – wie ein Wahnsinniger, Denken auf null geschaltet, auf Zerstörung, irgendwie völlig krank – lässt jedenfalls für nachträgliche Heldengeschichten keinen Raum.

Zumindest reden Sie im Nachhinein nichts schön oder versuchen das zu rechtfertigen.

K: Wie soll ich das denn auch jetzt noch schönreden? Da gibt es doch auch gar nichts, was ich da noch irgendwie für mich so darstellen kann, dass ich da irgendwie gut bei wegkomme – das wäre dann ja wirklich schon krank, finde ich.

I: Sie gehen schonungslos ehrlich mit sich um, D.

K: Aber Sie müssen mir doch Recht geben, dass ich da nichts schönreden kann, ohne mich dabei selbst noch anzulügen.

I: Ich hätte Ihnen vermutlich damals an diesem Punkt schon Recht gegeben, D. Lassen Sie uns noch einmal auf die Aussagekarten zu sprechen kommen. Bei der Karte ‚Ich habe Angst davor, in den Knast gehen zu müssen', haben Sie sofort geantwortet: ‚Stimmt nicht, weil ich nichts mehr mache, was mich in den Knast bringen könnte' – diese hundertprozentige Sicherheit besteht immer noch?

K: Ja, natürlich. Daran wird sich auch nichts ändern. Ich weiß ja auch, dass ich aufpasse, mit dem, was ich mache, aber das ist ja nicht kriminell, also kann mir da ja auch schon mal nichts passieren. Und andere Sachen mach ich ja nicht, für die ich Ärger mit der Polizei oder dem Gericht kriegen könnte.

I: Dieses Gefühl der Sicherheit ist doch auch ganz schön, und dafür benötigen Sie nicht einmal irgendein Zepter, sondern nur ein bisschen Vernunft und Verstand. Bei der Nennung der Gründe, die Sie heute davon abhalten, Straftaten zu begehen, haben Sie Freiheit, Familie, Freundin, Freunde, Essen, Klamotten, Hund, eigene Wohnung, kein Kopfkino und keine unnötigen Ausgaben für den Anwalt erwähnt – die Gründe an sich wären doch vor zwei, drei Jahren auch schon bedenkenswert gewesen, oder?

K: Eigentlich schon, aber damals hab ich das gar nicht so als was Besonderes angesehen – das war für mich einfach alles selbstverständlich, darüber hab' ich mir überhaupt keinen Kopf gemacht, und manche Sachen hab' ich auch gar nicht richtig ernstgenommen, wenn da wieder Post vom Gericht oder von der Polizei gekommen ist; manchmal hab ich die ja nicht mal gelesen, weil mich das gar nicht interessiert hat.

I: Diese Ignoranz muss man sich auch erst einmal trauen.

K: Damals war mir das einfach egal, weil ich mir gesagt habe, dass ich für die Sachen, die ich so mache, gar nicht ins Gefängnis kommen kann. Heute weiß ich, dass sowas nicht mehr geht, aber wie gesagt: Damals war ich noch so drauf, dass ich mir das gar nicht vorstellen konnte, weil ich immer gedacht habe, da gibt es andere, die machen viel schlimmere Sachen als ich. Ich hab ja niemanden umgebracht oder zum Rollstuhlfahrer gemacht, sag ich mal.

I: Wenn Sie diesen Maßstab anlegen, erklärt sich natürlich Ihre damalige Denkweise. Wobei man schon sagen muss, dass Sie auch eine gute Portion Glück hatten, dass Sie nicht auf die andere Elbseite [meint: Ort der in Frage kommenden JVA; Anm.] gekommen sind.

K: Irgendwie schon, oder? Heute würde ich auch sagen, dass ich auf jeden Fall Glück hatte, auf jeden Fall.

I: Vor allem, wenn Sie mal bedenken, wofür Sie andere ins Gefängnis schicken würden, als Sie die Strafe für bestimmte Taten zuweisen sollten, die von anderen begangen worden sind [meint: Arbeit mit Zeitungsmeldungen; Anm.]: Sie haben alle ins Gefängnis geschickt. Wäre das der für Sie geltende Maßstab gewesen, wären Sie reingegangen.

K: Das stimmt. Da hätte ich nicht mal Bewährung gekriegt. Aber bei mir waren die Richter nie so streng. Die haben immer noch mal ein Auge zugedrückt, aber viel mehr hätte ich mir dann auch nicht mehr erlauben dürfen, sonst wäre ich auch reingegangen. Ich habe mich ehrlich schon oft gefragt, warum die mich nicht weggesperrt haben, und einmal meinte auch mein Anwalt, dass es jetzt richtig eng wird. Da hatte die Staatsanwaltschaft zwei Jahre gefordert, glaube ich und mein Anwalt hat ganz frech auf Freispruch plädiert, und was soll ich Ihnen sagen: Der ist damit auch glatt durchgekommen!

I: Was Sie heute scheinbar noch überrascht?

K: Ich muss sagen, da hat er schon gut gepokert, aber er ist damit durchgekommen.

I: Beim nächsten Mal würden Sie sich eventuell verzocken.

K: Da wird es kein nächstes Mal geben, das garantiere ich Ihnen hundertprozentig.

I: Garantieren Sie das sich und den anderen Menschen, für die das wichtig sein könnte. Was Sie riskieren, wissen Sie, wenn Sie an die vier Felder denken [siehe oben].

K: Stimmt, da würde ich als Verlierer dastehen.

I: Beziehungsweise sitzen.

K: Dann auf sicher, ja.

I: Noch ein Zitat von Ihnen bei der Karte ‚Manche Menschen haben keinen Respekt verdient‘: ‚Stimmt nicht. Wenn man jeden respektieren würde, würde Vieles gar nicht passieren‘. Das sagt der einundzwanzigjährige D. Hätte der achtzehnjährige D. sich daran gehalten, wäre ebenfalls Vieles gar nicht passiert.

K: Stimmt. Was soll ich sagen? Da kann ich gar nichts gegen sagen.

I: Schließen Sie sich zukünftig der Einstellung des einundzwanzigjährigen an, dann erhöht sich die Chance, dass Ihre Garantie eine hundertprozentige Sicherheit hat.

K: Die hundert Prozent sind auf sicher, die sind auf tausend Prozent sicher.

I: Mehr geht nicht. Gutes Gelingen, D.

K: Danke. Und auch danke dafür, dass Sie mir richtig geholfen haben. Ich bin ja auch kein ganz so einfacher Typ. So am Ende muss ich sagen, ich bin ganz erstaunt, was man über sich erfährt. Das ist richtig gut und hilft einem auch, weil man das alleine so gar nicht alles verstehen könnte.

I: Und ein so schönes Schlusswort entsteht auch nur in einem Dialog – lassen wir es bei diesem schönen Ende.

Beispiel Nummer 2:

I: Sie erinnern sich an die Karten mit den Aussagen: Sie ziehen eine Karte und entscheiden, ob die Aussage auf der Karte Ihrer Meinung nach stimmt oder nicht stimmt.

K: Ja, weiß ich noch. Da ging es viel um Respekt und Gewalt und solche Sachen.

I: Genau.

K: Ja, ja, weiß ich noch.

I: Bei der Karte ‚Mit Gewalt kann man sich Respekt verschaffen' haben Sie gesagt: ‚Stimmt. Stimmt auf jeden Fall. Da, wo ich herkomme, geht das gar nicht anders. Anders verstehen viele das auch gar nicht. Das geht dann nur mit Gewalt. Traurig, aber ist leider so'. Anschließend ging es darum, ob wirklich nur diese eine Möglichkeit gegeben ist, um Respekt zu bekommen.

K: Ja, das war dann ja auch gar nicht so der Respekt, den man bekommt, das war ja eher so angstmäßig dann – weiß ich noch, wie wir darüber gesprochen haben. Aber das ist gar nicht immer so einfach, wenn man da mit bestimmten Leuten zu tun hat. Da kann ich mich nicht hinstellen und sagen: ‚Lass mal reden' – das würden die gar nicht so richtig verstehen dann.

Nun wird beim Einzel-AAT exakt darüber geredet. Zudem erfolgt in dieser Phase die Arbeit mit dem/den Gerichtsurteil/en. Es wird ein Papier erstellt mit der Überschrift: Folgen einer Straf-/Gewalttat für die Täterin/den Täter beziehungsweise für das oder die Opfer.

Es wird im Rahmen der Opferkommunikation dahingehend mit in Zeitungen veröffentlichten Meldungen über Gewaltstraftaten gearbeitet, dass der jeweils vorhandene Unrechtsgehalt benannt und erläutert sowie die daraus resultierende Sanktionswürdigkeit eingeschätzt werden soll. Nicht selten wird im Anschluss an diese Auswertung die selbst erfahrene Strafzumessung mit den Worten beurteilt, dass man *„da ja noch richtig gut wegekommen"* sei oder dass *„ich ehrlich gesagt auch nicht weiß, warum die mich damals nicht reingesteckt haben"*.

Die Kompetenz- und Reflexionsphase beinhaltet neben der Rückschau sowie der damit einhergehenden Aus- und Bewertung der jeweiligen Arbeitsinhalte die Erarbeitung von jeweiligen Vor- und Nachteilen anhand einer Vier-Felder-Matrix bezüglich der beiden Annahmen:

- Wenn ich so weitermache wie bisher versus
- Wenn ich mein Verhalten ändere.

Insbesondere diese erstellte Vier-Felder-Matrix bewirkt oftmals nachhaltige Bewertungseindrücke (*„Darf ich mir das fotografieren?"*) gleichsam nicht selten gar ein Epiphaniasmoment bei den Jugendlichen und jungen Heranwachsenden, da das Schaubild in der Regel unmissverständlich und eindeutig vor Augen hält, dass eine Fortführung bisherigen (kriminellen) Verhaltens eine Negativbilanz an Konsequenzen generieren würde. Demgegenüber wäre eine angestrebte Veränderung gleichsam die Eintrittskarte für die mögliche Teilnahme an einem Leben ohne den permanenten Kontakt zur Justiz – wenn dieser ‚Eintritt' denn gewollt ist. Diese Eindrücke finden sich in vielen der reflektie–renden Abschlussgespräche mit unterschiedlichen Formulierungen wieder. In einer Passage wird dazu gesagt:

I: Mit zunehmendem Alter werden solche Aktionen doch auch zunehmend peinlicher, oder nicht?

K: Ja, natürlich.

I: Stichwort ‚peinlich' – bei der Karte ‚Es gibt mir ein gutes Gefühl, dass Leute Angst vor mir haben', kam spontan Ihre Antwort: ‚Nein, stimmt nicht. Die sollen auch gar keine Angst vor mir haben, sondern Respekt. Obwohl die manchmal bestimmt auch Angst hatten damals'. Und jetzt folgt die beinahe einsichtige Erkenntnis: ‚Aber auf eine Art ist mir das heute tatsächlich schon ein bisschen peinlich, weil ich mich ja sozusagen genauso verhalten habe, wie ich es von anderen niemals akzeptieren könnte. Das heißt ja, ich mache etwas, was ich eigentlich ablehne und womit ich gar nicht einverstanden sein kann'.

K: Ja, das stimmt, und heute ist das ja auch so, und damals war das eigentlich auch schon so. Wenn ich mir das mal überlege, ist das doch eigentlich nur peinlich, wenn man sich wie der letzte Steinzeitmensch verhält, der meint, sein Revier verteidigen zu müssen. Eigentlich unglaublich, wenn man mal ein bisschen darüber nachdenkt.

I: Und jetzt haben Sie, was das Verhalten angeht, den Sprung aus der Steinzeit in das Digitalzeitalter geschafft?

K: Das will ich mal hoffen, dass ich jetzt doch zivilisierter und sozialer rüberkomme.

I: Bei einem Blick in Ihr Urteil lässt sich nachlesen, dass Ihnen im Namen des Volkes deutlich vor Augen geführt werden müsse, ‚dass die körperliche Integrität anderer Personen zu respektieren ist'. Weiterhin hätten Sie ‚die Taten aus nichtigem Anlass begangen' und sie seien ‚völlig sinnlos' gewesen. ‚Der Angeklagte', also Sie, ‚setzt seine Interessen ohne Rücksicht auf die körperliche Integrität anderer durch und schreckt auch vor möglichen schwer-

wiegenden Folgen nicht zurück' – können Sie diese Ausführungen so nachvollziehen?

K: Bezogen auf die Sachen von damals muss ich zugeben, dass das im Nachhinein leider alles so stimmt. Aber damals hab' ich mir darüber gar keinen Kopf gemacht. Das gehört dann auch zu diesen ‚Peinlich-Aktionen'.

I: Wenn in dem Urteil von ‚völlig sinnlos' gesprochen wird und Sie heute von ‚diesen Peinlich-Aktionen' sprechen – erinnern Sie, welchen Sinn die Taten damals hatten?

K: Auf jeden Fall nichts, was ich irgendwie als guten Grund angeben könnte, da fällt mir nichts ein – leider. Das war so auf doof und eben sich beweisen müssen und so auch einfach, weil man Bock darauf hatte.

I: Das sind ja zumindest zwei Gründe – unabhängig davon, ob die sinnvoll sind, aber damals haben sie dem Ganzen einen Sinn gegeben. Und an einer Stelle des Urteils heißt es ja tatsächlich, es hätte Ihrerseits eine gewisse ‚Lust am Konflikt' gegeben, also ist zumindest der Eindruck entstanden, dass Sie es auf Stress angelegt hätten

K: Das stimmt wohl auch, leider, ja.

I: Solche peinlichen Aktionen finden bei Ihnen heute nicht mehr statt?

K: Ich bitte Sie – das wäre dann ja wohl nur noch peinlich, oder finden Sie nicht?

I: Können diese Augen lügen, S.? Wie begründen Sie Ihre diesbezügliche heutige Sicherheit?

K: Was soll mir das bringen, Herr Schawohl? Wir haben doch die Vorteile und Nachteile alle aufgeschrieben, die es gibt, wenn ich da nichts ändern würde (meint: Arbeit mit der Vier-Felder-Matrix; Anm.], und da gab es doch gar keine Vorteile, wenn ich weiter so unterwegs sein würde, aber dafür umso mehr Nachteile. Wenn ich das jetzt nicht verstehe, verstehe ich das doch niemals mehr.

I: Wenn die Augen tatsächlich nicht lügen, klingt das ja durchaus nach der Einsicht, von der wir schon gesprochen haben beziehungsweise von einer bestimmten Stufe der Weisheit, wie Sie es genannt haben.

K: Ja, mein Weg soll jedenfalls in diese Richtung gehen, dass sowas nicht mehr stattfindet.

Von daher wäre die Erinnerung dieser Bilanz sowie die daraus resultierenden Konsequenzen immer mit in die Waagschale zu werfen, falls es zukünftig mögliche Konfliktsituationen geben sollte, in denen diese Überlegung eine Rolle spielen könnten.

Abschließend erhält die teilnehmende Person einen bescheinigenden Bericht sowie ein Zertifikat. Der Bericht wird zunächst besprochen und danach ausgehändigt. Eine Kopie wird der fallzuständigen Person der Gerichts- respektive der Bewährungshilfe zugestellt.

Die curricularen Eckpfeiler des Einzel-Anti-Aggressivitäts-Trainings (Einzel-AAT)® in der praktischen Anwendung

Die curricularen Eckpfeiler des Einzel-AATs lauten:

1. Biografiearbeit;
2. Aggressivitätsauslöser;
3. Aggressivität als Vorteil;
4. Selbstbild zwischen Ideal- und Realselbst;
5. Neutralisierungstechniken;
6. Opferkommunikation/Opferperspektive;
7. Zukunftsperspektive.

Anhand von Dialog-Beispielen aus bisherigen Einzel-AATs soll ein Eindruck davon vermittelt werden, welche perspektivischen Möglichkeiten eine gelingende Praxis-Umsetzung für die Klientel generieren kann, ohne dass dabei die konfrontative Komponente verlorengeht. Die aufmerksame Leserschaft wird bemerken, dass einige der Passagen in Teilen bereits an anderer Stelle Erwähnung gefunden haben - gleichwohl werden diese hier erneut verwendet, um die Zusammenhänge der curricular-inhaltlichen Bezüge erkennbar werden zu lassen sowie den Theorie-Praxis-Transfer zu verdeutlichen.

1. Biografiearbeit

Dieser Auftakt bedarf seitens der teilnehmenden Person keinerlei Vorbereitung, da die bisherige Biografie als solche feststeht - gleichwohl werden hier Einblicke, Rückblicke und Ausblicke ermöglicht.

Im Rahmen der Integrationsphase werden auf einem Flipchart-Papier folgende biografische Daten der teilnehmenden Person notiert:

- Name;
- Geburtsdatum und - ort;
- bisheriger schulischer und beruflicher Werdegang: Schule/Studium/Ausbildung/Job/Beschäftigung;
- Familie;
- Wichtige Beziehungen.

Diese Übersicht gestattet einen konstruktiven Einstieg in die weitere Arbeit, da hier gleichsam eine interpersonale Bereitschaft ausgeformt wird, die seitens der Trainerperson wertschätzendes Interesse sowie vorurteilsfreie Offenheit für einen Teil des bisherigen Lebensweges des Gegenübers signalisiert und seitens der teilnehmenden Person einen ersten gleichsam überprüfenden Schritt erlaubt, inwieweit mit anvertrauten Informationen wiederum ein vertrauenswürdiger und respektvoller Umgang erfolgt, der der zugesagten Verschwiegenheit sowie dem wertschätzenden Miteinander gerecht wird und die Basis fundamentiert, um im weiteren Verlauf tiefergehende Einblicke zu ermöglichen.

Bereits zu diesem Zeitpunkt können Privatissima formuliert werden, die zugleich als persönliche Einladung verstanden werden können: „Erzähl es, damit du es besser verstehst!“[165], denn „man ist den anderen am nächsten, wenn man über sich selbst spricht“[166]. Zudem generiert das vom Dialog geprägte Setting die perspektivische Komponente; es ist ein Zusammenkommen, „um - zögernd und über Umwege - Schritt für Schritt den anderen zu ‚erfahren‘“[167]

165 Lenz/Greiner/Sussebach 2015, S. 417
166 Walser/Augstein 2017, S. 278
167 Kampa 2015, S. 494

sowie eben auch sich selbst; „es entsteht [gleichsam] ein Raum, in dem Dinge noch erwogen werden können“[168]. Dadurch wiederum lassen sich Handlungsmöglichkeiten erahnen und entwickeln sowie Handlungsräume eventuell generieren und erweitern[169].

Wird es der Klientel ermöglicht, vertrauensvolle Offenheit zu wagen, um einen mit individueller Auswirkung gültigen perspektivischen Zugewinn zu schaffen, lässt sich das dann im Resultat so beschreiben:

I: Wann ist Ihnen denn klar gewesen oder klar geworden, dass das hier für Sie passen würde vom Stil her?

K: Eigentlich schon bei dem ersten Mal, als ich hier gewesen bin [meint: Termin für das Vorgespräch; Anm.] und wir so gesprochen haben, was hier stattfindet und wie das abläuft alles. Da hab' ich schon gemerkt, dass das hier in Ordnung ist und dass Sie vernünftig mit einem reden so.

I: Hat Sie das überrascht?

K: Dass hier so geredet wird, meinen Sie?

I: Ja, dieses Respektvolle und Menschliche, so wie Sie es [zuvor] beschreiben – was hätten Sie denn stattdessen erwartet?

K: Ja, so, dass man hier irgendwie anders…, ja, dass so auf ‚Wer-bist-du-denn-eigentlich?' oder so ‚Fertig-gemacht-Werden' eben – sowas vielleicht. Das hab' ich ja so auch schon mal in einer Gruppe mitgemacht – da bin ich dann aber nur einige Male hin und dann nicht mehr, aber so wie hier ist das auf jeden Fall besser für die Leute, denke ich mal.

I: Wie kommen Sie darauf, dass das so ‚wie hier auf jeden Fall besser für die Leute' ist?

168 Rhode/Schmidbauer 2017, S. 14
169 Vgl. Klatetzki 2019

K: Ja, ich denke mal, dass man so dann eher sagt, worum es geht, also dass man bei den Themen auch mehr mitarbeitet, weil man ja weiß, dass einem selbst das auch was bringt dann, weil es ja immer um einen selbst geht und nicht um ‚Herrn Irgendwen' oder ‚Herrn Sowieso'. Und auch, wenn man weiß, dass Sie das auch so verstehen können, was man sagt, weil Sie davon ganz gut Ahnung haben; auch so vom Knast und was das bedeutet, wenn man da mal drin war und so. Ich betrachte das hier auch gar nicht als Strafe, sondern als Hilfe. Wenn ich hier nur herkomme und dann immer nur sage: ‚Weiß ich nicht' oder ‚Will ich nicht' oder ‚Interessiert mich doch nicht', dann bringt das ja auch nichts. Aber so wie hier ist das dann ja auch so gewesen, dass man sich überlegt, was man dann sagt und man dann auch das Gefühl hat, das bringt einem selbst was und man macht sich da auch schon mal einen Kopf so danach, was hier so gesprochen wurde.

I: Gab es das bei Ihnen manchmal nach einem Termin, dass Sie sich gedanklich noch länger damit beschäftigt haben?

K: Ja klar, eigentlich war das jedes Mal so bei mir. Und ich hab' mir dann schon so überlegt, was man denn so in bestimmten Situationen anders machen kann als bisher, weil sonst ja auch nur die Liste mit den Nachteilen immer größer wird, so wie wir das hier auch gesehen haben als da die Gründe standen mit den Vorteilen und den Nachteilen [meint: Arbeit mit der Vier-Felder-Matrix; Anm.].

I: Und dann gelangen Sie zu dem Ergebnis: ‚Weiter so' ist die schlechtere Alternative?

K: ‚Weiter so' ist die Alternative, die mich in den Knast bringt, also die allerschlechteste Alternative.

I: Die Variante ‚Ich ändere mein Verhalten' bedeutet für Sie richtig viele Vorteile.

K: Nur Vorteile für mich – da gab es ja keine Nachteile bei dem Kasten.

I: Würden Sie aus heutiger Sicht immer noch zu dem Ergebnis gelangen, dass diese Änderung für Sie keinerlei Nachteile hätte?

K: Hundertpro.

I: Würden andere Personen aus Ihrem Umfeld diese Einschätzung genauso teilen?

K: Ich denk mal schon, die haben ja auch eigentlich nur Vorteile davon.

I: Sie denken an Ihre Familie?

K: Genau. Für die ist das ja auch nur gut, wenn dieser Ärger rundherum so mal aufhört.

I: Was meinen Sie mit ‚Ärger rundherum'?

K: So alles, was damit zusammenkommt, wenn ich wieder Scheiße gebaut habe: Polizei, Briefe vom Gericht, Termine hier, Termine da, Geld für den Anwalt – das ist ja auch alles immer Stress für meine Mutter vor allem und für die ist das auf jeden Fall schon mal besser so.

I: Also auch für Ihre Mutter ein riesiger Vorteil und vor allem weniger Sorgen.

K: Ja. Ich hab meiner Mutter die Tränen weggewischt. Und für mich ist doch auch gut, wenn ich weiß, dass sie sich dafür keine Sorgen mehr machen muss.

I: Das ist schon mal gut gedacht von Ihnen und das haben Sie dann auch gut und richtig gemacht, wenn Sie das so beibehalten.

K: Das muss so bleiben – ich will auf jeden Fall alles dafür geben.

I: Lohnt sich auf jeden Fall.

K: Ja.

Dieser biografische Minimalaspekt ist zumindest eine gehaltvolle Ergänzung und Bereicherung für den Absolventen des Einzel-AATs.

Eine Verwebung der eigenen Biografie mit der möglichen Biografieentwicklung des Sohnes klingt nachfolgend in zwei Beispielen an:

I: Bei der Karte ,Mit Gewalt kann man sich Respekt verschaffen' haben Sie gesagt: ,Stimmt. Stimmt auf jeden Fall. Da, wo ich herkomme, geht das gar nicht anders. Anders verstehen viele das auch gar nicht. Das geht dann nur mit Gewalt. Traurig, aber ist leider so'. Anschließend ging es darum, ob wirklich nur diese eine Möglichkeit gegeben ist, um Respekt zu bekommen.

K: Ja, das war dann ja auch gar nicht so der Respekt, den man bekommt, das war ja eher so angstmäßig dann – weiß ich noch, wie wir darüber gesprochen haben. Aber das ist gar nicht immer so einfach, wenn man da mit bestimmten Leuten zu tun hat. Da kann ich mich nicht hinstellen und sagen: ,Lass mal reden' – das würden die gar nicht so richtig verstehen dann.

I: So ähnlich haben Sie das vor einigen Wochen auch erklärt. Nun wohnen Sie ja noch immer dort, also ist dieses ,Da,-wo-ich-herkomme' ja nach wie vor Ihr Umfeld, und trotzdem hatten Sie seit Monaten keine Gewaltaktionen mehr dort – wie kommt's?

K: Ja, das ist ganz einfach: Ich bin ja älter geworden jetzt, und dann muss sowas auch nicht mehr jeden Tag passieren, und mit mir legt sich da auch keiner an.

I: Weil?

K: Weil die wissen, dass das nichts bringt. Aber ich hab da auch gar nicht so die Probleme mit den Leuten, dass was passieren könnte. Wie gesagt: Ich bin älter geworden.

I: So wie die meisten von uns, wenn nichts dazwischen kommt. Nur: Das Älterwerden alleine begründet ja nicht, dass Sie bestimmte Probleme mit bestimmten Leuten nicht mehr haben, oder?

K: Aber wenn ich älter werde, bin ich ja dann nicht mehr so unterwegs wie früher. Man wird mehr vernünftig und ist auch nicht mehr überall gleich dabei, wenn jemand sich fetzt. Früher waren wir so in diesem Rausch. So mit dreizehn, vierzehn, fünfzehn, sechzehn – da waren wir so drauf.

I: Allerdings sind Sie immer noch in derselben Umgebung unterwegs: ‚Da, wo ich herkomme, geht das gar nicht anders', lautet Ihr Zitat. Und das hat mit dem Alter nichts zu tun.

K: Das geht doch aber gar nicht, dass ich immer noch solche Sachen mache wie früher. Ich muss mich doch jetzt auch mal so verhalten, dass ich erwachsen rüberkomme.

I: Und das würde für Sie bedeuten, ohne körperliche Auseinandersetzungen?

K: Genau. Früher gab es da so ein paar Personen, die Theater gemacht haben. Wenn man das mit denen dann geregelt hat, dann hat sich das angefühlt wie ein Sieg. Aber auf eine Art ist mir das schon ein bisschen peinlich, weil das ja heißt, dass man ‚asi' rüberkommt. Aber die Kinderzeiten sind endgültig beendet.

I: Zumindest für Sie. Und Ihre Kinder werden größer und dann geht es eventuell für Sie aus väterlicher Sicht weiter.

K: Oh je, hoffentlich nicht. Ich will ja nicht, dass mein Sohn so wird wie ich.

I: Wenn er den Vater als Vorbild nimmt?

K: Nicht bei der Scheiße, die ich gebaut habe. Entschuldigung, wenn ich das so sage, aber das muss mein Sohn sich nicht antun.

I: Wenn Sie jetzt noch einmal an Ihre Aussage denken, dass es dort, wo Sie herkommen, ‚gar nicht anders geht' – und da wird Ihr Sohn nun aufwachsen.

K: Ja, schon, aber ich werde darauf achten, dass er nicht so aufwächst wie ich.

I: Was wird denn nach Ihrer Vorstellung in jedem Falle für Ihren Sohn anders als bei Ihnen?

K: Schon mal, dass er nicht so in diese kriminelle Schiene gleich reinkommt, sag ich mal. Er muss nicht woanders hingehen und die Leute abziehen oder sich von anderen irgendwie verleiten lassen, dass er mit denen irgendwas macht.

I: Was meinen Sie damit genau?

K: Ja, zum Beispiel, wenn er sieht, dass jemand das neueste Smartphone hat oder was weiß ich – dann muss er nicht sagen: ‚Das will ich jetzt haben, weil ich auch sowas haben muss, damit alle sehen, dass ich mir sowas leisten kann'. Wenn er ein Smartphone haben will, dann soll er zu Mama oder zu Papa kommen und dann gucken wir, ob wir uns sowas leisten können überhaupt.

I: Das hört sich vernünftig und zugleich anspruchsvoll an. Vor allem, wenn Sie Ihre eigene Einschätzung bedenken, was Ihre Gegend betrifft: ‚Da wo ich herkomme, geht das gar nicht anders' – das klingt nach möglichen Problemen.

K: Dann müssen wir unserem Sohn eben erklären, dass nicht jeder ein Smartphone oder sonst was haben kann, weil andere Sachen wichtiger sind. Und wenn dann noch Geld übrig ist, dann kann man vielleicht gucken, was man davon kauft oder ob man was davon spart – das ist ja auch wichtig.

I: Was sollte für Ihren Sohn denn noch anders verlaufen als in Ihrer Kinder- oder Jugendzeit?

K: Auf jeden Fall bekommt mein Sohn mehr Zeit mit seinem Vater. So, dass man auch mal gemeinsam irgendwas unternimmt: Schwimmen gehen, irgendwo an den Strand oder zum Fußballspielen oder sonst was – keine Ahnung, aber auf jeden Fall, dass man auch mal zusammen was macht. Wenn ich keine Zeit mit meinem Sohn verbringen will, dann muss ich doch gar nicht erst Kinder haben, denk ich mal.

I: Gemeinsame Zeit macht auf jeden Fall Sinn. Das war bei Ihnen anders?

K: Sowas gab's fast gar nicht. Wie denn auch, wenn mein Vater die meiste Zeit im Gefängnis war. Und meine Mutter hatte genügend andere Sachen, um die sie sich kümmern musste oder bei denen sie meinte, dass sie sich lieber darum kümmern muss.

I: Davon haben Sie ja auch einiges beim ‚Referat' berichtet.

K: Genau.

I: Zumindest können Sie Einfluss darauf nehmen, dass der Vater Ihres Sohnes nicht ins Gefängnis kommt.

K: Wie meinen Sie das? Ach so, ja klar! Ne, das wird auf alles in der Welt nicht passieren. Niemals, niemals, nie, nie, nie.

Das zweite Beispiel:

I: Hatten Sie irgendwann – vor oder nach der Geburt – mal das Gefühl, die Vaterrolle nicht schaffen zu können?

K: Dass ich jetzt kein guter Vater bin oder kein guter Vater sein kann, meinen Sie?

I: Gar nicht mal diese Zuschreibung ‚guter Vater', sondern eher in die Richtung gedacht, dass Sie aus Ihrem Elternhaus ja nun kein Vorbild dafür hatten, was eine gelingende Vater-Sohn-Beziehung ausmachen sollte, wenn es diese denn geben würde.

K: Ach, so meinen Sie das. Ne, da hab ich mir gleich gesagt, dass mein Sohn auf jeden Fall einen richtigen Vater bekommt, also jemand, der auch wirklich für ihn da ist und nicht so dieses scheißegal, was mit meinem Sohn ist – soll er doch selbst sehen, wie er zurechtkommt, interessiert mich doch nicht.

I: Was bedeutet die Formulierung ‚richtiger Vater' für Sie?

K: Ja, dass ich für meinen Sohn also da bin, immer da bin, dass er sich darauf auch verlassen kann zu hundert Prozent. Er soll wissen, dass seine Eltern sich um ihn kümmern und er für die nicht egal ist, also dass den Eltern nicht egal ist, was mit dem Kind passiert – so mein ich das.

I: Diese Gleichgültigkeit haben Sie in Ihrer Kindheit so erlebt?

K: Nur, ja.

I: Wer hat sich denn um Sie gekümmert, wenn Sie Hilfe oder Unterstützung benötigt haben?

K: Niemand eigentlich wirklich. Wenn mal was war in der Schule oder so, dann hat meine Mutter immer gesagt: ‚Jetzt muss ich mich wieder um Deinen Scheiß kümmern, immer muss ich mich um Deine Scheiß-Angelegenheiten kümmern – wieso immer ich?'. So auf diesen ging das dann, aber so richtig interessiert hat die das dann auch nicht, die war einfach nur genervt, wenn wieder mal was war, wo sie dann so keine Zeit hatte, um ihren Kram zu machen.

I: ‚Ihren Kram machen' meint was?

K: Rauchen, saufen, fernsehen, rumhängen einfach nur – was anderes hat die ja nie gemacht.

I: Und Ihr Vater war auch nicht da, das haben Sie beim Referat ja bereits erwähnt.

K: Der hat den Namen ‚Vater' gar nicht verdient. Wenn jemand nur Vater heißt, ohne Vater zu sein, dann ist er kein Vater. Und mein Vater war niemals Vater, der war im Knast. Der war eigentlich immer nur im Knast: Bei meiner Geburt, als ich zur Schule gekommen bin, wenn irgendwas mit den Lehrern zu klären war – der war immer weg. Und dann war er mal kurz draußen und dann ist er abgeschoben worden und darf jetzt fünf oder sechs Jahre oder so nicht wieder zurück nach Deutschland. Also kann man auch so sagen: Mein Vater war eigentlich immer irgendwie nicht da und meine Mutter war zwar schon da, aber irgendwie immer so abwesend, also auch keine Hilfe für mich. Asi-Eltern eben – ist so.

I: Sie haben jedenfalls Ihre klare Meinung dazu.

K: Ja, kann ich ja auch nicht mehr ändern jetzt.

I: Allerdings selbst besser machen, was Ihnen für den Anfang als stolzer Papa ja scheinbar auch ganz gut gelingt.

K: Das muss auch so bleiben.

Aus Sicht des Sohnes wird diese Betrachtung geschildert:

I: Sie haben bei dem sogenannten ‚Referat' bei der Kombination Freude – Familie erwähnt, dass Ihre größte Freude ist, dass es Ihrem Vater gesundheitlich wieder einigermaßen gut geht.

K: Das stimmt. Mein Vater hat ein Bein amputiert bekommen und muss im Rollstuhl sitzen. Und dann hatte er immer wieder neue Probleme mit seinem Herz, und das hat richtig lange gedauert, bis er dann die Medikamente nehmen konnte, die auch helfen, weil die im Krankenhaus erst gar nicht richtig gewusst haben, woran das liegt und welche Tabletten er haben muss. Mein Vater war auch lange im Krankenhaus deswegen, und einmal sogar so, dass die Ärzte gedacht haben, dass er das gar nicht mehr schaffen wird. Und deshalb ist das richtig Glück für die ganze Familie, dass er jetzt seine Tabletten hat, damit die Herzprobleme besser kontrolliert werden können.

I: Und insofern wäre das für Ihren Vater ja auch nicht unbedingt gesundheitsfördernd, wenn er hört, dass Sie ins Gefängnis müssten.

K: Bloß nicht daran denken! Wie wäre das denn, wenn ich wüsste, dass es meinem Vater dann noch schlechter geht und ich bin daran Schuld. Nein, das will ich mir gar nicht erst vorstellen.

I: Ist auch kein schöner Gedanke. Vor allem, weil Sie bei der Kombination Glück – Familie ebenfalls die Situation mit Ihrem Vater erwähnt haben, und das würde ja so gesehen bedeuten, dass Sie derjenige wären, der dieses Familienglück zerstört.

K: Das dann auch noch – nein, das würde ich mir nie verzeihen können.

I: Also bleibt es bei den hundert Prozent.

K: Auf jeden Fall.

Ebenfalls mit generativer Perspektive berichtet ein 19-jähriger Teilnehmer:

I: Und dann kommt bei Ihnen ja noch dazu, dass dann nicht Ihre Wohnung, sondern das Haus Ihrer Großeltern gestürmt worden wäre.

K: Das wäre gar nicht gegangen. Meine Oma hätte… – weiß ich gar nicht, was mit der passiert wäre, will ich mir aber auch gar keinen Kopf machen, aber schön wäre das jedenfalls nicht gewesen.

I: Davon kann man wohl ausgehen. Allerdings: Wenn Sie jetzt juristisch nichts Neues abliefern, sind doch alle Beteiligten auf der sicheren Seite.

K: Neues gibt es von mir nicht mehr – gibt nur noch gute Neuigkeiten ab jetzt.

I: Da werden Oma und Opa sich freuen.

K: Das muss auch so sein. Das reicht schon, wenn da immer die Post für mich ankommt und da ist wieder irgendein Polizeibrief oder sonst was dabei. Dann muss ich das immer so erklären, dass Oma nicht gleich einen Herzkasper kriegt und Opa natürlich auch nicht.

I: Bei dem, was Sie so über Ihre Großeltern erzählt haben, müssten Sie sich doch schon deswegen mit solchen Aktionen zurückhalten, weil Sie doch beim ‚Referat' gesagt haben, dass Sie ohne Oma und Opa schon lange im Knast gelandet wären.

K: Das stimmt. Ohne die wäre ich schon längst weg. Wenn die mich nicht aufgenommen hätten, wäre ich richtig, richtig auf die kriminelle Schiene gekommen. Was hätte ich sonst auch machen sollen? Ich hatte keine Wohnung, keinen Job, kein Geld, und die Jungs mit denen ich war, hätten auch nur so den kriminellen Ehrgeiz gehabt, dann wäre der Knast für mich sicher gewesen.

I: Direkt aus dem Haus der Großeltern in den Knast wäre ja der Horror gewesen – vor allem für Oma und Opa.

K: Hören Sie auf, daran will ich gar nicht erst denken.

I: ‚Die beste und liebste Oma der Welt' haben Sie beim ‚Referat' gesagt. Und dann hätte ‚die beste und liebste Oma der Welt' eben in den Knast kommen müssen, wenn Sie ihren Enkel hätte sehen wollen – wie unwürdig.

K: Bitte, Herr Schawohl – das hätte ich gar nicht zugelassen! Stellen Sie sich das doch mal vor: Meine Oma soll mich da besuchen kommen!

I: Stellen Sie sich das mal vor, S., oder noch besser: Tun Sie alles dafür, dass niemand sich das überhaupt vorstellen muss.

K: Horror!

I: Und Sie können diesen Horror verhindern.

Ein abschließendes Beispiel, dass die unabdingbar erforderliche Sensibilität für die gelingende Praxisumsetzung dieses konfrontativ-individualisierten Angebotes offenlegt, da ein 19-jähriger Teilnehmer im Rahmen der Biografiearbeit mit beeindruckender Gefasstheit und bereitwilliger Offenheit die Geschichte seiner Flucht erzählt:

I: Können Sie über Ihren Weg von Syrien nach Deutschland etwas sagen?

K: Ja – soll ich alles erzählen?

I: Erzählen Sie das, was Sie erzählen wollen, B. – das, was Sie erzählen wollen und was Sie erzählen können.

K: Ich kann Ihnen alles erzählen. Wir sind mit ganz vielen Leuten bei uns aus dem Dorf losgefahren. Das waren insgesamt so dreißig Personen. Von uns waren das meine Eltern, mein großer Bruder, meine Schwester, mein kleiner Bruder und ich. Die Familie von meinem Onkel war auch komplett mit dabei. […]. Das Boot ist dann immer wieder ins Schaukeln gekommen und einige sind ins Wasser gefallen, mein Bruder und meine Schwester auch. Meine Schwester hat es wieder ins Boot geschafft, von meinem Bruder hab' ich dann nur noch die Hand gesehen, bevor er untergegangen ist. […].

Ausführlicher soll dieser Passus an dieser Stelle nicht wiedergegeben werden[170], sondern lediglich andeuten, mit welcher Bedeutsamkeit biografische Narrative beim Einzel-AAT zu berücksichtigen sind.

170 Vgl. Schawohl 2024

2. Aggressivitätsauslöser

Menschen „verhalten sich (nur selten) blind und wahllos aggressiv. Viel eher treten aggressive Handlungen zu bestimmten Zeiten, in bestimmten Situationen, gegenüber bestimmten Gegenständen oder Personen und als Reaktion auf bestimmte Formen der Provokation auf"[171].

Diese Faktoren können bereits in dem obligatorisch geführten Gespräch vor Beginn des Trainings thematisiert werden, indem erkundigt wird:

- „Worauf können Sie denn gar nicht?";
- „Was wäre denn eine Provokation für Sie, bei der Sie sich nur schwer oder gar nicht zurückhalten können?";
- „Gibt es bestimmte Situationen, die für Sie von vornherein mit Stress verbunden sind?";
- „Gibt es bestimmte Personen, mit denen Stress sozusagen vorprogrammiert ist?"

Bereits die darauf erfolgenden ersten Antworten im Rahmen eines Vorgesprächs benennen dann Anhaltspunkte für thematische Inhalte, die während des Einzel-AATs ausführlicher betrachtet werden.

Beispielsweise hat ein junger Heranwachsender (H) (20 Jahre) in dem Vorgespräch gegenüber dem Trainer (T) geäußert, *„dass es auf jeden Fall Probleme gibt, wenn jemand meine Familie beleidigt"*.

T: Über welche Beleidigungen reden wir hier?

H: Wenn zum Beispiel jemand sagt meine Mutter ist eine – ich möchte das Wort hier jetzt nicht sagen, aber Sie wissen vielleicht, was ich meine: ‚F-Punkt-Punkt-Punkt'; also da geht bei mir gar

171 Bandura 1979, S. 139

nichts mehr. Oder wenn meine Schwester von so einem Wichser – entschuldigen Sie, bitte, wenn ich das jetzt so sage –, aber das ist ja leider dann so, angegrabscht oder sonst noch was wird – dann dreh ich komplett durch.

T: Was davon ist schon mal vorgekommen?

H: Dass jemand sowas gesagt hat, meinen Sie?

T: Sowas gesagt hat zu Ihrer Mutter oder sowas getan hat mit Ihrer Schwester.

H: Also so direkt jetzt bisher noch gar nicht – zum Glück.

T: Für Sie oder für andere?

H: Hm, wohl für beide würde ich sagen.

T: Konkret ist aber weder das eine noch das andere bisher vorgekommen?

H: Ne, also so hundertprozentig noch nicht bisher.

Dieses vor Beginn des Einzel-AATs geführte Gespräch mündet während der konfrontativ-individualisierten Tatkommunikation[172] in die systematische Desensibilisierung, damit die Gefühle von Erregung und Anspannung einer Entspannung weichen können, um „Abwehrmechanismen gegen aggressionsauslösende Reize oder Stimuli zu entwickeln"[173].

Während des Einzel-AATs wird der obige Verlauf aus dem Vorgespräch erneut aufgegriffen.

T: Erinnern Sie sich daran, dass Sie mir beim Vorgespräch gesagt hatten, dass Beleidigungen gegen Ihre Mutter oder Übergriffe bezogen auf Ihre Schwester für Sie dazu führen würden, dass dann

172 Vgl. Schawohl 2016
173 Ellis 1987, S. 110

bei Ihnen gar nichts mehr ginge oder dass Sie komplett durchdrehen würden?

H: Ja, ist so – genau.

T: Zumindest wäre es so, sagen Sie, weil es ja bisher noch nie vorgekommen ist, wie Sie gesagt haben.

H: Ja, stimmt, aber man kann ja auch nie wissen, was alles passiert.

T: Das stimmt auch – nur sind ja bisher beide Fälle noch nicht eingetreten. Allerdings mal angenommen, es käme doch dazu, dass irgendein Dahergelaufener Ihre Mutter genauso beleidigt, wie Sie es im Vorgespräch gesagt haben. So: Der sagt dann ja nicht ‚F-Punkt-Punkt-Punkt', sondern in diesem Fall eben ganz frech: ‚Fotze' – und jetzt will ich mit Ihnen gar nicht darüber diskutieren, ob das eine Beleidigung ist oder nicht – ja, das ist eine Beleidigung, und eine ziemlich üble noch dazu. Nur: Was würde Ihre Reaktion bedeuten, wenn Sie sagen, dann würde bei Ihnen gar nichts mehr gehen? Also: Wie würden Sie reagieren?

H: Ich würde den zumindest zur Rede stellen. Was denkt der sich denn dabei, dass er meine Mutter als – na ja, Sie wissen schon, bezeichnet? Dann soll er doch mit seiner Mutter so reden, wenn er meint, dass hätte sie verdient, aber zu meiner Mutter sagt er das nicht.

T: Und wer weiß: Vielleicht sagt der das ja auch zu seiner Mutter. Nur: Wenn Sie das für möglich halten, worüber wollen Sie denn dann mit diesem Menschen reden?

H: Wie meinen Sie das?

T: Na ja: Wenn Sie selbst schon die Vermutung haben oder es zumindest nicht ausschließen würden, dass jemand so mit seiner eigenen Mutter redet, dann kann das Niveau bei dem möglichen Gespräch ja auch nicht so hoch sein, wenn Sie ihn ‚zur Rede stellen', wie Sie es gesagt haben.

H: Ja, schon, aber der kann sich das doch nicht einfach so rausnehmen.

T: Ich stimme Ihnen ja zu, dass das weit unter der Gürtellinie ist, und wenn es bei dem ‚Zur-Rede-Stellen' bleibt, ist es ja auch gut – die Frage ist nur, wie Sie ihn zur Rede stellen?

H: Ich würde ihn direkt fragen, ob er noch alle Latten am Zaun hat, wenn er sowas sagt.

T: Und die Vermutung wäre ja, dass da nicht mal mehr eine einzige Latte nachgeblieben ist – sonst wäre die Beleidigung ja gar nicht erst zustande gekommen.

H: Hm, ja, schon, aber dem muss doch mal jemand klar machen, dass er sich eben auch nicht alles einfach so erlauben kann.

T: Mag sein – nur: Gehen Sie mal davon aus, jemand, der sich so eine Beleidigung Ihrer Mutter gegenüber rausnimmt, macht das auch bei anderen, und Sie können davon ausgehen, dass der früher oder später von irgendjemandem so ‚zur Rede gestellt' wird, dass dabei dann nicht nur geredet wird, sondern die Argumente körperlich ausgetauscht werden – oder um es salopp zu formulieren: Irgendjemand wird dem ohne viel Drumherum ein, zwei Fäuste geben und dann ist die Veranstaltung dort beendet. Und je nachdem wer das dann ist, sitzt der vielleicht anschließend da, wo Sie jetzt sitzen – nur: Sie sind doch jetzt schon hier, also müssen Sie doch da gar nichts mehr nachlegen.

H: Da haben Sie auch wieder Recht, stimmt schon, aber trotzdem geht sowas doch einfach nicht.

T: Ich stimme Ihnen da absolut zu, nur wenn Sie sich darum kümmern und es bleibt nicht bei einem verbalen Austausch, hätten Sie eventuell den anschließenden Ärger und Ihre Mutter würde vermutlich auch nichts davon haben, wenn Sie dann überall sagen könnte: ‚Mein Sohn – ein Held!'

H: Meine Mutter wäre die Erste, die sagen würde, dass ich gar nichts machen soll – die würde das nie und nimmer wollen!

T: Wenn Sie sagen, Ihre Mutter würde das gar nicht wollen – wer will das denn dann?

H: Ich ja eigentlich auch nicht, aber was soll ich denn machen?

T: Was könnten Sie denn machen?

H: Ich kann den doch nicht einfach so da stehen lassen, ohne was zu machen – wie sieht denn das dann aus? Ne.

T: Wenn ich mir das so vorstelle, würde ich sogar sagen, die Runde ginge ganz klar an Sie.

H: Wie meinen Sie das?

T: Wenn der da so beleidigend umherhustet und Sie lassen den da kommentarlos ‚einfach so da stehen', dann ist der mit seinem Hustenanfall doch bei Ihnen zu einhundert Prozent gescheitert, weil Sie sich nicht haben anstecken lassen.

H: Ach so meinen Sie das. Ja, dann schon, aber ich kann doch auch nicht zulassen, dass der das überall rumerzählt, dass ich nichts gemacht habe.

T: Sie haben dann ja was gemacht: Nämlich ihn da stehen lassen. Gehen Sie davon aus, der findet einen unentspannten Typen, der ihm eine verpasst und dann hat der vermutlich nicht mehr nur seinen Husten.

H: Hm,…

T: Und Ihre Mutter, die ‚nie und nimmer' wollen würde, dass Sie was machen, wäre vermutlich damit auch einverstanden.

H: Wenn man das so sieht, stimmt das schon, was Sie sagen.

T: Nützt nur nicht wirklich was, wenn Sie das völlig anders sehen.

H: Sie haben ja eigentlich Recht mit dem, was Sie sagen, aber ich weiß nicht, ob ich das so könnte in so einer Situation.

T: Na ja: Entweder Sie müssen das gar nicht erst überprüfen, ob Sie das können, wenn es so bleibt wie bisher, weil es ja noch nie vorgekommen ist, oder Sie nehmen sich für den Fall, dass es tatsächlich mal passiert, vor, es dann mal auszuprobieren, und ich bleibe dabei: Die Runde würde einhundertprozentig an Sie gehen.

H: Wahrscheinlich haben Sie Recht, wenn man das so sieht.

T: Ich glaube, es könnte sich lohnen, das so zu sehen.

H: Oh, Mann, aber das stimmt schon irgendwie. Hoffen wir mal, dass das nie passiert, dann gibt es diese Probleme gar nicht erst.

T: Und wenn Sie nicht mitmachen, wenn's passiert, passiert Ihnen zumindest juristisch nichts und Ihre Mutter würde dann deswegen sagen können: ‚Mein Sohn – ein Held!'

H: Die würde das auf jeden Fall feiern – ja.

T: Feiern Sie mit.

H: Hm, ja – wenn man sich das mal so überlegt, wie wir das hier jetzt besprechen, muss man das ja eigentlich genau so machen, wie wir das gerade gesagt haben, aber wenn man dann in so einer Situation ist, denkt man da vielleicht gar nicht so dran, weil man dann auch völlig im Stressmodus so gefangen ist irgendwie.

T: Deshalb macht es ja auch Sinn, dass Sie sich vorher einen Kopf darüber machen, wie Sie mit so einer möglichen Situation umgehen würden, wenn diese denn mal auftreten würde – deshalb macht es ja auch Sinn, dass wir jetzt darüber sprechen und nicht im Nachhinein bei einem Wochenrückblick, wenn ich Sie frage, ob es irgendwo Stress, Ärger oder Probleme gegeben hat und Sie mir dann so einen Vorfall berichten.

H: Stimmt, das muss auch nicht sein.

T: Stimmt.

H: Ja.

T: Schauen Sie mal, was Sie zu Beginn gesagt haben, was Ihr Ziel hier ist, was Sie bis zum Ende des Trainings erreicht haben wollen: ‚Bevor ich irgendetwas Dummes mache, erst mal den Kopf einschalten – also: Erst denken, dann handeln' – diese Reihen-

folge macht Sinn und deshalb sollten Sie an diesem Ziel mal schön festhalten.

H: ‚Erst denken, dann handeln' – ja, stimmt – ist ja auch eigentlich logisch so.

T: Zumindest eben sinnvoll.

H: Auf jeden Fall.

T: Also werden wir im Laufe des Trainings schön weiter daran arbeiten, dass Sie davon so überzeugt sind, dass Sie das dann auch für draußen so verinnerlichen können, dass diese übersichtliche Reihenfolge nicht durcheinander gerät.

H: So schwer ist das ja nicht, wenn man das will, denk ich mal.

T: Wollen Sie das denn?

H: Auf jeden Fall – deshalb bin ich ja hier, um das zu lernen.

Ein weiterer Verlauf sei im Folgenden dargestellt:

I: Gibt es Menschen in Ihrem Umfeld, denen aufgefallen ist, dass Sie sich verändert haben oder dass Sie anders drauf sind als vor einigen Monaten oder vor einem Jahr?

K: Ja, schon. Meine Mutter merkt das auf jeden Fall und auch meine Freundin. Das ist ja schon auch leichter für die jetzt, wenn die wissen, dass ich keine Zeitbombe mehr bin so wie früher.

I: Ist das mit der ‚Zeitbombe' Ihre Formulierung oder haben das andere so geäußert?

K: Das hab ich jetzt so gesagt, aber für andere muss das so rübergekommen sein, wenn damals irgendwas gewesen ist, dass die dann immer denken mussten, jetzt hat der schon wieder einen seiner Anfälle.

I: War das damals so?

K: Eigentlich schon, muss man eigentlich so sagen. Da hat schon eine klitzekleine Kleinigkeit gereicht, dass ich gedacht habe, da muss ich jetzt was machen, das geht gar nicht, wenn ich da jetzt nichts mache.

I: Können Sie dafür mal ein Beispiel nennen, dass Sie in einer Situation gedacht haben, ‚da muss ich jetzt was machen'?

K: Na ja, wenn zum Beispiel einer was gegen die Familie gesagt hat oder so, dann hab ich gar nicht erst gewartet, ob der sich dann vielleicht noch entschuldigt oder so oder ob der das vielleicht gar nicht so gemeint hat dann – das war mir eigentlich auch egal, da bin ich gleich raufgegangen.

I: ‚Raufgegangen' heißt, es gab Fäuste?

K: Fäuste, Kicks, sowas – ja.

I: Wie gehen Sie denn heute damit um, wenn Sie der Meinung sind, da beleidigt jemand Ihre Familie?

K: Da rein und da wieder raus.

I: Obwohl die Beleidigung ja dieselbe ist wie vor einigen Monaten oder Jahren.

K: Das stimmt, aber inzwischen finde ich das albern, wenn ich bei jedem sage, da muss ich was machen. Das ist ja auch unnötig, weil mir das ja auch nicht wirklich was bringt – das hat man ja gesehen, dass ich eigentlich nur Nachteile davon habe, wenn ich bei jeder Beleidigung sofort reagiere [meint: Thematisierung bei der Bearbeitung der Vier-Felder-Matrix; Anm.]. Also: Wofür soll das gut sein, wenn ich dafür dann auch noch rein muss – unnötig. Ich muss auch niemandem mehr irgendwas beweisen.

I: Das klingt nach Einsicht.

K: Kann man so sagen, ja.

I: Und nach Vernunft.

K: Ja, auch – ist wohl so, wenn man älter wird.

I: Zumindest bei Ihnen.

K: Ja.

Und ein anderes Beispiel gibt folgende Erklärungen:

I: M. ich möchte mit Ihnen noch einmal auf die von Ihnen benannten Gründe, weshalb jemand kriminell oder gewalttätig wird, zu sprechen kommen. Da hatten Sie als für sich zutreffend genannt: Geldnot, drogenabhängig, Gruppe, Stolz, Ehre, Langeweile, Vorbilder, Wut, Frust und Spaß. Erinnern Sie sich, welche davon Sie aus heutiger Sicht immer noch als mögliche Risikofaktoren bewertet haben?

K: Ich glaube Geld auf jeden Fall, Ehre, Stolz glaube ich auch mal – ja die drei so.

I: Die drei und Wut hatten Sie noch genannt.

K: Wut auch, ja. Aber ich glaube mal, da würde ich heute nichts mehr machen deswegen. Da wäre jetzt nur noch das Geld, aber da hatten wir ja schon drüber gesprochen, dass ich mir damit auch keinen richtigen Vorteil einhandel – das ist so gesehen also unnötig, dafür was zu machen und die Bewährung zu riskieren.

I: Für die anderen genannten Gründe, also: Ehre, Stolz und Wut würden Sie die Bewährung riskieren?

K: Was heißt hier riskieren? Ich würde auf jeden Fall nicht so von mir aus was machen, dass ich damit sozusagen dafür verantwortlich bin, dass ich rein müsste. Und wenn andere was machen würden, würde ich trotzdem nichts machen, außer ich werde angegriffen oder jemand von meiner Familie wird angegriffen – dann müsste ich ja was machen.

I: Sie meinen Notwehr.

K: Ja, sowas.

I: Notwehr und Nothilfe sind ja keine Straftaten.

K: Ja.

I: Nur wenn es darüber hinausgeht, könnte es für Sie mit Ihrer Bewährung wieder riskant werden.

K: Eben, also am besten passiert nichts und alles ist gut.

I: Zumindest können Sie einiges dazu beitragen, dass bestimmte Risikosituationen gar nicht erst zustande kommen, vermute ich.

K: Da haben Sie Recht, deshalb sage ich ja auch: Ich mach nichts mehr, dann hab ich meine Ruhe und gut ist.

3. Aggressivität als Vorteil

Die jugendlichen Probanden erkennen in ihrer Aggressivität zunächst einen positiven und nützlichen Aspekt, denn sie meinen, Respekt und Anerkennung zu erfahren; manchmal dient ein Opfer „als Tankstelle des Selbstbewusstseins"[174].

Da man sich einerseits ‚ja nicht alles bieten lassen kann', und man ‚ja auch nicht als Trottel oder Opfermensch dastehen' will, wird die physisch-dominate Variante gewählt, denn „Gewalt ist eine direkte, unkomplizierte, überzeugende und ökonomische Form der sozialen Kontrolle"[175].

In der Rückschau erinnert sich ein Teilnehmer: *„Ja, ist schon komisch irgendwie, aber damals war ich so drauf, dass ich gedacht habe: Supi, keiner kann mir was, und ich bestimme, was läuft."*

Anhand einer Kosten-Nutzen-Analyse soll den Teilnehmern die Erkenntnis nahegebracht werden, dass „das Risiko einer bleibenden körperlichen Verletzung ein zu hoher Preis für vergänglichen Ruhm oder für eine zeitweilige Erhöhung der Selbstachtung ist; dass es viel klüger ist, einem Gegner mit Hilfe des Verstandes als mit Hilfe der Fäuste

174 Weidner 2004, S. 153
175 Polsky 1977, S. 57

standzuhalten, und das übereilte Kämpfe leicht manipulierbar werden, sobald andere entdecken, wie sie einen zu tollkühnen Handlungen provozieren können"[176].

Ein verdeutlichendes Beispiel lässt sich der bereits erwähnten Ghetto-Respekt-Passage entnehmen:

I: Wissen Sie noch, welchen einen Vorteil Sie bei einer Beibehaltung bisheriger Verhaltensweisen benannt haben?

K: Ich glaube Respekt, aber das war nur dieser Ghetto-Respekt, also nichts, was wirklich Vorteile hat für mich.

I: Sagen Sie heute.

K: Ja, sicher. Damals hat das irgendwie anders gezählt, also ist für mich mehr wert gewesen. Eigentlich kann man sagen, dass war so der Name, den ich mir gemacht habe – der hat gezählt. Auf den konnte ich mich auch verlassen.

I: Das heißt, Ihr Name hat gezählt, hatte also eine Bedeutung in Ihrem Kiez?

K: Kann man so sagen, ja.

I: Und sobald Sie Ihren Kiez dann mal verlassen haben, war Ihr Name nichts mehr wert oder zumindest nicht mehr so viel wie in Ihrem Kiez oder in Ihrer Hood.

K: Also, man kannte sich schon irgendwie oder hat mal so irgendwas gehört von anderen oder über andere auch. Aber eigentlich ist das schon so wie Sie sagen: Raus aus der Hood und Du bist woanders nur irgendwer, weil da ja wieder die anderen Jungs unterwegs sind. Eigentlich auch albern, wenn man das heute mal überlegt, wie man früher gedacht hat – lächerlich irgendwie muss man sagen.

176 Bandura 1969, S. 283 f.

Eine weitere Einlassung lautet:

I: […]. Ein Zitat von Ihnen lautet: ‚Ich hätte das Potential gehabt, richtig kriminell zu werden. Auf der kriminellen Ebene hätte ich eine große Nummer werden können'. Welches Potential hätte Ihnen denn dafür zur Verfügung gestanden?

K: Das war schon so dieses Angst-Respekt-Potential, wenn man das so nennen kann. Die Leute wussten ja, wer ich bin, und die wussten auch, dass ich mir nichts gefallen lasse, egal von wem – so hab ich jedenfalls damals gedacht. Völlig verrückt eigentlich, aber damals war das tatsächlich so. […].

I: Noch ein Zitat von Ihnen, was in diese Richtung geht: ‚Mein Ansehen erlaubt mir, zu tun und zu lassen, was ich will' – mehr Boss geht wohl nicht.

K: Ja, richtig durch irgendwie. Aber trotzdem: Früher hab ich genauso getickt. Und was hat mir das gebracht? Nur Stress, wenn man das mal ehrlich sieht. […]. Ich wollte alles damals! Ich hab mich sozusagen hochgearbeitet.

I: Das heißt, Sie hatten Ihren Ruf.

K: Ich hatte meinen Ruf.

I: Stimmt, und Sie hatten ja damals auch die Philosophie: ‚Ein Mensch, der sich einen Namen erarbeitet hat, wird mehr respektiert, als der, der gar nichts mit der Polizei zu tun hat'. Mit dieser Denke mussten Sie ja die kriminelle Laufbahn einschlagen und vor allem beibehalten.

K: Damals hab ich wirklich geglaubt, das muss so sein, ja.

Erzähl es, damit Du es besser verstehst, lautet eine vorab formulierte Intention, die einen perspektiv-biografischen Zugewinn auf den Weg bringen kann, indem die bisherigen Vorteilsfaktoren neu bewertet und umgedeutet werden (sollten).

Ein weiteres Beispiel sei angeführt, da während des Wochenrückblickes zum Beginn einer Trainingssitzung der 21-jährige M. von einer möglichen Konfliktsituation berichtet, die jedoch dank seiner Besonnenheit nicht eskaliert ist:

M: In der Bahn war so ein Mädchen, die hat mich die ganze Zeit so richtig auf doof und behindert angeglotzt und ich bin dann zu der hingegangen und hab sie gefragt, ob sie irgendwie ein Problem mit mir hätte.

T: Und: Haben Sie eine Antwort bekommen?

M: Ja, sie meinte so auf mäßig, dass ich sie ja auch die ganze Zeit angucken würde, dann kann sie das ja auch machen.

T: Das war's?

M: Noch nicht so ganz. Ich meinte dann zu ihr, dass sie nicht so auf provokant zu mir rüber gucken soll, aber ich wollte mich auch gar nicht mit der streiten, weil ich wegen sowas auch gar keinen Stress haben wollte. Dann hab ich ihr noch einen schönen Tag gewünscht und bin dann wieder zu meinem Platz gegangen und hab mich dann mit dem Rücken zu ihr gesetzt, damit gar nicht erst so der Blickkontakt da ist.

T: Das wäre Ihnen vor einigen Monaten wahrscheinlich nicht eingefallen, oder?

M: Ganz sicher nicht. Aber was soll das sonst bringen? Ich wollte einfach keinen Stress für so ein unnötiges Kinderverhalten.

T: Mit dieser Bewertung und Ihrer geänderten Sitzposition haben Sie vermutlich den gesamten Druck aus der Situation ganz entspannt rausgenommen – gut gemacht, M.

M: Danke, aber das wäre ja auch wirklich auf unnötig gewesen, wenn da was passiert wäre – wofür soll das gut sein?

T: Die Frage passt in vielen Situationen würde ich sagen. Vor allem, wenn sie rechtzeitig gestellt wird.

M: Ja, und meistens muss man ja auch ehrlich zugeben, dass die meisten Aktionen nur durch so einen Kinderkram überhaupt entstehen; und danach fragt man sich dann tatsächlich: Und was sollte das Ganze jetzt?

T: Und wenn Sie diese Frage oder eben ‚Wofür soll das gut sein?' rechtzeitig stellen, können Sie die Antwort schon geben, bevor irgendwo irgendwas eskaliert.

M: Ja, das stimmt.

T: Haben Sie sich danach noch lange damit beschäftigt, was da stattgefunden hat oder ob Ihr Verhalten so gepasst hat?

M: Gar nicht eigentlich. Ich muss sogar sagen, dass ich mich dabei richtig gut gefühlt habe, weil nichts passiert ist. Sonst wäre danach doch wieder nur unnötig Ärger gewesen, weil irgendjemand ja auf jeden Fall was gemacht hätte, was dann wieder von dem anderen so verstanden werden könnte, dass das wieder weitergeht – ne, ist unnötig und bringt nichts.

T: Diese heutige Einschätzung verursacht jedenfalls weniger Stress als die Variante: ‚Ich steige sofort darauf ein, wenn ich mich provoziert fühle'.

M: Aber die Zeiten sind hoffentlich für mich vorbei, dass ich immer noch so mit diesem Denken rumlaufe.

Diese Einlassung ist nicht untypisch, da implizit der zeitliche Faktor zum Ausdruck gebracht wird. So heißt es im Urteil eines Teilnehmers, es sei „nachvollziehbar, dass die Motivation, sich mit seinen Problemen im Rahmen einer Therapie auseinanderzusetzen, im Jugendalter schwer zu wecken ist, erst mit zunehmendem Alter kommt"[177]. Bei Absolvierung des Einzel-AATs ist der Teilnehmer 21 Jahre alt gewesen und reflektiert seine Situation dahingehend,

177 Amtsgericht Hamburg 2019

„dass ich ja wohl auch mal für mich sagen muss, dass die Kindergartenzeit endgültig vorbei ist, also heißt es jetzt für mich: Hop oder top – sonst kann ich doch irgendwann noch 'ne Knastkarriere starten".

Exakt aus dem Gefängnis erfolgt die rückschauende Betrachtung eines 19-jährigen, da dessen Einlassung lautet: „Die eigentlich wichtige Frage ist also nicht: WAR es das wert, sondern IST es das wert? Diese Frage solltest du dir vor jeder Tat, die du begehst, stellen! Bist du ehrlich zu dir selbst, kannst du mit nein antworten. Denn zum Beispiel wenn jemand vor dir steht und dich provoziert und du schlägst ihn daraufhin, fühlst du dich gut und unbesiegbar! Aber am nächsten Tag, dann, wenn die Polizei vor deiner Tür steht mit dem Haftbefehl wegen Körperverletzung, kommt die Frage: War es das wert? Für ein paar Sekunden hattest du das Gefühl der Unbesiegbarkeit und für ein paar Jahre jetzt das Gefühl der Alleinheit und die Frage: War es das wert? Deswegen frag dich immer vor deiner Tat: Ist es das wert? Ein guter Rat von jemand, der sich fragt: War es das wert? Nein, es ist es nicht!"[178]

Die beinahe schon einsichtige Erkenntnis des 14-jährigen R. lautet: *„Das schlechte Gefühl, wenn jemand in der Schule von mir geschlagen wurde, dauert länger als das gute Gefühl."* Allerdings muss R. mit seinen Worten noch lernen, *„vorher zu denken und dann was machen, also: erst denken, dann handeln"* – um das zu lernen und umzusetzen, nimmt er am Training teil. Das kann dann mit den Worten des 14-jährigen M. folgende Konsequenz nach sich ziehen: *„Wir bauen keine Scheiße mehr – wir sind schon richtig langweilig geworden."* So kann Langeweile zum allseitigen Entspannungsfaktor werden.

178 Weipert 2003, S. 39

Einen ähnlichen Entwicklungsschritt formuliert ein 21-jähriger Kursabsolvent so:

I: Sie erinnern sich an die Aussagekarten, mit denen wir hier gearbeitet haben?

K: Ja, so mit Gewalt Respekt bekommen und so, nä?

I: Genau. Bleiben wir gleich bei dieser Aussage: ‚Mit Gewalt kann man sich Respekt verschaffen' – erinnern Sie noch in etwa, was Sie darauf geantwortet haben?

K: Dass das heute nicht mehr stimmt, aber früher so war, weil ich das auch darauf angelegt habe.

I: Genau. Ihre Formulierung war: ‚Das hab' ich früher auch gemacht in meinem Viertel. Aber das war nichts mit Respekt, das war Angst. Aber die Leute sollten über mich reden wie eine ‚Serie', ich hab das richtig drauf angelegt, kann man sagen.' Und anschließend haben Sie erwähnt, das sei heute anders.

K: Ja, muss ja auch. Meine Jungs sagen auch zu mir: ‚Du bist voll ruhig geworden', und: ‚Du hast Dich voll geändert'

Dieses neue Denken wird an anderer Stelle bestätigt:

I: Hamburg ist also nicht mehr Ihre Stadt?

K: Kann man so sagen, ja.

I: Also müssen Sie woanders Ihre ‚Serie' starten.

K: Ja, aber so auf entspannt und ohne Polizei und Kopfkino und was-weiß-ich für bli-bla-blub-Gestresse.

I: M. als Hauptdarsteller in einer friedlichen Daily-Soap.

K: So in der Art, ja. ‚XY [Stadt im europäischen Ausland; Anm.] Tag und Nacht'-mäßig eben – nur eben alles ganz easy-peasy gechillt.

I: Würde das außerhalb von Hamburg für Sie passen?

K: Ja, klar, ich hab doch hier nichts zu verlieren, und in XY [siehe oben; Anm.] hätte ich nur einen Freund, den ich da kenne und sonst nichts. Ich könnte da arbeiten und wohnen wäre auch kein Problem soweit ich weiß.

I: Reset in XY [siehe oben; Anm.].

K: Warum nicht? Hier holt mich irgendwann sonst alles wieder ein und dann krieg ich diesmal richtig Kelle [meint: Haftstrafe für mehrere Jahre; Anm.] und muss dann auch wieder ganz von vorne anfangen. Dann mach ich lieber gleich einen Neuanfang oder eben so resetmäßig und muss vorher nicht in den Knast.

I: So gesehen klingt das sinnvoll.

K: So muss ich das sehen, Herr Schawohl, alles andere bringt mich hier nicht weiter.

I: Und genau in die entgegengesetzte Richtung ging Ihre Argumentation bei der Aussagekarte ‚Es gibt mir ein gutes Gefühl, dass Leute Angst vor mir haben' – auch da gab es die Unterscheidung ‚damals' und ‚heute', erinnern Sie sich in etwa daran, was Sie gesagt haben?

K: Ich glaube, dass das heute nicht mehr stimmt, weil es ja nicht um Respekt geht, sondern nur um die Angst, die jemand hat.

I: Fast wortwörtlich: ‚Das stimmt nicht, weil es ja im Endeffekt nur Angst ist. Bis vor ein paar Monaten war das aber anders'. Und das, was anders war, haben Sie damit erklärt, dass Sie damals darauf aus waren, dass die Leute nur Ihren Namen hören sollten, um dann zu wissen, wer Sie sind. Und dann haben Sie on top folgende Bemerkung abgeliefert: ‚Mein Name war sozusagen meine Waffe, und diese Waffe war immer dabei'.

K: Ja, war so damals.

I: Wie bewerten Sie das aus heutiger Sicht?

K: Lächerlich, wenn man das so hört heute. Aber damals hab ich wirklich geglaubt, dass das so ist – ich hab voll meine Filme geschoben und geglaubt, mir kann keiner was.

I: Hatte scheinbar schon was Größenwahnsinniges.

K: So war ich damals aber, Herr Schawohl. Ich hab mich gefühlt wie Gott – verrückt eigentlich.

I: Dieser Gott ist dann ja auch gescheitert.

K: Zum Glück – ja.

Ein letztes Beispiel, das einen Interviewausschnitt mit einem 20-jährigen wiedergibt:

I: Sie sind ja jetzt auf Bewährung – gehen Sie davon aus, dass Sie die Bewährungszeit durchstehen?

K: Hundert-, hundert-, hundertmal auf sicher!

I: Was lässt Sie da so sicher sein?

K: Ich will definitiv nicht wieder in den Knast. Das eine Mal hat mir mehr als gereicht.

I: Wie lange müssten Sie rein, wenn Sie Ihre Bewährung aufs Spiel setzen?

K: Zwei Jahre.

I: Und wie lange hat Ihre U-Haft gedauert?

K: Einen Monat war ich drin.

I: Wenn Ihnen dieser eine Monat schon gereicht hat, sollten Sie das mit den zwei Jahren gar nicht erst ausprobieren.

K: Das stimmt. Ich würde ja auch viel zu viel verlieren. Ich hätte auch Angst, dass ich meine Persönlichkeit verliere.

I: Was meinen Sie damit?

K: Ja, dass ich irgendwie als Psycho rauskomme oder mit einem ‚anderen Ich' sozusagen, also nicht mehr der bin, der ich am Anfang war, so.

I: Knastkoller.

K: Knastkoller, genau. Das Leben ist nicht mehr so bunt danach.

I: Inwiefern ‚nicht mehr so bunt danach'?

K: Ja, so, wenn man dann nach zwei Jahren oder so wieder rauskommt, fängt man ja praktisch bei ‚Null' wieder an. Jobsuche, Freunde sind vielleicht auch weg – also einige zumindest mal, Wohnung fehlt, und dann musst du den Leuten ja auch erst mal erklären, warum du solange weg gewesen bist, wenn du auf einmal wieder auftauchst. Verschenkte Zeit das Ganze.

I: So wie Sie das beschreiben, muss man das so sehen.

K: Eben.

I: Im Zusammenhang mit den Aussagekarten haben Sie gesagt: ‚Es gibt zwei Wege: Den jugendlichen Weg und den erwachsenen Weg – den gehe ich jetzt' – was haben Sie damit gemeint?

K: Dass irgendwann einfach so bestimmte Sachen nicht mehr passen. Ich bin jetzt zwanzig und dann muss ich mich auch so verhalten wie ein Zwanzigjähriger. Das ist peinlich, wenn alle sagen, dass ist kindisch, was du da machst. Und das stimmt ja auch irgendwie. Kann ich wieder sagen, was mein großer Bruder immer sagt: ‚Werd' endlich erwachsen! Du bist kein Kind mehr!' – hat er ja auch Recht, muss man sagen.

I: Was bedeutet denn ‚erwachsen' aus Ihrer Sicht?

K: Dass man sich selbst um bestimmte Sachen kümmert und damit klarkommt: Arbeit, Ausbildung so, Wohnung und sich um Sachen kümmern, die jetzt noch alle so zu Hause geregelt werden – erwachsen werden eben. Und vielleicht auch Einiges einfach ein bisschen ernster nehmen als früher sonst, das dann auch.

I: Können Sie dafür mal ein Beispiel nennen, was Sie heute ernster nehmen oder ernster nehmen sollten ‚als früher'?

K: Ja, kann ich: Also, auch jetzt so mit dem Erwachsenwerden zusammengenommen, ist das dann so, dass ich jetzt nicht mehr einfach so losziehen kann mit meinen Jungs und bei jedem Scheiß sage: ‚Ich bin dabei' – nee, geht jetzt nicht mehr. Ich hab Bewährung, ich will meinen Job nicht verlieren, ich halte mich an meine Auflagen, ich nehm das alles ernster jetzt. Ich bin auf dieses Level gekommen: Ich mach nichts mehr. Du brauchst das nicht mehr. Das hat sich auf jeden Fall komplett geändert.

I: Sie sind nicht nur älter, sondern scheinbar auch vernünftiger geworden.

K: Wird ja auch langsam Zeit, denke ich.

I: Dann werden Sie mal weiter erwachsen und vernünftiger, G.; dann bleibt die Kombination Glück – Familie weiterhin stabil und Sie müssen sich nicht mit dem Thema Knastkoller beschäftigen.

K: Hundertpro – daran will ich auch gar nicht mehr denken.

I: Obwohl wir noch einmal auf das Thema Knast zu sprechen kommen: Bei der Aussagekarte ‚Ich habe Angst davor, in den Knast gehen zu müssen', haben Sie ohne lange Überlegung geantwortet: ‚Nein, stimmt nicht, also jetzt nicht mehr, weil ich nie wieder da rein will; das eine Mal, dass ich drin war, muss auch reichen – da muss ich keine zweites Mal rein, um das zu verstehen.' Und diese Einsicht oder diese Erkenntnis haben Sie dann ja auch noch einmal bei den vier Feldern bestätigt, weil Sie da ja entsprechend die Vorteile und Nachteile aufgezählt haben.

K: Ja, das meinte ich ja auch schon, dass mir das nichts Gutes bringen kann, und jetzt weiß ich das ja auch, aber damals hat man sich darüber niemals einen Kopf gemacht, aber diese vier Felder haben mir dabei gut die Augen geöffnet, kann man so sagen. Das Foto hab ich immer noch gespeichert, damit ich mir das immer wieder schön mal angucken kann, wenn so eine Situation kommt, wo man vielleicht ins Nachdenken kommt, ob man schwach werden soll oder ob sowas lohnt, und dann sehe ich: Das lass mal lieber – bringt nur Nachteile für Dich.

I: Also schön gespeichert lassen, damit Sie keine weiteren Knasterfahrungen sammeln müssen und Ihre Mutter keine weiteren Taschentücher vollweinen muss.

K: Beides wäre nicht gut – also wieder nur Nachteile, sag ich ja.

4. Selbstbild zwischen Ideal- und Realselbst

Eine Schwierigkeit, das oben erwähnte Lernziel umzusetzen, resultiert aus der Annahme, ein idealisiertes Selbstbild aufrechterhalten und verteidigen zu müssen. Statt hart und unbeugsam, cool und gnadenlos, ist das Realselbst der Kursteilnehmer oftmals eher von geringem Selbstbewusstsein und von hohem Kränkungsniveau geprägt; und zudem sind diese jungen Menschen nicht selten als Versager ‚abgestempelt'. Adressaten der Bewunderung sind Typen aus der Rapper-Szene („Mehr als hundert Fans feiern ihre Rap-Helden. […]. Auch die Hamburger Polizei stattete den Rappern einen Besuch ab"[179]) oder Schauspiel- und/oder Filmlegenden wie Al Pacino, Tony Montana[180] oder Heldenfiguren aus irgendwelchen Netflix-Serien, die konsequent und ohne Rücksichtnahme ihren Weg gehen. Dem gegenüber wissen sie bezüglich ihrer eigenen Biografien eher von wenigen oder von gar keinen Erfolgsmomenten zu berichten.

So erwähnt ein Sechzehnjähriger, dass er bisher mehrere Praktika abgebrochen und einen Platz im Rahmen einer

179 Gözübüyük 2020, S. 11
180 Tony Montana: Filmcharakter aus dem Film *Scarface* (1983)

berufsvorbereitenden Maßnahme verloren hätte. Für die Zukunft hofft er dennoch auf die Möglichkeit, einen Schulabschluss zu schaffen, ohne jedoch konkrete Schritte benennen zu können, wie das gelingen soll und kann. Seine bisherigen Schulverweise resultieren aus Körperverletzungsdelikten und wiederholten Fehlzeiten. Diese Fehlzeiten wiederum führt S. unter anderem auf Alkohol- und Drogenkonsum zurück, da er aufgrund dessen morgens nicht immer rechtzeitig in der Schule erschienen wäre. Wiederholte Klassen- sowie Schulwechsel und eine Beschulung durch ein regionales Beratungs- und Unterstützungsangebot hätten allerdings bisher nicht dazu geführt, dass ihm das Erreichen eines Schulabschlusses zurzeit realistisch erscheint.

Ein Verständnis für seine häufigen Konfliktsituationen, die wiederum zu wiederholten gewaltimmanenten Situationen und zu Anzeigen geführt haben, versucht ein 17-jähriger dadurch zu wecken, dass er meint, seinen Namen, genauer: seinen Ruf, verteidigen und bestätigen zu müssen, den er sich aus seiner Sicht regelrecht erarbeitet hat: *„Ich habe mich ja viel geprügelt in der Schule – auch ohne Grund. Ich wollte mir einen Namen machen."* Und so ein Name engt Spielräume ein und bringt gleichsam risikobehaftete Verpflichtungen mit sich, wie der junge Heranwachsende zuvor bestätigt hat: *„Die Leute wussten ja, wer ich bin, und die wussten auch, dass ich mir nichts gefallen lasse, egal von wem – so hab ich jedenfalls damals gedacht. Völlig verrückt eigentlich, aber damals war das tatsächlich so."*

Weidner formuliert als Ziel, „die Sinnlosigkeit des ‚stolz machenden' negativen Elitedenkens zu verdeutlichen"[181]. Einen kleinen, allerdings wichtigen Schritt weiter als der

181 Weidner 2004, S. 150

vorab zitierte 17-jährige scheint ein 16-jähriger zu sein. Neben einer vermeintlichen Rufschädigung belastet ihn eher die mögliche Enttäuschung, die er seinen Freunden bereiten würde und die daraus resultierende Konsequenz, zukünftig ohne diese Freunde auskommen zu müssen, da er schildert:

„Ich habe nur falsche Freunde irgendwie, nur einer ist ok, aus dem Wirtschaftsgymnasium. Meine Freunde sagen sogar, ich soll zu Hause bleiben, wenn es Ärger gibt, wenn sie losziehen. Ich weiß auch nicht, warum ich nicht darauf höre; warum ich immer mitgehe, obwohl sie sogar sagen, dass ich nicht mitkommen soll. Vielleicht, weil, wenn ich mich nicht für die beule, dann sind die auch nicht mehr für mich da."

Zumindest scheint bereits im Ansatz die oben erwähnte Sinnlosigkeit des negativen Elitedenkens erahnbar zu sein. Diesen Ansatz muss der/die Trainer/in nutzen, um die Legitimation des bisherigen Verhaltens zu hinterfragen und vor allem, um alternative Perspektiven für die Zukunft erarbeiten zu können.

Explizit nach Stärken befragt, äußert mancher Trainingsteilnehmer gleichwohl eine eher dürftige Bilanz. Bei der Arbeit mit diesen jungen Menschen ist es daher von enormer Wichtigkeit, sie „nicht auf die begangenen Delikte zu reduzieren, die zur Teilnahme am [Training] geführt haben. Es gilt zu berücksichtigen, dass die bisherige Lebensbiografie des Probanden mehr als jene deviant-delinquenten Aspekte bietet"[182], beispielsweise eine Veränderung durch die neue Rolle als Vater:

I: Und dann haben Sie erwähnt, Ihr Sohn sei ‚das Beste', was Ihnen in Ihrem Leben bisher passiert ist.

182 Schawohl 2001, S. 202

K: Stimmt.

I: Ist Ihnen das von Anfang so klar gewesen, als Sie erfahren haben, dass Ihre Freundin schwanger gewesen ist?

K: Ne, da sowieso schon mal gar nicht.

I: Wie war Ihre erste Reaktion?

K: Ja, scheiße erst mal irgendwie, aber dann auch irgendwie, ja, schon,…so, wenn man sich vorstellt, da kommt jetzt ein Kind und du bist der Vater – dann doch schon so, dass wir uns gefreut haben, ja. Also, da war dann auch klar, dass das Kind bleibt auf jeden Fall.

I: Das heißt, es gab die Überlegung, ob das Kind abgetrieben werden soll?

K: Bei mir schon zuerst, aber meine Freundin wollte das gar nicht, also die wollte von Anfang an, dass das Kind auf die Welt kommt.

I: Und heute sind Sie froh darüber.

K: Auf jeden Fall! Das wäre gar nicht gegangen!

I: Sagen Sie heute.

K: Sag ich heute, weil ich ja jetzt weiß, wie das ist mit dem Kind.

I: Mit Ihrem Kind, mit Ihrem Sohn.

K: Mit meinem Sohn, ja.

I: Da strahlt der stolze Papa über das ganze Gesicht.

K: Ja klar!

I: Der Junge hat Ihr Leben komplett verändert – oder?

K: Auf jeden Fall. Ohne ihn wäre ich immer noch anders unterwegs vermute ich mal.

I: ‚Anders unterwegs' heißt: Kriminell unterwegs?

K: Denke ich mal. Auf jeden Fall würde ich immer noch so ein bisschen was machen. Nicht mehr so crazy wie früher, aber da würde schon noch mal was passieren können – weiß man ja nie so.

I: Was war denn früher ‚so crazy'?

K: Ja, schon so einige Sachen, die wir gemacht haben. Das war dann aber auch noch als ich jeden Tag gekifft habe. Völlig verpeilt eigentlich, kann man so sagen.

I: ‚Völlig verpeilt' meint was?

K: Ja, so nichts gecheckt eigentlich. Man hat das Ganze auch nicht alles so ernst genommen, kann man sagen.

I: Da präsentieren Sie sich ja heute ganz anders, was Ernsthaftigkeit und Vernunft angeht – das hatten wir ja vorhin schon. Also hat die Vaterrolle Sie vernünftiger werden lassen.

K: Kann man so sagen, ja.

I: Und stolz obendrein.

K: Ja.

I: Gut so. Ohne die Geburt Ihres Sohnes würden Sie heute auch immer noch kiffen?

K: Denke mal schon, ja.

I: Ist ja schon so etwas wie ein Hauptgewinn der Kleine, oder wie Sie es gesagt haben ‚das Beste' was Ihnen je passiert ist.

K: Das Allerbeste, ja!

Die Auswirkungen seines damaligen Selbstbildes schildert ein 19-jähriger so:

I: […]. Noch ein Zitat von Ihnen, das Ihre damalige Einstellung gut ausdrückt. Beim ‚Referat' haben Sie bei der Kombination Angst – Freunde gesagt: ‚Bei uns gilt: Lieber von fünf Leuten kassieren als weglaufen' – auch so ein testosterongetränktes ‚bro before hoe'-Statement.

K: Ja, aber das war so damals. Pussymäßig wäre peinlich gewesen. Und weglaufen wäre auf Pussy gewesen.

I: Weglaufen und Pussy ist also gleichbedeutend?

K: Damals war das bei uns so, ja.

I: Was ja auch eine Konsequenz aus dem Ruf ist: ‚Man sollte sich nicht mit dem anlegen' – das schränkt so gesehen die eigenen Optionen natürlich auch ein.

K: Da haben Sie Recht, aber früher war man eben noch jung und unwissend, sag' ich mal.

I: ‚Was andere denken, ist Dein Ruf' – noch so ein Zitat von S. dem Jüngeren.

K: Genauso: ‚Was andere denken, ist Dein Ruf', ja. Heute sag ich mir: Scheiß drauf, was die anderen denken – sollen die denken, was sie wollen, das interessiert mich überhaupt nicht, ist mir egal.

I: Was ein paar Jahre Lebenserfahrung doch bewirken können.

K: Stimmt.

I: Mit geringerer Lebenserfahrung lässt sich dann bei der Karte ‚Wer eine Waffe bei sich trägt, benutzt sie auch' die Ansage erklären: ‚Stimmt. Wenn ich sie nicht benutze, muss ich sie ja gar nicht erst mitnehmen. Aber die meisten haben nicht die Eier, sie auch einzusetzen' – richtig?

K: Richtig – muss ich aber auch wieder dazu sagen, dass das eben auf damals bezogen war; heute ist das albern – da ist es eher pussyhaft, wenn ich was dabei hätte.

I: So ändern sich die Perspektive und die Bewertung.

K: Stimmt schon, aber wie gesagt: Man wird eben älter.

I: Noch ein Zitat bezogen auf Ihre ‚No-Pussy-Ära: ‚Wenn ich ihn kaputt mach', dann hat er Respekt vor mir' – so war Ihre Antwort bei der Karte ‚Mit Gewalt kann man sich Respekt verschaffen'.

K: Damals ja, aber dann war ja auch ganz schnell klar, dass das Angst ist und nichts mit Respekt zu tun hat. Wenn man das alles mal so hört, was damals so stattgefunden hat, muss man ja wirklich glauben, wir waren alle nur so auf Psycho-Alien-Tour unterwegs – völlig verrückt.

I: Und das ‚Damals' ist noch gar nicht so lange her.

K: Ja, aber für mich ist das so ‚Damals', weil ich das eben so auf heute betrachtet anders sehe. Der ‚S. von damals' kennt den ‚S. von heute' ja gar nicht richtig.

I: Und nur der ‚S. von heute' könnte den Kontakt zum ‚S. von damals' herstellen, wenn er es denn wollte.

K: Wäre besser, wenn er das nicht will, würde ich sagen.

I: Meine Zustimmung haben Sie.

K: Danke.

Eine Passage eines ebenfalls 19-jährigen Absolventen liest sich wie folgt:

I: Wissen Sie noch, welchen einen Vorteil Sie bei einer Beibehaltung bisheriger Verhaltensweisen benannt haben?

K: Ich glaube Respekt, aber das war nur dieser Ghetto-Respekt, also nichts, was wirklich Vorteile hat für mich.

I: Sagen Sie heute.

K: Ja, sicher. Damals hat das irgendwie anders gezählt, also ist für mich mehr wert gewesen. Eigentlich kann man sagen, dass war so der Name, den ich mir gemacht habe – der hat gezählt. Auf den konnte ich mich auch verlassen.

I: Das heißt, Ihr Name hat gezählt, hatte also eine Bedeutung in Ihrem Kiez?

K: Kann man so sagen, ja.

I: Und sobald Sie Ihren Kiez dann mal verlassen haben, war Ihr Name nichts mehr wert oder zumindest nicht mehr so viel wie in Ihrem Kiez oder in Ihrer Hood.

K: Also, man kannte sich schon irgendwie oder hat mal so irgendwas gehört von anderen oder über andere auch. Aber eigentlich ist das schon so wie Sie sagen: Raus aus der Hood und Du bist woanders nur irgendwer, weil da ja wieder die anderen Jungs unterwegs sind. Eigentlich auch albern, wenn man das heute mal überlegt, wie man früher gedacht hat – lächerlich irgendwie muss man sagen.

I: Wie gesagt: Das ist Ihre heutige Bewertung. Damals, oder meinetwegen auch früher wie Sie sagen, war das Ihr Name, Ihr Ruf, Ihr Ansehen, und damit haben Sie sich genau den Respekt erworben, den Sie als einzigen Vorteil benannt haben – das macht schon Sinn.

K: Ja, aber eben auch nur bezogen auf früher.

I: Ein anderer Teilnehmer hat hier beim Training mal gesagt: ‚Was andere denken, ist Dein Ruf' – bezogen auf früher passt dieser Satz doch auch für Sie.

K: ‚Was andere denken, ist Dein Ruf' – ja, das stimmt schon. So hab ich früher ja auch gedacht – natürlich ist das ‚Dein Ruf'. Aber heute ist mein Ruf eben ein anderer – heute ist mein Ruf so, dass ich Respekt bekomme, weil ich genau das Gegenteil von dem mache, was ich früher gemacht habe, so muss man das Ganze mal sehen.

I: Die Zeiten ändern sich, und die Zeit verändert manchmal auch die Bewertungen und die Maßstäbe der Menschen.

K: So ist das.

I: Würden Sie also sagen, das trifft so für Sie zu?

K: Definitiv. Es gab die Fußballzeit, es gab die Drogenzeit, und jetzt bin ich ein ganz normaler Mensch.

I: Und ist dieses ‚Ein-ganz-normaler-Mensch-Sein' heute für Sie passend oder trauern Sie manchmal der ‚Fußball'- oder der ‚Drogenzeit' hinterher?

K: Gar nicht, also jedenfalls nicht der Drogenzeit. Die Fußballzeit hatte auf jeden Fall was. Wir waren Meister in unserer Staffel und ich war in der Auswahl in meinem Jahrgang damals – das waren auf jeden Fall schöne Zeiten.

I: Und diese ‚schönen Zeiten' sind dann wegen der beginnenden Drogenzeit beendet worden?

K: Kann man so sagen, ja. Nicht mehr zum Training gegangen, lieber Geld gemacht und mit den Jungs unterwegs gewesen – das war dann irgendwann wichtiger für mich. Eigentlich dumm gedacht, muss man sagen, aber damals hab ich eben so gedacht.

I: Damals ja, heute nicht mehr.

K: Heute nicht mehr, zum Glück.

I: Ihr Sinneswandel oder Ihre veränderte Sichtweise ist auch bei den Aussagekarten zum Ausdruck gekommen. Bei der Karte ‚Wer mich provoziert, hat schon verloren', war Ihre wohl überlegte Antwort: ‚Stimmt auf jeden Fall. Wenn ich nicht auf die Provokation eingehe, hat er doch verloren, und mir geht es besser'. Eine nahezu perfekte Antwort, B., treffender lässt es sich nicht formulieren.

K: Danke, aber so muss man das ja sehen, sonst bin ich ja ewig der Dumme, wenn ich bei jeder Provokation darauf einsteige und die Situation dann eskaliert.

I: Und wieder spielt die Zeit eine Rolle.

K: Ja, muss ja auch. Sonst wäre das ja auch peinlich, wenn ich nicht irgendwann mal verstehe, dass ich nicht immer so weitermachen kann wie früher.

I: Auch bei der Aussage ‚Mit Gewalt kann man sich Respekt verschaffen', kommt der Sinneswandel zum Ausdruck: Sie haben bei der Antwort sofort getrennt: ‚Stimmt – so war es früher. Stimmt nicht, wenn ich heute antworte'. Und Ihre Erklärung war, dass man das früher auch sehen konnte, weil die Leute eingeschüchtert waren, und dann haben Sie explizit ergänzt: ‚Die hatten Angst'.

K: Angst, genau, also Angst-Respekt, und nicht den ehrlichen Respekt, auf den es eigentlich ankommt. Heute ist mir das peinlich, richtig peinlich.

I: Ihre heutige Sicht haben Sie dann so formuliert: ‚Stimmt nicht. Erstens: Das ist respektlos. Zweitens: Es hat eher etwas mit Respekt zu tun, einer Schlägerei aus dem Weg zu gehen – das erfordert eher mehr geistige Kraft' – man könnte eine Entwicklung in die unterschiedlichen Sichtweisen und Formulierungen hineininterpretieren.

K: Das eine war früher, das andere ist heute, und die Antwort von heute zählt.

I: Heute schlägt früher.

K: Heute schlägt früher zehn zu null oder hundert zu null.

Ein eins zu null wäre vollkommen ausreichend, wenn denn die Definition des eigenen Egos und des eigenen Selbstwertes ohne jegliche Opferwerdung anderer Menschen möglich ist – so kann es hier nur Gewinner geben.

5. Neutralisierungstechniken

Die Kursteilnehmer sind durchaus versucht, ihre Taten verbal zu legitimieren. Dabei gelingt so mancher terminologischer Salto mortale, mit dessen Vollzug eine Formulierung Neidhardts Bestätigung findet: „Definiere den Gewaltbegriff einerseits so weit, dass das Verhalten deines Gegners als Gewalt erscheint, andererseits so eng, dass eigenes Verhalten als gewaltlos erscheint"[183].

Rechtfertigungsstrategien sowie Legendenbildungen und Neutralisierungstechniken sollen genau betrachtet und hinterfragt werden, um Schuld- und Schamgefühle zu wecken. Die jungen Trainingsteilnehmer sollen die eigenverantwortlichen Anteile ihrer Taten erkennen und verstehen lernen. Die Diskrepanz zwischen der realen Tat und der jeweiligen persönlichen Legende soll möglichst deutlich thematisiert werden. Dabei treten fast stereotype Rechtfertigungsmuster beim Tabuthema Opfer auf: Das Opfer hätte ‚eben Pech gehabt', es ist ‚einfach nur dumm gelaufen', das Opfer wäre ‚einfach zu blöd' gewesen, es hätte ‚selber Schuld' gehabt oder der Täter musste sich ‚wehren'. Diese Rechtfertigungen werden nicht akzeptiert und unmissverständlich in Frage gestellt.

Die Praxiserfahrung der bisher über 300 Einzel-AATs hat gleichwohl gezeigt, dass dieses Phänomen bereits während des obligatorischen Vorgesprächs denn ausschließlich während der Tatauseinandersetzung im Verlauf des Trainings auftritt. Bemerkenswert ist dabei, dass diese frühzeitigen Rechtfertigungen mit mehr Intensität und Vehemenz vorgetragen werden als zum Zeitpunkt der individuell-konfrontativen Tatkommunikation. Sind anfänglich noch offensiv und legitimierend vorgetragene Darstellungsmuster rauszuhören, sind es im Verlauf des Einzel-AATs eher mit beinahe entschuldigendem Duktus vorgetragene Erklärungsversuche, die trotz des Versuches einer Neutralisierung oder einer Legendenbildung vielmehr von einem Anflug peinlicher Scham begleitet werden.

183 Neidhardt 1986, S. 127

Wurden rechtfertigende Argumentationsversuche zunächst mit einem geradezu legendenimmanenten Ruf begründet *(„In meiner ‚Hood' war ich der Pate, der Tony Montana von S. [Stadtteil in Hamburg; Anm.], wenn Sie so wollen")*, lässt zunehmende Einsicht diesen vermuteten Status bei genauerer Betrachtung im Dialog nach und nach in einem relativierenden und angemessen korrigiertem Licht erscheinen.

Ein solches Vorher-Nachher-Beispiel mag einer gewissen Nachreifung geschuldet sein.

K: Jeder wird eben älter und vernünftiger.

I: Das mit dem Älterwerden stimmt, das mit der Vernunft nicht unbedingt. Schön, dass bei Ihnen scheinbar beides zutrifft. Beim ‚Referat' kam von Ihnen der Satz: ‚Nicht einer von den Jungs war es wert, dass ich mich gerade gemacht habe für die' – das hört sich so brutal ehrlich und auch brutal resignativ an.

K: Das muss ich leider wirklich so sagen. Bitter eigentlich, aber ist wirklich so. Wir haben immer gesagt: ‚Keiner verrät was oder nennt Namen, wenn die Bullen einen oder mehrere von uns hopsnehmen – gehört sich nicht'. Und was war? Werden zwei von uns hochgenommen und schon werden alle Namen genannt und die Bullen haben ihren Erfolg und holen einen nach dem anderen ab.

I: Wo sind Sie ‚abgeholt' worden?

K: Zum Glück nicht zu Hause. Also schon bei mir, aber nicht im Haus – die haben mich davor abgegriffen.

I: Also haben Oma und Opa davon nichts mitbekommen?

K: Nein, aber ich musste denen dann ja sagen, dass ich erst mal nicht nach Hause kommen kann, weil ich in der Zelle bin; das war mir auch schon so peinlich genug. Zum Glück bin ich nach ein paar Stunden wieder rausgekommen, aber das hätte nicht sein müssen und da wäre ja auch nichts gewesen, wenn diese Verräter sich an die Abmachung gehalten hätten, dass niemand bei den

Bullen oder beim Gericht irgendwas sagt, aber dann weiß man, auf wen man sich verlassen kann und wer eine Pussy ist.

I: Sie hätten sich in der gleichen Situation an die Abmachung gehalten?

K: Auf jeden Fall, sonst muss ich sowas vorher doch gar nicht sagen. ‚Bro for hoe' war eigentlich so unser Wort, aber da wissen einige gar nicht, was das wirklich heißt – die wollen einfach mit bestimmten Leuten sein und haben gar nicht so richtig die Ahnung, was das denn heißt.

I: Sie wissen das?

K: Auf jeden Fall bin ich keine Pussy und verrate meine eigenen Leute.

I: Wobei dieses Thema ja so heute auch gar nicht mehr von Bedeutung ist, weil ich hier ja mit dem einsichtigen und vernünftigen S. spreche. Wobei Sie sich schon noch in diese Zeit reinversetzen können, wenn man Ihr Engagement beim Reden mal bedenkt, lässt Sie das zumindest nicht völlig unberührt.

K: Geht so.

I: Doch noch gefährdet?

K: Dass ich immer noch mit denen unterwegs bin, meinen Sie?

I: Nicht unbedingt mit denen, aber immer noch so wie mit denen – nur eben mit anderen oder alleine.

K: Gar nicht mehr, gar nichts mehr davon!

I: Da muss der S. von heute dem S. von damals allerdings immer mal wieder erklären, was es bedeutet, für Ruf und vermeintliche Ehre einzustehen – und hören Sie dem S. von heute dabei gut zu, der hat nämlich ganz gute Argumente.

[...]

I: Weiter im Text: Wir haben uns ja mit der Fragestellung beschäftigt, Warum werden Jugendliche kriminell oder gewalt–

tätig? – da sind ihnen zahlreiche Gründe eingefallen und fünf von diesen Gründen haben Sie als damals für sich gültig benannt. Wissen Sie noch, welche das waren?

K: Auf jeden Fall Ehre, Stolz, Geld und Provokationen glaube ich auch.

I: Stimmt alles. Und einer fehlt noch.

K: Weiß ich jetzt gar nicht mehr.

I: Macht haben Sie noch erwähnt.

K: Macht – stimmt.

I: Und als heute eventuell noch möglichen Gefährdungsgrund haben Sie Geld genannt. Ist das unverändert so?

K: Nicht mehr so jetzt, dass ich dafür irgendwas starten würde, sag ich mal. Aber natürlich würde ich gerne gut Geld haben, damit ich entspannt leben kann – das schon.

I: ‚Gut Geld' und ‚entspannt leben' sind ja Auslegungssache – was wäre denn aus Ihrer Sicht ‚gut Geld' als Summe?

K: So dreieinhalb bis viertausend netto würde schon passen.

I: Und was würde zum ‚entspannt leben' gehören?

K: Dass man eben so leben kann, dass man sich auch mal was leisten kann: Urlaub, Haus oder Wohnung, Frauen kosten auch Geld, Führerschein, Auto und dann auch mal essen gehen oder feiern – sowas eben.

I: Und wir reden von sauberem Geld, um dieses entspannte Leben zu finanzieren.

K: Nur sauberes Geld.

I: Haben Sie konkrete Pläne, um saubere viertausend Euro im Monat verdienen zu können?

K: Ich hatte Ihnen ja erzählt, dass ein Kollege von mir eine Firma hat – da könnte ich anfangen.

I: Personen- und Objektschutz, oder?

K: Genau.

I: Haben Sie den 34a-Schein [Berechtigung für die Tätigkeit im Bereich Sicherheit; Anm.]?

K: Noch nicht, aber den würde ich dann ja machen.

I: Wäre das was für Sie?

K: Warum nicht? Das hätte ich auf jeden Fall sicher.

I: Und das würde Sie auch interessieren?

K: Ist auf jeden Fall erstmal sicher für mich. Und danach kann ich ja immer noch weiter gucken, was ich machen will.

I: Was würden Sie denn machen wollen? Immerhin reden wir perspektivisch von sauberen viertausend Euro.

K: Vielleicht mal eine eigene Firma, mal sehen.

I: Im Sicherheitsbereich?

K: Warum nicht?

I: Dafür müssten Sie vermutlich ein sauberes Führungszeugnis vorlegen, oder?

K: Denke ich mal, aber das dauert ja auch noch ein bisschen, bis das mal wichtig ist.

I: Für den 34a (s.o.) ist das nicht erforderlich?

K: Ich denke mal nicht.

I: Soweit ich weiß, sind die Voraussetzungen Volljährigkeit, ausreichende deutsche Sprachkenntnisse in Wort und Schrift und eben keine Einträge im Führungszeugnis.

K: Ich frag am besten meinen Kollegen – der muss das ja eigentlich wissen.

I: Momentan haben Sie ja auch noch Ihren Job, mit dem Sie sauberes Geld verdienen.

K: Richtig.

I: Wann haben Sie sich eigentlich davon verabschiedet, zu sagen: ‚Nebenbei kann ich ja auch immer noch Geld machen. Ich habe mir eine Fassade aufgebaut mit meinem Job, und was hinter der Fassade stattfindet, bekommt ja eh keiner mit'?

K: Das hatten wir ja vorhin schon gesagt, dass ich damit ein viel zu hohes Risiko eingehen würde und damit alles aufs Spiel setzen würde, was mir wichtig ist – die Rechnung kann für mich nicht aufgehen. Wenn ich mittlerweile hier was gelernt habe, dann, dass diese kriminelle Schiene für mich nichts bringt. Irgendwann muss ich das ja mal akzeptieren – sonst lande ich früher oder später doch noch im Gefängnis. Ich finde, man muss das Schicksal auch nicht auf übertrieben reizen – ich hab jedenfalls für mich verstanden, dass der Weg so für mich nicht gut sein kann, also der kriminelle Weg. Der legale Weg ist entspannter und führt nicht ins Gefängnis.

I: Nicht einmal Richtung Gefängnistor. Also ist Ihr Entschluss endgültig: Der S. von damals tritt nie wieder öffentlich in Erscheinung?

K: Der S. von damals kann gar nicht mehr öffentlich in Erscheinung treten, weil der S. von heute ihm lebenslänglich verpasst hat – so sieht es aus.

I: Und da heißt lebenslänglich dann wirklich lebenslänglich?

K: Lebenslänglich und SV [meint: Sicherungsverwahrung; Anm.] – der taucht nie wieder auf.

I: Na dann. So wie Sie das darstellen, sind Sie sich Ihrer Sache ja richtig sicher. Glauben Sie, dass Sie ohne die Bewährung auch zu dieser Entscheidung oder dieser Erkenntnis gelangt wären?

K: Meinen Sie, dass sich das für mich nicht lohnt oder dass ich dann eben doch irgendwann rein muss?

I: So in diese Richtung, ja. Dass Sie ohne den Hinweis der Justiz, dass der Spielraum nun allmählich enger wird, auch gesagt hätten: Jetzt ist Schluss für mich?

K: Schwierig, ganz ehrlich. Vielleicht hätte ich solange weitergemacht, bis das Gericht gesagt hätte: So, jetzt gibt es noch einmal Bewährung, und bei der kleinsten Kleinigkeit gibt es den Widerruf und keine letzte Chance mehr. Aber ich weiß das gar nicht, weil ich ja jetzt auf Bewährung bin und diese letzte Chance für mich ja quasi diese Bewährung eben ist.

I: Gab es Situationen oder Momente, in denen Sie sich überlegt haben, ob Sie das Risiko eingehen, die Bewährung aufs Spiel zu setzen, weil auf hundertprozentig sicher irgendwo die Summe X zu holen gewesen wäre?

K: Nicht so wirklich. Ich hab für mich gesagt, dass ich diese Chance jetzt nutzen muss, sonst bleibt doch nur noch Knast, und das will ich nicht – also.

I: So haben Sie das ja auch hier von Anfang bis Ende berichtet und diese Linie konsequent beibehalten.

K: Dazu muss ich Ihnen auch sagen: Ich hab' gar nicht so an die Bewährung gedacht, sondern an das Training hier, wenn ich mir überlegt habe, was alles für ein Risiko besteht für mich. Es ging hier ja eigentlich ganz oft darum, was mir das bringt, also in beiden Fällen jetzt: Was bringt es mir, wenn ich weiter kriminell unterwegs bin? Und was bringt es mir, wenn ich sauber und entspannt unterwegs bin? Irgendwie ist es immer darauf gekommen und immer war klar, was passiert, wenn ich das Kriminelle bevorzugen würde – man kommt immer wieder zu demselben Ergebnis: Gar nichts bringt das! Gar nichts!

I: Und der andere Weg bringt Ihnen auf jeden Fall eines: Freiheit.

K: Freiheit. Und alles, was ohne Freiheit nicht geht. Niemals würde ich das aufgeben – niemals.

I: Gute und richtige Entscheidung, S., so soll's bleiben.

K: Muss. Und ich sag auch danke dafür, dass Sie mir das so klar gemacht haben. Das war richtig, richtig gut.

Nachfolgend wird eine Distanzierung von bisherigen Einstellungs- und Handlungsweisen deutlich, da eine Neubewertung bisheriger Denkmuster zu ebensolchen Verhaltensalternativen führt:

I: […]. Kommen wir auf einige Inhalte des Trainings zu sprechen. Bei den Aussagekarten, mit denen wir hier gearbeitet haben, ist die Karte mit der Aussage ‚Mit Gewalt kann man sich Respekt verschaffen' dabei gewesen – erinnern Sie sich?

K: Na klar.

I: Erinnern Sie sich auch noch in etwa daran, was Sie dazu gesagt haben?

K: Ich glaube, ich habe das so gesagt, dass das schon stimmt, aber dass dieser Respekt dann eben doch eher Angst ist und der dann nicht so richtig zählt, weil der eigentlich nichts wert ist. Angst bedeutet ja nicht, dass der Andere Respekt vor mir hat.

I: Gut erinnert. Und dann haben Sie in diesem Zusammenhang noch darauf hingewiesen, dass Ihnen damals immer Sachen Spaß gemacht haben, „die mir einen ‚Turn' geben". Was war denn damals so ein ‚Turn' für Sie?

K: Oh, das waren eigentlich meistens so Sachen, die nur wir komisch oder lustig gefunden haben – also auch wieder nur so peinliche Kinderaktionen.

I: Damals waren diese ‚peinlichen Kinderaktionen', die Sachen, die Ihnen den ‚Turn gegeben' haben'.

K: Ich weiß, damals war das auch so.

I: Was zum Beispiel?

K: So, als wir zum Beispiel einmal mit einigen Leuten im [Freizeitbad] gewesen sind und da waren ein paar richtig süße

Mädchen, aber wirklich richtig süß, Herr Schawohl, das können Sie mir glauben – die wollten wir uns klarmachen und sind dann zu denen hin, obwohl die mit ihren Freunden da waren.

I: Das wird jetzt vermutlich was aus der Reihe ‚Sie flirten auf eigenes Risiko'.

K: So ungefähr. Jedenfalls sind dann die anderen Jungs von denen gekommen und haben sich bei uns versammelt und haben da voll Palaver veranstaltet und Faxen gemacht.

I: Und was ist dann letztendlich passiert?

K: Die Mädchen haben dann gesagt, dass wir sie angraben wollten…

I:…was ja auch nicht falsch ist: ‚Die wollten wir uns klarmachen', ist Ihre Formulierung gewesen.

K: Ja, aber wir haben ja eigentlich noch gar nichts gemacht, weil die Jungs ja sofort da waren. Und dann waren da gleich zwei Leute von der Security und die haben dann zu uns gesagt, dass wir raus müssen und im [Freizeitbad] jetzt Hausverbot haben.

I: Der ‚Turn' wäre der Erfolg bei den Mädchen gewesen, obwohl oder gerade weil die mit ihren Freunden da waren – das habe ich verstanden. Allerdings vermute ich, dass die Situation nicht ganz so ohne weitere Auseinandersetzungen abgelaufen ist, wenn die Security-Leute da auflaufen.

K: Na ja, das ist dann schon vorher noch ein bisschen lauter geworden, weil die Jungs auf uns los wollten.

I: S., Sie wissen doch, dass die Wahrscheinlichkeit groß ist, dass ich nun frage, weshalb die ‚Jungs auf sie los wollten'?

K: Ja, weil die nicht damit einverstanden waren, dass wir zu den Mädchen hin sind und die angesprochen haben.

I: ‚Angesprochen haben' bedeutet ja nun vermutlich nicht, dass Sie mit ausgefeilter Höflichkeit Komplimente verteilt haben.

K: Wohl nicht so. Das war dann ja auch wieder so auf dumm, muss man ehrlich sagen. Wir haben ganz direkt gefragt, ob die Lust hätten, mit uns in die Umkleiden zu gehen, und da hat die eine dann gleich angefangen, Theater zu machen.

I: Und an der Stelle kommen deren Freunde dazu.

K: Genau. Und dann haben die Mädchen rumgezickt und auf Show gemacht, weil die natürlich nicht wollten, dass die Jungs denken, dass die was von uns wollten, obwohl: Die eine von denen hätte nicht ‚Nein' gesagt – da bin ich mir hundertprozentig sicher.

I: Diese Vermutung ist wahrscheinlich gut für Ihr Ego.

K: Nein, glauben Sie mir, die wäre mit uns mitgekommen.

I: Die Szene wird sich vermutlich nicht auf Reset spulen lassen; nun sind stattdessen die Freunde und die Security angekommen.

K: Ja, aber das war ja nur, weil die anderen Mädchen da auf Belästigung und so gemacht haben.

I: Belästigung kann ich nachvollziehen, der eigentliche Knall hat doch in Ihrer Erzählung aber immer noch nicht stattgefunden, oder habe ich den überhört?

K: Sie meinen, ob da noch mehr passiert ist?

I: Ich meine, was denn wohl eigentlich passiert ist?

K: Der eine von den Typen wollte auf uns los, weil der meinte, dass wir ihn provoziert haben – da wäre das dann beinahe eskaliert.

I: Die vermeintliche Provokation bestand worin?

K: Jetzt wird's peinlich irgendwie.

I: Für wen?

K: Von uns hat einer gesagt, dass die Mädchen bestimmt auch mal mit einem richtigen Männerschwanz ihren Spaß haben wollen, und das fand der eine nicht so witzig.

I: Das ist ja wohl auch eher Provokation als Witz, oder?

K: Na klar – wer lässt sich sowas schon gefullen – vor allem, wenn die eigene Freundin daneben steht? Ja, aber da ist dann ja auch das Personal gekommen und hat uns rausgeschmissen.

I: S., dieselbe Situation, nur umgekehrt, also dass Ihre Freundin so in irgendeinem Schwimmbad von anderen Jungs angesprochen wird, um es mal zurückhaltend auszudrücken, – wie würden Sie da reagieren?

K: Ich hätte dem anderen sofort eine gegeben. Das geht doch auch nicht, wenn die sehen, dass ich mit dabei bin. Das muss doch jedem klar sein, dass man sich dafür eine fängt.

I: Wahrscheinlich ist das auch jedem klar – mit Ausnahme von Ihnen.

K: Ja, aber das war eben so der Spaß damals.

I: Oder der ,Turn'.

K: Oder der Turn, ja. Aber wie gesagt, sowas passiert heute ja auch nicht mehr.

I: Mit zunehmendem Alter werden solche Aktionen doch auch zunehmend peinlicher, oder nicht?

K: Ja, natürlich.

Dieser curriculare Teil ist - analog zur Gruppenveranstaltung - durch wortreiche Ausgestaltungen oder beredtes Schweigen charakterisiert[184].

Das gilt es festzuhalten: Das Abrücken von einer Tatlegende, die Distanzierung von Neutralisierungstechniken, das Hinterfragen von Rechtfertigungsstrategien ist nicht ohne Weiteres möglich. Denn für die Person, die sich dieser Konfrontation, dieser Auseinandersetzung stellt, bedeutet das durchaus das Eingestehen bisheriger Irrtümer bezie-

184 Vgl. Schawohl 1999, S. 5/6

hungsweise das Zugeständnis an eigene (diesbezügliche) Unzulänglichkeiten sowie das Dekonstruieren bis dahin geltender und funktionierender Erklärungsmodelle, die gleichsam ihren Fassadencharakter zu erkennen geben und somit ersetzt werden müssen.

Der Zusammenhang des Faktors Neutralisierungstechniken mit der nachfolgend betrachteten Opferkommunikation/Opferperspektive ist offensichtlich.

6. Opferkommunikation/Opferperspektive

Ein unumgängliches Thema, denn ohne Opfer gäbe es gar keine Teilnahme am Einzel-AAT. Und vom definitorischen Verständnis bedeutet es in diesem Zusammenhang, dass die teilnehmende Person gleichsam aufgrund einer Täterschaft entsprechend verurteilt worden ist. Das bedeutet wiederum nicht, dass jeweilige eigenerfahrene Opfersituationen nicht ebenfalls Berücksichtigung finden.

Die Opferkommunikation kann indirekt erfolgen, indem zum Beispiel das Abspielen eines Opferinterviews erfolgt; oder es können aus der Literatur oder anhand von Filmbeispielen sowie unter Hinzunahme von Gerichtsurteilen (siehe nachfolgend) Opfersituationen thematisiert werden.

Dadurch soll das Einfühlungsvermögen des Täters erhöht werden und zudem das Bewusstsein für das verursachte Leid und das eventuell fortbestehende Leiden des Opfers geweckt werden. „Die Konfrontation des Täters mit der Opferperspektive [...] lässt kaum Ausreden zu [und] verunmöglicht eine neutrale Distanz“[185]. Dabei „soll nicht die Position der einen (Täter-)Seite gegen die andere (Opfer-)

185 Weidner 2004, S. 153

Seite ausgespielt, sondern verdeutlicht werden, dass der Blick für die Opferperspektive wegen der Folgewirkungen ein wesentliches Element bei [dieser] Arbeit [...] darstellt"[186]. Denn nicht selten treten diese Folgen in psychischer, physischer, soziokultureller, finanzieller und materieller Hinsicht - mit nachhaltiger Wirkung - auf.

Was zudem immer mitgedacht werden muss: Es geht bei der Opferkommunikation nicht um die Re-Inszenierung einer Gerichtsverhandlung. Hier muss - dem Dezisionismus[187] folgend - davon ausgegangen werden, dass die zuvor begangene Unrechtshandlung juristisch bearbeitet und mit dem verkündeten Urteil in dieser Hinsicht abgeschlossen worden ist - daraus wiederum resultiert ja unter anderem die Teilnahme am Einzel-AAT. In diese Kategorie der Überlegung ist daher auch einzubeziehen, dass die jungen Menschen zuvor in sehr unterschiedlicher Ausprägung und Ausübung juristischen Beistand im Rahmen der Gerichtsverhandlung erlebt und wahrgenommen haben. Dabei ist den Mandanten in der Regel sehr wohl klar und bewusst, dass es bei dem Weg bis zur Urteilsverkündung vorrangig weder um Gerechtigkeit noch um Fairness geht - und zu diesem bedauerlichem (Miss-)Verständnis trägt die jeweilige Verteidigung nicht selten ihren unseligen Anteil bei: „Davon, dass auch der Verteidiger den Erziehungsgedanken beachten soll, steht hier nichts drin"[188], äußert ein Verteidiger, der zudem meint, „Jugendliche gegen die Staatsautorität aufzubringen sei ja nicht immer falsch. Die jungen Mandanten würden von der Staatsmacht wahrlich genügend zurechtgestutzt. Auch wenn er ihre Taten nicht

186 Schawohl 2006, S. 337

187 Dezisionismus: rechtsphilosophische Anschauung, nach der das als Recht anzusehen ist, was die Gesetzgebung zum Recht erklärt (Duden 2011, S. 244)

188 Rückert 2011, S. 18

immer verstehen könne - er sei ihr ‚Fürsprecher' und kämpfe für ihre Sache"[189]. Wie gesagt: Gerechtigkeit und Fairness stehen bei diesem ‚Kampf' nicht im Vordergrund - und Respekt ebenso wenig.

Geradezu unvermeidlich ist es daher, dass vor diesem Hintergrund und auf dieser Folie eine Rückschau auf das erfolgt, was (unter anderem) zur Teilnahme am Einzel-AAT geführt hat:

Bei der Arbeit mit dem Gerichtsurteil wird somit neben der eigentlichen Straftat nicht selten auch die Gerichtsverhandlung thematisiert, was mit einigem zeitlichen Abstand durchaus zu veränderten und eher als angemessen erscheinenden Gedanken führen kann.

Erinnernd merkt ein Teilnehmer an: *„Beim Gericht hat mein Anwalt wieder seine ‚[Name des Anwalts; Anm.]-Show' abgezogen - der hat da voll Theater gemacht und rumgeschrien. [...]. Das war mir schon irgendwie peinlich und fast auch beleidigend und demütigend für das Opfer muss ich ehrlich sagen, aber für mich war's gut."*

Zwar kann die im Curriculum vorgesehene Opferkommunikation der Bedeutungsschwere des Leides und des Leidensweges der konkret betroffenen Personen vermutlich nicht einmal annäherungsweise hinreichend gerecht werden - gleichwohl müssen die Tatfolgen mit den jungen Menschen permanent thematisiert werden, um das Geschehen einerseits nachvollziehbar und verständlich werden zu lassen für den Täter sowie andererseits um die Folgen vergegenwärtigen zu können und die Würde des Opfers zu wahren - wohl wissend, dass diesem Ansinnen die Unversöhnlichkeit des Opfers gegenübersteht: „Sie können sich

189 Ebd.

hier hundertmal entschuldigen"[190], entgegnet eine Frau bei der Gerichtsverhandlung den Tätern eines Raubüberfalls und lässt die geäußerten Rechtfertigungen als entschuldigende Erklärungsversuche aufgrund der anhaltenden Leidensfolgen nicht gelten.

Diese Nachfolgewirkungen eines erlittenen Leids bleiben oftmals völlig unberücksichtigt. Das Nach-Tatgeschehen lässt sich aus der Sicht eines Opfers so beschreiben: „[...] Täter warten nach einer Strafanzeige die Ermittlungen ab, meist ohne Einbuße an Lebensqualität. Es sind die Opfer, die sich quälen, mit hilfloser Wut, Ohnmachtsgefühlen, Angst, dem Täter wieder zu begegnen. Oft jahrelang, manchmal lebenslänglich"[191]. Es gilt zu bedenken, dass die „Auseinandersetzung mit einer Viktimisierung [...] oft das gesamte weitere Schicksal eines Menschen [betrifft]. Falls Viktimisierungen nicht ausgeglichen werden, besteht die Gefahr von über die einmalige Schädigung hinausgehenden Fehlentwicklungen"[192].

Als Beispiel für die Thematisierung des opferleidverursachenden Handelns sei die nachfolgende Dialogpassage aus dem Reflexionsgespräch am Ende eines Einzel-AATs genannt[193]:

I: Als letzte Karte hatten Sie: ,Ehrlich gesagt: Ich scheiß' auf mein Opfer – dazu haben Sie gesagt: ,Nein, weil ich ein Mensch bin; ich kann niemandem wehtun'. Laut Gerichtsurteil sind Ihre Opfer allerdings nicht alle schmerzfrei davongekommen.

190 Hamburger Morgenpost 31.01.2020, S. 13
191 Tügel 2005, S. 104
192 Walter 2001, S. 323
193 Schawohl 2020, S. 273ff.

K: Das stimmt, aber das heißt ja nicht, dass ich auf die scheiß'. Die tun mir ja schon irgendwie leid. Ich hab mich bei denen ja auch entschuldigt bei Gericht.

I: Bei allen?

K: Ja, natürlich.

I: Weil Ihnen das wichtig war oder weil Ihr Anwalt meinte, das kommt gut an?

K: Hm, also schon meistens freiwillig, weil ich ja weiß, dass die sowas gerne hören.

I: Man muss Ihnen zumindest lassen, dass Sie ehrlich sind.

K: Ach so – ja, aber so ist das doch: Da muss mein Anwalt mir gar nicht sagen, dass das besser für mich ist, wenn ich sage, dass mir das leid tut.

I: Unabhängig davon, ob das stimmt?

K: Das geht doch gar nicht anders bei Gericht.

I: Da spricht jemand aus Erfahrung.

K: Na ja, schon.

I: Trotzdem: Da Sie ja ein Mensch sind: Gab es denn mal eine aufrichtige Entschuldigung von Ihnen, weil Ihnen tatsächlich eines Ihrer Opfer leidgetan hat?

K: Doch, auf jeden Fall. Bei dem hab ich mich auch richtig entschuldigt, weil der mir echt leid tat, als ich gehört habe, was dem alles passiert ist.

I: Nämlich?

K: Der hatte seinen Kiefer ausgerenkt und das musste dann wieder eingerenkt werden und das war wohl schon ziemlich schmerzhaft, kann ich mir denken. Und dabei hatte der noch Glück, weil das wohl auch fast gebrochen gewesen wäre.

I: Da sind Ihre Gedanken wohl einigermaßen zutreffend. Sekunde mal eben, bitte, dann lese ich Ihnen mal was vor zum Thema

Kieferbruch, und dann werden Sie feststellen, dass es für Ihr Opfer in der Tat noch viel schlimmer hätte kommen können [Suche in Unterlagen; Anm.]. Voilà: Hier habe ich ein Urteil, bei dem durch einen Schlag – ähnlich wie bei Ihnen – der Kiefer tatsächlich zu Bruch gegangen ist, und das liest sich im Urteil so: ‚Der Schlag war so kräftig geführt, dass der Treffer ein lautes Knacken verursachte und der geschädigte J. [Name des Opfers; Anm.] sofort zu Boden fiel. […]. Infolge dieser Verletzung erlitt der Geschädigte eine Fraktur der Kiefernhöhlenvorderwand links, die operativ versorgt werden musste. Der Geschädigte erhielt während eines fünftägigen Krankenhausaufenthalts eine Metallplatte implantiert, die [später] operativ entfernt werden musste. Er war [für einen Zeitraum von sechs Wochen] krankgeschrieben. Zudem [muss er] wegen einer Kieferverschiebung einen sog. Aqualizer tragen. Der Angeklagte hatte den Geschädigten durch seinen Schlag zwar verletzen wollen, das tatsächlich eingetretene Ausmaß der Verletzungen hat er aber nicht beabsichtigt. In der Hauptverhandlung entschuldigte er sich persönlich bei dem Geschädigten, der die Entschuldigung aber nicht annehmen konnte'. Können Sie nachvollziehen, dass diese Entschuldigung nicht angenommen werden konnte?

K: Ja, klar. Das ist ja eigentlich auch gar nicht zu entschuldigen, wenn man sich das mal richtig überlegt. Da reicht es ja schon, wenn man sich bloß anhört, was dem da passiert ist. Wie soll man sich für sowas entschuldigen – überlegen Sie doch mal.

I: Bei richtiger Überlegung im Vorherein käme so eine Verletzung gar nicht erst zustande, S.

K: Stimmt, da haben Sie Recht. Mir ist das ja auch wirklich bis heute richtig, richtig peinlich, was ich dem Anderen angetan habe, muss ich sagen, und was der nur wegen mir leiden musste.

I: Im Urteil heißt es dann noch: ‚Die Verletzungsfolgen bei dem Geschädigten […] waren erheblich. Vor der Anwendung massiver Gewalt schreckt der Angeklagte nicht zurück, er verfügt über ein latent vorhandenes großes Aggressionspotential'. Würden Sie eine solche Einschätzung bezogen auf Ihre Person heute noch als gültig erachten?

K: Das gar nicht mehr würde ich sagen, nein. Da ist ja auch definitiv nichts mehr gewesen, was in diese Richtung geht – ich schwör bei allem, was mir wichtig ist.

I: Das müssen Sie gar nicht. Ist die Schmerzensgeldsache eigentlich schon durch?

K: Nein, aber das kommt auf jeden Fall noch.

I: Das sei Ihnen und vor allem dem Opfer auch gegönnt.

K: Ja, muss man wohl so sagen, leider.

I: Um mal bei Ihren Worten zu bleiben: Mit dieser Tat haben Sie sich weder Respekt verschafft und sind dafür aber zu einhundert Prozent peinlich und auch ‚asig' rübergekommen.

K: Auch da muss ich Ihnen leider wieder Recht geben.

I: Schon zum zweiten Mal.

K: Ja, aber dagegen kann ich ja auch wirklich nichts sagen, außer das mir das von Herzen leid tut. Wenn ich könnte, würde ich das am liebsten alles ungeschehen machen.

I: Können Sie nicht, aber Ihr zumindest früher auch vorhandenes Aggressionspotential könnten und sollten Sie deutlich reduzieren beziehungsweise auf null setzen.

K: Sowas passiert mir garantiert nie, nie wieder, niemals.

I: Halten Sie sich daran, anderenfalls würden weitere Menschen durch Sie unnötig zu Opfern werden, und für Sie wäre möglicherweise Abschiednehmen von der Freiheit angesagt – das eine wäre unverdient, das andere möglicherweise nicht.

K: Auf gar keinen Fall, niemals – hab ich ja schon gesagt.

I: Ich hätte gedacht, Sie würden mir direkt ein drittes Mal einfach nur Recht geben.

K: Stimmt, da haben Sie auch wieder mal Recht.

I: Also: Drei zu null für mich.

K: Drei zu null für Sie.

I: Ehe es möglicherweise vier zu null steht: Hat Ihnen dieses Training etwas gebracht?

K: Hundertprozentig ja, würde ich sagen. Sogar einiges.

I: Was denn zum Beispiel?

K: Also: Auf jeden Fall ist mir klar geworden, was da alles so dranhängt, also was nach so einer Straftat noch alles kommt – nicht nur so wie bei dem Opfer, was Sie in dem Urteil vorgelesen haben, aber auch für einen selbst; und ich muss sagen, dass mir auch das Reden selbst gut gefallen hat und dass mir das auf jeden Fall richtig viel gebracht hat, weil man sich schon extrem mit sich selbst beschäftigt dadurch und auch richtig viel zum Nachdenken kommt; und man bekommt so ein anderes Bewusstsein, wenn man sich so intensiv damit auseinandersetzen muss, finde ich, also so, dass man dann auch immer noch beim Rausgehen darüber nachdenkt – bei mir war das jedenfalls so, dass mein Kopf dann immer noch so seine Gedankenzündungen hatte, sag ich mal, weil das nicht sofort auf null runtergespult werden kann danach.

I: Hört sich reflektiert und reflektierend an.

K: Reflektieren – genau, das ist das richtige Wort dafür. Ich bin reflektierter geworden und dadurch eben auch bewusster, dass niemand wirklich etwas Gutes von solchen Aktionen hat.

I: Wenn dass das Ergebnis Ihrer Reflexion ist, behalten Sie das immer in Erinnerung.

K: Ja, und an das Training hier werde ich mich auch gerne erinnern. Das hat richtig Spaß gebracht und wir hatten immer gute Gespräche miteinander, finde ich jedenfalls so aus meiner Sicht – das hatte immer irgendwie Tiefgang und dadurch musste man sich schon einigermaßen anstrengen, um da auch gut mitreden zu können. Wo führt jemand wie ich denn schon mal solche Gespräche?

I: Resultiert diese Hymne jetzt aus diesen von Ihnen erwähnten Gedankenzündungen?

K: Vielleicht so, ja; aber so ungefähr war das dann jedes Mal hier für mich, ja.

I: Setzen Sie diese Gedanken entsprechend um, dann passt es. Ich schalte das Gerät dann jetzt mal aus – besser können Sie Ihr Schlusswort ja gar nicht formulieren.

K: Dann sage ich vorher noch eben schnell danke für alles, damit das dann auch noch drauf ist, bevor Sie ausschalten.

I: Ist gespeichert – und aus.

‚Das ist ja eigentlich auch gar nicht zu entschuldigen, wenn man sich das mal richtig überlegt. Da reicht es ja schon, wenn man sich bloß anhört, was dem da passiert ist. Wie soll man sich für sowas entschuldigen - überlegen Sie doch mal' - das bringt auf den Punkt, was - insbesondere - durch Körperverletzungsdelikte an nachfolgenden Leidwirkungen bei den Geschädigten verursacht wird.

Obwohl der Viktimologie ein Bedeutungszuwachs zugesprochen wird[194], mag nach wie vor der nicht ohne Resignation formulierten Feststellung zugestimmt werden, dass Strafverfahren vielfach so ablaufen, „dass die Tatopfer dem Strafverfahren mit erheblichem Unverständnis gegenüberstehen. So fühlen sie sich auch dann, wenn sie als Nebenkläger eine aktive Rolle im Verfahren übernehmen, häufig in ihrer psychischen Situation, aber auch in den finanziellen Folgen vom Staat alleingelassen"[195]. Horribele dictu: Das

194 Vgl. Brühl/Deichsel/Nothacker 2005, S. 308ff.
195 Hoffmann-Riem 1997, S. 23; zit n.: Brühl/Deichsel/Nothacker 2005, S. 309f

Alleingelassen-Fühlen ist nachvollziehbar, wenn man sich die vorab zitierte Einlassung eines Teilnehmers in Erinnerung ruft: *„Beim Gericht hat mein Anwalt wieder seine ‚[Name des Anwalts; Anm.]-Show' abgezogen – der hat da voll Theater gemacht und rumgeschrien. [...]. Das war mir schon irgendwie peinlich und fast auch beleidigend und demütigend für das Opfer muss ich ehrlich sagen, aber für mich war's gut"* – notabene: Taktgefühl, Respekt und Anstand dürfen alleine durch das Tragen einer Robe eben nicht als selbstverständlich vorausgesetzt werden.

Bezüglich des Phänomens Mobbing sei an dieser Stelle darauf hingewiesen, dass Wut, Ohnmachtsgefühle und Angst durch dieserlei Erfahrungen und Erlebnisse bei den Opfern auftreten können[196]. Die Entwicklung von Mobbingprozessen unterliegt einer Dynamik, die oft unbemerkt oder unbeachtet bleibt. Erfolgt keine konsequente sowie unterstützende Intervention zugunsten der Opfer, resultiert daraus eine Stärkung der Täter und entsprechend „schutzloser werden die Opfer. Wird dieser Prozess nicht von außen gestoppt, droht eine Eskalation in weitere Bereiche der Schule hinein"[197].

Dies bedeutet mit den Worten eines 15-jährigen, der jahrelang unter dem Mobbing seiner Mitschüler gelitten hat Folgendes: „Ich hatte totale Wut auf die Mobber. Am liebsten würde ich mich rächen. Ich habe mich ohnmächtig gefühlt, weil es zu viele waren. Keiner hat mir geholfen; keiner konnte mir helfen – nicht mal die Erwachsenen. Die Lehrer hatten Angst vor den Eltern und wollten deshalb einfach nichts machen. Irgendwann konnte ich dann nicht mehr und bin gegangen. Leider musste ich gehen und nicht die anderen. Mein Psychiater hat mir dann gesagt, dass ich

196 Schawohl 2016, S. 37 ff.
197 Großmann 2006, S. 6; vgl. Kilb 2020

freiwillig gegangen bin, weil sich die Situation nicht mehr mit meiner Würde vereinbaren ließ. [...] 4 Jahre hat das alles gedauert. Ich würde die [Mobber] am liebsten mal an die Unantastbarkeit der Würde des Menschen erinnern. Es gibt keine Entschuldigung, die ich akzeptieren würde"[198], wird die Verbitterung und Unversöhnlichkeit des Jugendlichen betont.

Ein schwerwiegendes Dilemma wird implizit ausgedrückt, da - angelehnt an Walsers Worte - deutlich wird: „Die einen [erinnern] sich immer noch an ihr Opfersein, die anderen [leiden] immer noch nicht unter ihrem Tätersein."[199]

Die Herausforderung, sich über das verursachte Leid mehr als nur einen flüchtigen Gedanken zu bereiten, ist dem Respekt der Opfer geschuldet und berücksichtigt zudem, dass Permissivität an dieser Stelle eben nicht zukunftsweisend sein kann.

Gelingt eine Re-Integration bietet sich als Konsequenz eines nunmehr prosozialeren Verhaltens eine individuell-positiv spürbare Perspektive - inklusive der lohnenswerten Aussicht auf zunehmende Freundlichkeit anderer, keinerlei Beeinträchtigungen des Wohlempfindens anderer, also: ein erheblicher Gewinn an Lebensqualität. Diese Perspektive lohnt sowohl für die Teilnehmer an einem Einzel-AAT als auch allemal für die - vermiedenen - Opfer.

Ein weiteres Beispiel aus dem reflektierenden Abschlussgespräch sei genannt, dass neben der Opferkommunikation die Bedeutsamkeit des zeitlichen Aspektes zum Ausdruck bringt, der bei dieser überwiegend jungen Klientel Berücksichtigung finden muss, denn „die Impulse, die in der Bewährungszeit gesetzt werden, tragen mitunter außerhalb

198 Schawohl 2015, S. 115
199 Walser/Augstein 2017, S. 263

der Beobachtungsmöglichkeit dazu bei, dass sich die J[ugendlichen] und H]eranwachsenden] dazu entschließen[,] ein straffreies Leben zu führen"[200].

I: Ihr Sinneswandel oder Ihre veränderte Sichtweise ist auch bei den Aussagekarten zum Ausdruck gekommen. Bei der Karte ,Wer mich provoziert, hat schon verloren', war Ihre wohl überlegte Antwort: ,Stimmt auf jeden Fall. Wenn ich nicht auf die Provokation eingehe, hat er doch verloren, und mir geht es besser'. Eine nahezu perfekte Antwort, B., treffender lässt es sich nicht formulieren.

K: Danke, aber so muss man das ja sehen, sonst bin ich ja ewig der Dumme, wenn ich bei jeder Provokation darauf einsteige und die Situation dann eskaliert.

I: Und wieder spielt die Zeit eine Rolle.

K: Ja, muss ja auch. Sonst wäre das ja auch peinlich, wenn ich nicht irgendwann mal verstehe, dass ich nicht immer so weitermachen kann wie früher.

I: Auch bei der Aussage ,Mit Gewalt kann man sich Respekt verschaffen', kommt der Sinneswandel zum Ausdruck: Sie haben bei der Antwort sofort getrennt: ,Stimmt – so war es früher. Stimmt nicht, wenn ich heute antworte'. Und Ihre Erklärung war, dass man das früher auch sehen konnte, weil die Leute eingeschüchtert waren, und dann haben Sie explizit ergänzt: ,Die hatten Angst'.

K: Angst, genau, also Angst-Respekt, und nicht den ehrlichen Respekt, auf den es eigentlich ankommt. Heute ist mir das peinlich, richtig peinlich.

I: Ihre heutige Sicht haben Sie dann so formuliert: ,Stimmt nicht. Erstens: Das ist respektlos. Zweitens: Es hat eher etwas mit Respekt zu tun, einer Schlägerei aus dem Weg zu gehen – das erfordert eher mehr geistige Kraft' – man könnte eine Entwicklung in

200 Walsh et al. 2016, S. 246

die unterschiedlichen Sichtweisen und Formulierungen hineininterpretieren.

K: Das eine war früher, das andere ist heute, und die Antwort von heute zählt.

I: Heute schlägt früher.

K: Heute schlägt früher zehn zu null oder hundert zu null.

I: Ein deutliches Ergebnis und eine deutliche Abkehr von Ihren damaligen Sicht- und Verhaltensweisen. Sie erinnern sich an die Zeitungsmeldungen, bei denen Sie vier auswählen und beurteilen sollten?

K: Ja, das mit der Rentnerin und dem Kaninchen.

I: Genau. Erinnern Sie sich noch, welche Strafen die Täter jeweils bekommen hätten, wenn es nach Ihnen gegangen wäre?

K: Knast die meisten oder Sozialstunden.

I: Genau. Und Ihre Haftstrafen sind schon ziemlich hoch gewesen. Für die Tat mit der Rentnerin hätten Sie sieben Jahre gegeben, für die gefilmte Prügelei drei bis vier Jahre, für die Tat mit dem Kaninchen Therapie und zweihundert Sozialstunden, und für den Mord lebenslänglich.

K: Ja, für solche Taten muss man doch solche Strafen geben. Sonst denken die doch, die können einfach immer so weitermachen – irgendwie müssen die das doch mal lernen.

I: Und dafür würden Sie solche Strafen als sinnvoll erachten?

K: Ich finde, die haben das nicht anders verdient. Mit mehreren Leuten eine alte Frau zusammenschlagen – die hätte ja auch sterben können dabei. Und der Junge, der von den anderen gefilmt und verprügelt wurde, leidet doch bestimmt auch jahrelang darunter – da können die Jungs dann auch ruhig ein paar Jahre in den Knast, finde ich.

I: Das mag Ihrer Ansicht nach auch so sein, das haben Sie ja damals auch so begründet. Sie wissen allerdings auch, dass Sie mit diesem Maßstab für sich selbst ebenfalls ein anderes Strafmaß bekommen müssten?

K: Aber ich hab ja niemanden umgebracht und auch keine alten Frauen zusammengeschlagen oder so, und Tiere hab ich auch nicht abgefackelt oder andere geisteskranken Aktionen veranstaltet. Und ich war immerhin in der JGU [meint: Jugendgerichtliche Unterbringung; Anm.] und das ist ja auch schon so knastmäßig.

I: Allerdings mit Ausgängen.

K: Aber da drinnen ist das auch wie Knast, das muss man schon sagen.

I: Mag sein, wobei es eben tatsächlich als haftvermeidende Maßnahme gilt, auch wenn das gefühlt bei Ihnen anders angekommen ist. Zurück zu den Zeitungsmeldungen und Ihren Strafzumessungen: Mit Ihrem Maßstab wären Sie im Gefängnis gelandet.

K: Aber würden Sie das fair finden, Herr Schawohl?

I: Inwieweit ich das fair finde, spielt insofern gar keine Rolle, weil Ihr Urteil ja gesprochen worden ist und Sie dabei ohne Haftstrafe davongekommen sind. Aber wenn Sie gerade die Fairness ansprechen: Glauben Sie, dass Ihre Opfer meinen würden, Ihre Strafe sei fair?

K: Meine Opfer?

I: Ja. Wenn die hören, B. Z. hat für seine Straftaten eine Bewährungsstrafe und die Teilnahme an einem Einzel-AAT bekommen – würden die dann sagen: ‚Das ist fair'?

K: Keine Ahnung. Vielleicht würden die auch denken, dass hat der Junge nicht verdient, der muss für ein paar Jahre hinter Gitter – kann schon sein, dass die so denken.

I: Zu Recht?

K: Ach, schwierig jetzt irgendwie für mich. Ich selbst würde mich natürlich nicht reinschicken, aber aus Sicht der Opfer würden da vielleicht einige sagen, dass ich rein müsste.

I: Wobei das für die Zukunft ja kein Thema mehr sein sollte, weil Sie sich jetzt anders verhalten als früher.

K: Genau.

I: Zwei Zitate von Ihnen: ‚Ich will mein Leben komplett ändern', und: ‚Ich habe mein Verhalten so geändert, dass ich keinen Stress mehr mache – ist entspannter'. So gesehen bedeutet das ja auch, dass es zukünftig Ihretwegen keine weiteren Opfer gibt, oder?

K: Will ich ja auch gar nicht mehr, dass es soweit kommt. Begründung hab ich ja schon gegeben. Ich hab gar keine andere Wahl.

I: Wenn Sie Ihre Freiheit nicht riskieren wollen.

K: Wenn ich meine Freiheit nicht riskieren will, und das will ich nicht.

I: Insofern ja auch gar nicht so ganz verkehrt, dass von der Bewährungshilfe noch ein bisschen auf Sie geachtet wird.

K: Ah, muss jetzt eigentlich auch nicht mehr sein, aber ist mir auch egal – sollen die ruhig machen. Ich weiß ja, dass ich nichts mehr mache, so gesehen ist das eigentlich unnötig.

I: Ihre Formulierung ‚Ich hab gar keine andere Wahl' lässt schon ein bisschen durchklingen, dass Sie eventuell nicht abgeneigt wären, sich hier und da vielleicht doch noch mal anders entscheiden zu können, wenn die Justiz nicht so genau hinschauen würde.

K: Was soll ich sagen, Herr Schawohl? Jetzt bin ich in dieser Situation und das ist gut so für mich. Ich hab das doch hier gesehen, dass mir das nur meine Zukunft kaputt machen würde – das ist mir jetzt wirklich hundertprozentig klar geworden. Ich muss sauber bleiben und ich bleibe sauber.

I: Das haben Sie jetzt so oft zum Ausdruck gebracht, B., dass Sie sich daran auch halten sollten. Also wünsche ich Ihnen dabei alles Gute und gutes Gelingen, damit Sie diesen Weg so fortsetzen können. Und vielleicht sehe ich dann ja irgendwann ein Schild auf dem steht: Kfz-Meisterbetrieb B. Z.. Dann fahre ich bei Ihnen auf den Hof und sage: Herzlichen Glückwunsch, B., gut gemacht!

K: So machen wir das, und dann kriegen Sie so lange Sie wollen Rabatt bei mir.

I: Schauen wir mal.

In der Rückschau geht ein Teilnehmer (21 Jahre) mit sich unmissverständlich ins Gericht:

I: Wie wirkt das aus heutiger Sicht auf Sie, wenn Sie daran denken, was für eine Einstellung Sie damals hatten?

K: Schon komisch oder kindisch und albern irgendwie, aber damals war ich ja auch noch ganz anders drauf, da war das vollkommen normal für mich. Ich hab mich ja wirklich für den Größten gehalten, obwohl ich darüber heute auch nur lachen kann.

I: Ihre Opfer vermutlich eher nicht.

K: Natürlich nicht, aber daran hab ich ja damals gar nicht gedacht – die haben mich kein bisschen interessiert. Mir war das völlig egal, ob ich denen irgendwas gebrochen hatte oder so oder ob die dann noch aufstehen konnten oder nicht.

I: Darüber hatten wir ja auch hier beim Training gesprochen, und aus heutiger Sicht haben Sie dann ja schon eingeräumt, dass Sie damals übertrieben haben. Bei der Karte ‚Ehrlich gesagt: Ich scheiß auf mein Opfer' haben Sie gesagt, dass Ihnen das heute richtig leid tut, vor allem, weil einige Ihrer Opfer überhaupt nichts dafür konnten, weil Sie den Stress regelrecht gesucht hätten.

K: Ja, eigentlich hätte man mich damals wegschließen müssen, damit ich nicht wie ein Wahnsinniger durch die Gegend renne, damit ich überhaupt mal merke, was ich da gemacht habe und wie unnötig das alles gewesen ist.

I: Rückblickend betrachtet ist Ihre Einschätzung zumindest gesellschaftstauglicher als damals.

7. Zukunftsperspektive

Der Traum für die Zukunft wäre „ein straffreies Leben zu führen und Mama glücklich zu machen“[201] – das ist zumindest nicht nur eigennützig gedacht. Weniger nach den Träumen, sondern nach den jeweiligen Zielen, die ein Teilnehmer bis zum Ende eines Einzel-AATs erreicht haben will, wird beim ersten Termin der Maßnahme gefragt. Dieses Zielvorhaben wird notiert und bei jeder Sitzung sichtbar im Raum angebracht. „Die Festlegung auf Ziele bedeutet immer auch Verbindlichkeit. [...]. Sie reduzieren die Problem- und Defizitorientierung in der Startphase von Interventionsprozessen, unterstützen den Wechsel von Vergangenheits- auf Zukunftsorientierung, schaffen Hoffnung auf Veränderung und sind Basis für das Arbeitsbündnis“[202].

Als Ziele wurden – neben den weiter oben bereits erwähnten – bisher beispielsweise genannt:

- Vorher überlegen, was ich mache. Vorteile und Nachteile erwägen;
- Ich will mich in Zukunft so verhalten, dass ich nicht mehr hierher kommen muss;
- Mit meinen Aggressionen umgehen können. Eine andere Perspektive von einigen Sachen sehen;
- Ich will einen besseren Eindruck auf das Umfeld machen. Ein ganz normaler Mensch sein;

201 Großekathöfer 2020, S. 51
202 Widulle 2011, S. 139

- Wenn ich streite, die innere Wut nicht aufbauen, sondern darüberstehen können;
- Ich will ruhiger werden, damit ich ganz normal auf der Straße gehen kann wie jeder andere auch;
- Ich will erreichen, dass ich mehr Respekt habe und die Kontrolle nicht verliere;
- Dass ich ruhiger werde. Dass ich mich alleine ‚runterfahren' kann;
- Ich will kein Schlägertyp werden. Ich will nicht in diese kriminelle Laufbahn kommen. Ich will ein zivilisiertes Leben führen;
- Das Wichtigste ist, dass ich lerne, wie ich einer Stresssituation aus dem Weg gehen kann. Ich will ein Ventil finden, ohne dass die Situation eskaliert.

Es darf angenommen werden, dass die teilnehmenden Personen zunächst einmal die Vorstellung haben oder entwickeln können, dass eine Annäherung oder gar ein Erreichen der jeweiligen Zielvorhaben eine subjektive Verbesserung bisheriger Lebensumstände bedeuten mag – auch hier kann Collas Vermutung mitgedacht werden, „dass der junge Mensch mit der ‚Welt', nicht nur mit dem eigenen Milieu auskommen will"[203], um perspektivisch gelingende Teilnahme- und Teilhabemöglichkeiten realisieren zu können, die zudem eine Legalbewährung stabilisieren.

Ein zwanzigjähriger Einzel-AAT-Absolvent, hat es rückblickend als „Riesenglück" empfunden, nicht auf die wiederholt von ihm begangenen Körperverletzungs- sowie Raubdelikte reduziert worden zu sein, sondern dass *„immer wieder darüber gesprochen wurde, was noch alles wichtig ist für mich und was ich in Zukunft besser machen kann. So am Ende*

203 Colla 2007, S. 44

muss ich sagen, Sie werden mir irgendwie voll fehlen, weil das für einen selbst gut gewesen ist, wenn man weiß, dass für die Zukunft trotz der Akte, die man so hat, noch Möglichkeiten da sind", so dass aus der Gegenwart heraus für zukünftige positive Biografiemomente gearbeitet worden ist. Dem jungen Menschen wurde eine perspektivische Option geboten, gleichsam „die Möglichkeit der Ansprache, die Gelegenheit, [die] Taten zu hinterfragen und zu verarbeiten, [um] für sich selbst herauszufinden, wie es zur Straftat kommen konnte und wie sie sich in Zukunft vermeiden lässt"[204]. Es gilt Voraussetzungen zu schaffen, „dass der junge Mensch sich zukünftig gesetzeskonform verhalten kann"[205].

Um in diesem Sinne eine gelingende perspektivische Biografiefortschreibung begünstigen zu können, wird im kontinuierlichen Dialog mit den Teilnehmern gearbeitet, wobei das Wissen von autobiografischen Studien diese Herangehensweise unterstützt, da diese erkannt hat, dass „Menschen in der Lage [sind], die Vergangenheit neu zu deuten, diese bewusst mit der Gegenwart in Einklang zu bringen und sich selbst in einem neuen Licht zu sehen"[206], was in der nachfolgenden Passagen betrachtet wird:

I: Sie erinnern sich vermutlich an das sogenannte ‚Referat': Freude, Trauer, Angst, Wut, Glück und Gewalt sollten zugeordnet werden auf die drei Bereiche Familie, Schule oder Job bei Ihnen und Freunde.

K: Ja klar.

I: Da hatten Sie bei der Kombination Freude – Schule gesagt: ‚Dass die meisten Respekt vor mir hatten'. Und dann haben Sie erklärt, dass das doch eher ‚Angst-Respekt' gewesen ist. Trotzdem

204 Heinrichs 2008, S. 274
205 Colla 2007, S. 44
206 Köber/Habermas 2016, S. 31

sind Sie dabei geblieben, dass Ihnen das damals Freude bereitet hat – worin bestand diese Freude damals für Sie?

K: Ja, ist schon komisch irgendwie, aber damals war ich so drauf, dass ich gedacht habe: Supi, keiner kann mir was, und ich bestimme, was läuft. Ich hab mir ja auch von niemandem etwas sagen lassen, auch von den Lehrern nicht. So im Nachhinein muss ich sagen, war ich für die schon ein schlimmes Kind, weil ich immer derjenige war, der Ärger gemacht hat. Dann war es aber auch so, wenn mal irgendwo was war und ich hatte nichts gemacht, dann hieß es sofort: Ach, B. mal wieder – natürlich. Das war dann auch ungerecht, aber ich kann das auch irgendwie verstehen, weil ich von hundertmal bestimmt so neunzig- oder fünfundneunzigmal dabei war, und dann haben die sich auch gedacht, wenn wir B. ankacken, dann passt das bestimmt schon mal.

I: Die wiederholten Klassenkonferenzen haben dann ja auch einige Schulwechsel nach sich gezogen.

K: Stimmt, aber was sollten die auch sonst machen damals mit mir?

I: Trotzdem haben Sie Ihren Schulabschluss geschafft.

K: Aber nur Haupt.

I: Den haben Sie allerdings. Und wenn Sie eine Ausbildung absolvieren, haben Sie den Realschulabschluss.

K: Dann ja.

I: Sehen Sie, und die Möglichkeit hätten Sie ja.

K: Ja, ich weiß, stimmt schon.

I: Noch einmal auf diese Freude zurück, die Sie bei diesem sogenannten ‚Angst-Respekt' hatten: Im Zusammenhang mit den Aussagekarten hatten Sie gesagt: ‚Die Leute hatten schon Angst vor mir – das war immer mein Vorteil' – würden Sie diesen Vorteil für sich heute auch noch nutzen wollen?

K: Auf gar keinen Fall! Ich würde mir richtig mies vorkommen, wenn ich das immer noch so machen würde. Überlegen Sie doch mal, wie das wäre, wenn ich immer noch so unterwegs sein würde. Das wäre dann doch wirklich so dieses ‚hängen geblieben', was wir doch hier auch mal besprochen haben. Damals war das komisch irgendwie, aber jetzt passt das gar nicht mehr. Peinlich wäre das, peinlich.

I: Wobei so eine kriminelle Karriere für Sie als Sechzehn-, Siebzehnjähriger scheinbar durchaus reizvoll gewesen ist. Ein Zitat von Ihnen lautet: ‚Ich hätte das Potential gehabt, richtig kriminell zu werden. Auf der kriminellen Ebene hätte ich eine große Nummer werden können'. Welches Potential hätte Ihnen denn dafür zur Verfügung gestanden?

K: Das war schon so dieses Angst-Respekt-Potential, wenn man das so nennen kann. Die Leute wussten ja, wer ich bin, und die wussten auch, dass ich mir nichts gefallen lasse, egal von wem – so hab ich jedenfalls damals gedacht. Völlig verrückt eigentlich, aber damals war das tatsächlich so.

I: ‚Die Leute wussten ja, wer ich bin', hat damals was bedeutet? Wer waren Sie denn?

K: So gesehen, war ich der Boss. In meiner ‚Hood' war ich der Pate, der Tony Montana von S. [Stadtteil in Hamburg; Anm.], wenn Sie so wollen.

I: Tony B. Montana aus S. [s.o.] – und wieder sind wir zu Gast in einer verrückten Welt.

K: Sie haben Recht, das hört sich völlig verrückt und krank an, aber so bin ich damals bei mir in der Gegend rumgelaufen.

I: Noch ein Zitat von Ihnen, was in diese Richtung geht: ‚Mein Ansehen erlaubt mir, zu tun und zu lassen, was ich will' – mehr Boss geht wohl nicht.

K: Ja, richtig durch irgendwie. Aber trotzdem: Früher hab ich genauso getickt. Und was hat mir das gebracht? Nur Stress, wenn man das mal ehrlich sieht.

I: Und die Teilnahme am Einzel-AAT hier.

K: Das auch, aber das war ja so gesehen noch mit das Beste, was dabei rausgekommen ist, finde ich.

I: Wenn Sie das so sehen, kann man ja sagen: Immerhin. Wobei Sie mit Ihrer heutigen Bewertung ‚Nur Stress' schon richtig liegen, wenn Sie mal daran denken, wie die vier Felder [Arbeit mit der Vier-Felder-Matrix; Anm.] ausgesehen haben, als es um die Vor- und Nachteile ging, wenn Sie so weitermachen wie bisher, also als Tony Montana von S. [s.o.], oder wenn Sie Ihr Verhalten ändern würden – die Übersicht war schon recht eindeutig.

K: Ja, und bei den Vorteilen war ja eigentlich auch nur der Respekt oder eben ‚Angst-Respekt', muss man ja sagen, und der Vorteil mit dem Geld – das war's aber auch schon. Und dann die Tabelle mit den Nachteilen: Knast, keine Freiheit, Gericht, Anzeigen, Führungszeugnis versaut, Job weg und was da noch alles so war, Freundin fehlt, Familie ist weg, Essen schmeckt nicht – da waren ja fast nur Nachteile im Nachhinein.

I: Zumindest von der Anzahl her war das eindeutig. Und ebenso eindeutig für den Fall, dass Sie Ihr Verhalten ändern.

K: Genau umgekehrt kann man sagen: Fast nur Vorteile und keine wirklichen Nachteile.

I: Was die Anzahl der Punkte angeht, war es eindeutig. Entscheidend ist und bleibt Ihre Bewertung der einzelnen Punkte. Wenn für Sie das Geld über allem steht, wäre das Einkommen von Tony Montana natürlich nach wie vor reizvoll und so haben Sie es ja auch gesagt: ‚Es ist verlockend wegen dem Geld' – das war ja die damalige Motivation.

K: Nur genützt hat mir das Geld dann ja auch nichts, wenn ich dafür alles verlier' und meine Freiheit weg ist.

I: So gesehen geht die Rechnung nicht auf.

K: Die Rechnung kann ja nie aufgehen, wenn ich dafür in den Knast muss.

I: Bleiben Sie mal schön bei dieser Einstellung, damit Sie sich nicht wieder verrechnen.

K: Einmal hat mir gereicht [meint: Inhaftierung; Anm.], das muss ich mir nicht noch mal geben.

I: Bleiben wir noch kurz bei diesen Aussagekarten. Bei der Aussage ‚Es gibt mir eine gutes Gefühl, dass Leute Angst vor mir haben', haben Sie gesagt: ‚Damals hat das gestimmt' – darüber wie Sie das unter anderem erklärt haben, haben wir ja zum Teil schon gesprochen. In diesem Zusammenhang kam von Ihnen der Hinweis: ‚Ich weiß, wie ich mit denen [meint: Araber, Türken, Deutsche; Anm.] reden muss' – diese Aussage zusammen mit Ihrem Angst-Respekt-Faktor war ja scheinbar schon so etwas wie Ihr Kapital damals.

K: Ja, aber so crazy wie ich damals drauf war, hab ich mir ja auch von niemandem etwas sagen lassen. Wie gesagt: Meine Hood, ich Boss, ich Tony Montana – egal, wer Du bist und wo Du herkommst: Araber, Türke, Deutscher – alles meins hier. Mach wie ich sage und alles ist gut. So war das früher.

I: ‚Und alles ist gut' hat Sie dann ja in den Knast gebracht.

K: Ja, was soll ich sagen?

I: Zum Beispiel: ‚Stimmt!'.

K: Ja, stimmt ja auch.

I: Ihr Auftreten vor einigen Jahren hat aus heutiger Sicht schon so etwas radikal Größenwahnsinniges; darauf komme ich gerade, weil Sie bei dieser Karte ‚Es gibt mir ein gutes Gefühl, dass Leute Angst vor mir haben', gesagt haben: ‚Ich hab die alle nicht ernstgenommen: Polizei, Gericht, Sozialstunden, Bewährung – alles albern. Die konnten mir alle gar nichts – ausgelacht hab ich die.

Einem Bullen hab ich sogar vor die Füße gespuckt, und was hat dieser Lappen gemacht? Nichts!' – die Macht des Paten.

K: Die Macht des Paten – oh, Mann! Wenn man sich das heute so anguckt, ist das ja wirklich nicht mehr normal gewesen, was wir uns damals erlaubt haben. Das passt so gesehen eigentlich schon ganz gut wie Sie das sagen mit dem Größenwahnsinnigen – unglaublich, aber genau das war damals unser Film.

I: Und Sie hatten eine der Hauptrollen und wollten auch noch Regie führen.

K: Alles! Ich wollte alles damals! Ich hab mich sozusagen hochgearbeitet.

I: Das heißt, Sie hatten Ihren Ruf.

K: Ich hatte meinen Ruf.

I: Stimmt, und Sie hatten ja damals auch die Philosophie: ‚Ein Mensch, der sich einen Namen erarbeitet hat, wird mehr respektiert, als der, der gar nichts mit der Polizei zu tun hat'. Mit dieser Denke mussten Sie ja die kriminelle Laufbahn einschlagen und vor allem beibehalten.

K: Damals hab ich wirklich geglaubt, das muss so sein, ja.

I: Erinnern Sie sich an die Fragestellung Warum werden Jugendliche kriminell oder gewalttätig? – da hatten Sie etliche Gründe aufgezählt, und als für Sie zutreffend haben Sie genannt: Macht, Kick oder Adrenalin, den eben erwähnten Ruf, Geld, Drogen, Alkohol, falsche Freunde, Vorbilder, Provokationen und Wut.

K: Ja.

I: Und von diesen damaligen Gründen wären, so war Ihre Einschätzung vor einigen Wochen, heute noch Alkohol und Provokationen Risikofaktoren – ist das unverändert so?

K: Jetzt nicht mehr so extrem wie damals, aber Alkohol ist ja schon so ein Grund, dass man dann doch mal leichter in was reingerät, was ohne eben nicht passieren würde. Und Provokationen jetzt auch nicht mehr so, dass ich bei jeder Kleinigkeit gleich wieder ausraste oder rot sehe, aber deshalb muss ich mir ja nicht gleich alles gefallen lassen, aber auf jeden Fall warte ich nicht mehr so darauf, ob jemand meint, er muss mich provozieren. Soll er machen – ich lach darüber. Und so Drogen nehm' ich ja schon lange nichts mehr, also fällt das ja auch schon mal ganz weg.

I: Das haben Sie ja auch bei Stolz [meint: Arbeit mit der Wandzeitung; Anm.] erwähnt, dass Sie seit jetzt fast acht Monaten gar nichts mehr konsumiert haben.

K: Stimmt.

I: Und geht auch?

K: Geht sogar sehr gut.

I: Noch eine richtige Entscheidung.

K: Auf jeden Fall, ja.

I: Zu Beginn haben Sie gesagt, dass schon ‚lange nichts mehr gewesen ist so richtig'. Was glauben Sie, woran das liegt? Gab es keine Sie provozierenden Situationen mehr oder legen Sie es einfach gar nicht mehr darauf an oder bewerten einige Situationen einfach anders?

K: Alles davon würde ich sagen. Auf jeden Fall mach ich nicht mehr so die Welle wie früher, und ich muss auch nicht mehr sofort immer reagieren, wenn mich jemand provozieren will, das geht da rein und da wieder raus. Und die Angstschiene muss auch nicht mehr sein. Warum sollten Leute Angst vor mir haben? Das ist so ein unnötiges Denken. Und ich hab auch gemerkt, wenn ich ruhiger bin, passiert auch viel weniger Stress allgemein.

I: Wenn Sie das so beibehalten, kommen Sie ganz dicht ran an die hundert Prozent.

K: Da bin ich ja schon fast angekommen. Gut, ein bisschen was fehlt noch, aber ich bin ganz kurz davor.

I: Wir hatten ja auch darüber gesprochen, was alles dazu beiträgt, dass Sie momentan von der kriminellen Bahn abgehalten werden. Da haben Sie genannt: Beziehung, Job, korrekte Freunde, Familie, Drogenverzicht. Diese Gründe treffen nach wie vor alle zu?

K: Ja.

I: Haben die Leute, die hier für Sie wichtig sind – Freundin, korrekte Freunde, Familie – sich mal dazu geäußert, dass Sie jetzt entspannter und nicht mehr so patenmäßig unterwegs sind?

K: Die finden das auf jeden Fall alle nur gut. Die sagen auch, dass ich stolz darauf sein kann, wie ich das geschafft habe. Obwohl das ja eigentlich normal sein sollte, wie das jetzt ist, aber egal: Jetzt mach ich ja nichts mehr und alle sind damit zufrieden.

I: Damit können auch alle zufrieden sein. Und ‚normal' hin oder her: So wie jetzt war es ja nicht immer und so ganz einfach ist das für Sie ja auch nicht gewesen, dass Sie das jetzt alles so gut auf die Reihe bekommen haben, also passt das schon mit dem ‚stolz-darauf-sein-Können' – keine falsche Bescheidenheit.

K: Danke schön, danke.

I: Gerne doch. Sie haben im Laufe des Trainings und auch hier zwei verschiedene Freundeskreise erwähnt: den ‚falschen' und den ‚korrekten'. Haben Sie zu den sogenannten ‚falschen Freunden' noch Kontakt?

K: Gar nicht mehr. Jedenfalls nicht mehr so wie früher, als man jeden Tag miteinander unterwegs war. Also nicht so, dass wir nun jeden Tag kriminelle Sachen gemacht haben, aber wir waren auf jeden Fall zusammen, und das ist heute gar nicht mehr. Wenn man sich heute sieht, ist vielleicht mal ein kurzes ‚Hallo' und das war's dann aber auch schon.

I: Wissen Sie, ob von diesen ‚falschen Freunden' einige auch diesen Weg eingeschlagen haben, den Sie jetzt gehen?

K: Das weiß ich gar nicht so genau, aber auf jeden Fall sind einige von denen auch im Knast gewesen und einige sind auch jetzt noch da. Ich glaub' einer muss sogar richtig lange sitzen – so für drei Jahre oder so.

I: Sind bei den ‚korrekten Freunden' auch welche dabei, die Sie damals schon gekannt haben, als Sie noch anders unterwegs gewesen sind, also Leute, mit denen Sie damals schon zu tun hatten und die also auch den kriminellen B. kennen?

K: Einer eigentlich nur: L. [Name des Freundes; Anm.]. Und der hat damals schon immer gesagt, ich soll aufhören mit der Scheiße, und der freut sich jetzt auch richtig, dass sich das geändert hat.

I: Beziehungsweise dass Sie das geändert haben.

K: Oder so, ja.

I: Und von Ihrer Freundin gibt es vermutlich doch auch nur Pluspunkte für den straffreien und entspannten und vor allem in Freiheit lebenden B. [s.o.]?

K: Ja, aber die kannte mich ja damals auch noch gar nicht. Die weiß auch so die ganzen Einzelheiten gar nicht, und ich finde, das muss die auch gar nicht alles so genau wissen – jetzt mach ich ja nichts mehr.

I: Stabilisiert zumindest die Beziehung.

K: Ja. Das würde ich auch gar nicht wollen, dass die mich im Knast besuchen kommen muss – dann würde ich vorher Schluss machen.

I: Behalten Sie die Beziehung mal schön so bei, weil das dann ja auch bedeutet, dass Sie in Freiheit leben können. Und die Freiheit können Sie sich selbst garantieren, indem Sie keine Straftaten mehr begehen. Sie sehen, B.: Alles hängt mit allem zusammen.

K: Irgendwie schon, ja.

I: Dann weiterhin gutes Gelingen auf dem jetzigen Weg.

I: Danke, Herr Schawohl.

Dieser kurze biografische Ausschnitt lässt den Einzel-AAT-Teilnehmer gleichsam als chronografischen Akteur seiner selbst in Erscheinung treten und bringt zugleich die Ernsthaftigkeit zum Ausdruck, mit der ein Abschied manifestiert und Zukunft gestaltet werden soll.

Analog zum Gruppensetting soll der teilnehmenden Person durch die Provokationstests eine Grenze hinsichtlich Selbstkontrolle, Erregbarkeit und Aggressivität aufgezeigt werden.

Es geht darum, sich trotz einer ungewohnten und durchaus anstrengenden Situation mit vorübergehenden verbalen Provokationen nicht zu aggressiven Handlungen hinreißen lassen. Laut DUDEN meint die hier betrachtete Provokation: „Herausforderung, durch die jmd. zu [unbedachten] Handlungen veranlasst wird od. werden soll."[207]

Gleichwohl: Das Einzel-AAT intendiert konträr ein bedachtes und wohlüberlegtes Agieren, das eine perspektivische Option ermöglicht, die ohne jede Gewaltimmanenz als zukünftige Handlungsstrategie als die je individuell gültige angenommen werden kann. Und eben darin besteht die Herausforderung: Das in Permanenz, Variation und Wiederholung thematisierte zurückliegende Verhaltensrepertoire wird gleichsam in extenso dahingehend betrachtet und hinterfragt, um Alternativen erarbeiten zu können, die von dem (meist) jungen Menschen als bindend, gültig sowie zukunftsweisend anerkannt werden. Dabei muss von Seiten der das Einzel-AAT leitenden Person keinerlei (zusätzlicher) Druck aufgebaut werden - vielmehr gestattet die dialogische Komponente eine Möglichkeit des

207 DUDEN 2011, S. 861

Gewährenlassens, ohne dabei beliebig zu werden; die Ausgestaltung dieser Möglichkeit kann als Wirkfaktor des Einzel-AATs vermutet werden, was der anfangs zitierte Zwanzigjährige implizit bei der Kursreflexion so zum Ausdruck gebracht hat: *„Sie haben mich verführt, weil ich von Anfang an wusste: Ich muss hier die Wahrheit sagen, weil das sonst nichts bringen würde. Und jedes Mal ist mir klar geworden, dass das alles aufeinander aufbaut, was wir hier bei jedem Termin besprochen haben – das hat alles immer Sinn ergeben und da hatte man eigentlich gar keine andere Möglichkeit als immer die Wahrheit zu sagen, obwohl man das ja gar nicht muss, wenn man nicht will, aber irgendwie wollte man hier immer reden"*. Recht hat der junge Heranwachsende und gibt ebenso zu verstehen, dass er diese ihm gebotene Möglichkeit nutzen wollte, weil er es wollte.

Wenn es gelingt, das Kränkungsniveau der jungen Menschen anzuheben sowie eine Gewalthemmung aufzubauen, können als positive Konsequenzen eines Erregungs- und Provokationsabbaus ganz neue Erfahrungen für die Jugendlichen auftreten, die wie folgt beschrieben werden können: „Wenn Aggressoren provokative Tätigkeiten aufgeben, machen sie bald mit potentiell belohnenden Aspekten ihrer Umwelt Bekanntschaft, die immer vorhanden waren und die die neu entstehenden Verhaltensmuster automatisch verstärken. Andere werden freundlicher, wenn sie nicht mehr länger in Schrecken und Wut versetzt werden. Positive Aufgeschlossenheit fördert dann wieder herzliche Gegenreaktionen. Wenn eine wechselseitig verstärkende Interaktion zwischen gewaltlosem Verhalten und den Belohnungen aus der Umwelt einmal ins Leben gerufen ist, können sich weitreichende Veränderungen ergeben, auch wenn freundliches Verhalten niemals bewusst entwickelt wurde"[208].

Wenn beim Feedback nach einer Sitzung wiederholt Lob sowie Anerkennung für das Beantworten der Fragen und für das Stellungnehmen auch zu unliebsamen Themen gegeben wird, bedeutet das für den jeweiligen Trainingsteilnehmer, dass ihm Respekt gezollt wird - und zwar unter anderem dafür, dass er cool, also „[...] nüchtern-sachlich u. kühl im Handeln od. Einschätzen einer Situation" [209], gleichsam gelassen geblieben ist.

Lobformulierung sowie Lobannahme zeigen gelingende Wirkung, wenn die lobende und die gelobte Person einander soweit vertrauen können, dass beide wissen, diese jeweilige Rolle steht ihnen zu:

I: Sie haben das mit dem Einzel-AAT richtig gut gemacht, A., darauf können Sie auch stolz sein.

K: Bin ich auch ein bisschen so, ehrlich gesagt. Wenn ich gewusst hätte, dass das so abläuft wie hier, hätte ich das schon viel früher gemacht.

I: Vielleicht hätte es früher noch nicht so gepasst.

K: Hm, auch möglich. Aber jetzt hat es ja gepasst auf jeden Fall.

I: Dazu haben Sie ganz wesentlich beigetragen, A., deshalb meinte ich auch, dass Sie stolz darauf sein können – gar nicht mal unbedingt darauf, dass Sie das gemacht haben, sondern wie Sie das gemacht haben.

K: Wie jetzt?

I: Erinnern Sie sich mal an das Vorgespräch; da haben Sie gesagt: ‚Ich bin da nicht gleich so, dass ich so von mir erzähle. So bei bestimmten Themen finde ich, geht das nicht jeden was an:

208 Bandura 1979, S. 337
209 DUDEN 2011, S. 213

Familie zum Beispiel, da werd' ich nicht groß was sagen.' Erzählt haben Sie dann allerdings doch einiges – vor allem bei dem sogenannten ‚Referat'.

K: Schon, aber das war hier ja auch ganz was anderes als in einer Gruppe – da hätte ich gar nichts davon erzählt, weil ich finde, dass müssen die anderen gar nicht alles so wissen, und bestimmte Sachen sind eben privat. So wie hier war das ja sogar im Gegenteil so, dass man richtig gut was erzählen konnte und man ja auch wusste, dass nichts weitergesagt wird davon – so bringt das dann ja sogar richtig was und dann hilft einem das auch gut, weil man weiß, dass damit gut umgegangen wird. Das hab ich meiner Bewährungshelferin auch gesagt, dass das für mich mit so einem Einzeltraining auf jeden Fall besser gewesen ist, weil das alles mit mir zu tun hat, was da besprochen wird, und dann muss man ja auch immer hundertprozentig Konzentration da reingeben, weil man da ja auch möglichst alles mitrausnehmen will – für mich hat das hier mit Ihnen auf jeden Fall gepasst.

I: Das hört sich gut an.

K: Ist es ja auch, weil es auch wirklich gut gepasst hat. Sie haben mir Gehör geschenkt und ich habe Ihnen zugehört, weil ich gemerkt habe, dass Sie Ahnung davon haben, worüber wir hier gesprochen haben. Und wissen Sie, was mich am meisten wundert? Sie haben nicht ein einziges Mal gesagt ‚Du musst' oder ‚Du sollst' oder so, sondern Sie haben eigentlich immer mir überlassen, wie ich mich entscheide; aber ohne Sie wäre ich gar nicht in diese Situation gebracht worden, dass ich mir das überlegen muss, und ich glaube, deshalb hat mir das hier was gebracht und deshalb hab ich überhaupt so intensiv mitgemacht hier.

I: Dann achten Sie darauf, dass für Sie auch weiterhin alles gut bleibt oder wird, damit es auch in Zukunft gut passt.

K: Wird schon gut gehen – danke auf jeden Fall, dass Sie das so mit mir ausgehalten haben.

I: Bleiben wir dabei: Passt schon.

So ist es: Wenn es passt, passt es.

Die im Training gezeigte Gelassenheit und das gekonnte Einschätzen einer Situation kann bei einem gelingenden Transfer in den Alltag der Trainingsteilnehmer dazu führen, dass auch dort zunehmend ein neues Verhalten ausprobiert und mit positiven Rückmeldungen bestätigt wird, wie der neunzehnjährige M. gegen Ende des Einzel-AATs zu verstehen gibt: *„Meine Freundin hat mich gefragt, ob ich ihr Ihre Telefonnummer geben kann. […]. Die findet das gut, dass ich hierherkomme, weil sie sagt, dass mir das was bringt, und dass ich für sie manchmal gar nicht wiederzuerkennen bin, wenn ich jetzt eigentlich meistens immer ruhig bleibe. Warum sie Ihre Nummer haben will, weiß ich aber auch nicht wirklich."*

Die Unsinnigkeit einer Schlägerei wird N. (17 Jahre) durch eine pointierte Bemerkung seiner Freundin (F) verdeutlicht: Warum machst Du denn beim Coolness-Training mit, wenn Du Dich jetzt wieder beulst? – woraufhin N. auf die ihm gegenüber geäußerte Provokation nicht weiter eingeht. Der daraus resultierende Erkenntnisgewinn für M. : „Die größte Niederlage des Provokateurs ist das Ignorieren der Provokation"[210].

Die anschließende Interview-Passage zeigt das perspektivische Moment eines Einzel-AATs mit mehreren Aspekten auf, da der 22-jährige Kursabsolvent die jeweiligen Bedeutsamkeiten pointiert zum Ausdruck bringt[211]:

I: M., wenn Sie sich Ihr zu Beginn des Einzeltrainings formuliertes Ziel anschauen – ‚Bei Beleidigungen oder Provokationen auch mal da drüberstehen können. Insgesamt lockerer werden' -, was

210 Weidner 2004, S. 147
211 Schawohl 2020, S. 150ff.

würden Sie sagen, zu wieviel Prozent haben Sie Ihre Vorhaben erreicht?

K: So alles gesehen richtig gut, würde ich sagen. Also: Mit den Beleidigungen und Provokationen ist gar nichts mehr gewesen, also da hundert Prozent, und lockerer bin ich da auch geworden, aber noch nicht so hundertprozentmäßig, da würde ich mal sagen so achtzig bis neunzig Prozent.

I: Das hört sich nach einer guten Quote an.

K: Ja. Aber das ist ja auch nicht mehr so wie früher, als immer gleich alles so bli-bla-blub-mäßig auf ‚Zeig-mal-was-Du-so-drauf-hast-Pose' gelaufen ist. Das muss auch alles gar nicht mehr sein. Wissen Sie, Herr Schawohl, mich nervt das auch alles nur noch: Bewährung, noch mal Bewährung, dann zu Frau K. [fallzuständige Fachkraft der Bewährungshilfe; Anm.], weil die auch immer irgendwas will, hierher zu Ihnen, und dann immer noch die Paranoia, dass die [meint: Beamte des MEKs; Anm.] bei mir in der Wohnung stehen, weil die meinen, sie würden immer noch was bei mir finden – ich hab darauf keine Lust mehr.

I: Die Folgen der Vergangenheit.

K: Ja, aber irgendwann muss die Vergangenheit dann auch mal Vergangenheit bleiben, finde ich.

I: Darüber hatten wir ja gesprochen, M., dass Sie das, was in Zukunft stattfindet, beeinflussen können, das, was zurückliegt, allerdings nicht – insofern müssen Sie sich damit arrangieren.

K: Ja, nervt trotzdem alles.

I: Immerhin: Das Training hier haben Sie jetzt beendet – damit ist also eine Auflage vom Gericht erledigt.

K: Ja, stimmt, aber diese Termine hier bei Ihnen waren ja nicht mal die, die mich genervt haben – das war ja sogar gut, dass ich hier mal jemanden hatte, mit dem ich reden konnte und der mich auch versteht – wissen Sie, was ich meine? Ich muss Ihnen nicht alles erst erklären, weil Sie auch so wissen, was ich meine. Zu

Hause mit meinem Vater kann ich das nicht besprechen – der hat selbst genug Probleme; der ist krank, wissen Sie ja, der war im Krankenhaus und sitzt im Rollstuhl jetzt, da kann ich ihm nicht noch mit meinen Geschichten kommen und ihm die ganze Gerichtskacke vor die Nase halten, der hat selbst mit sich genügend Probleme.

I: Das heißt, dieser Teil der Auflage war für Sie jetzt nicht der Unangenehmste?

K: Gar nicht, nur eben die Zeit und dass ich das dann jedes Mal mit meinem Chef vorher klarmachen musste, dass ich die Schichten dann so legen kann, dass das hier passt, das war nervig irgendwie. Aber hier selbst, das war ja sogar gut für mich, weil ich hier eben auch mal jemanden habe, der weiß, was bei mir alles stattfindet, also, der das eben auch versteht, wenn ich so hier und da und überall Stress habe und mir das dann einfach alles zu viel wird – so eben. Hier wusste ich immer: Das passt – jedes Mal, wenn ich hier raus bin, habe ich mich besser gefühlt als vorher. Aber ich will einfach, dass ich endlich mal meine Ruhe habe und nicht immer diese Paranoia haben muss, dass alle was von mir wollen. Ich mach ja auch nichts mehr – das müssen die doch auch endlich mal in ihre Köpfe reinkriegen, oder wollen die mich mein ganzes Leben lang damit nerven?

I: Wenn Sie sagen ‚Das passt [und] jedes Mal, wenn ich hier raus bin, habe ich mich besser gefühlt als vorher', – können Sie sagen, wodurch das hier für Sie gepasst hat und inwiefern es Ihnen nach den Terminen besser ging?

K: Wie gesagt: Sie wissen, was ich meine, also: Sie verstehen mich. Das war schon mal immer ganz wichtig für mich, dass ich weiß, ich muss Ihnen nicht alles drei-, vier-, fünfmal erklären, bevor Sie wissen, was ich meine. Und besser ging es mir schon mal deshalb, weil hier auch geguckt wurde, was es bedeuten könnte, wenn ich niemals damit aufhöre – so dies-das, bli-bla-blub. Ich weiß das ja auch alles mittlerweile, aber das ist trotzdem gut, wenn man ab und zu immer noch mal wieder daran denkt und darauf gebracht wird, und bei mir war das immer so, wenn ich hier raus bin, habe ich mir eine Zigarette angesteckt und noch mal überlegt, was wir hier so geredet haben. Und das war dann auch so, wenn ich draußen unterwegs war, dann hab' ich das auch so im Kopf: Du hast die Termine bei Herrn Schawohl. Sie haben mich begleitet, obwohl Sie nicht bei mir waren, wissen Sie, wie ich meine?

I: Oh, M. das haben Sie jetzt wirklich schön gesagt.

K: So ist das wirklich: Sie begleiten mich immer wie ein Schatten, das meine ich. Sie haben mir sozusagen meine Augen geöffnet, und ich hab darüber nachgedacht. Und dass ist auch gut, dass mir das mal jemand so klar gemacht hat, dass ich jetzt auch mal an den Punkt kommen muss, zu sagen: Du weißt, das bringt alles für Dich nichts außer Deine Paranoia und die Filme, die Du schiebst und Du weißt das eben, und jetzt musst Du auch mal Deinen Kopf einschalten, dass Du das auch machst, was Du weißt, also dass ich einfach nichts mehr mache, also nichts Illegales, weil ich weiß, das gibt nur stressmäßig Probleme und Ärger – ich will meine Ruhe und fertig!

I: Klare Ansage.

K: Ja.

I: Sie erinnern sich an die Aussagekarten, mit denen wir hier gearbeitet haben?

K: Ja, so mit Gewalt Respekt bekommen und so, nä?

I: Genau. Bleiben wir gleich bei dieser Aussage: ‚Mit Gewalt kann man sich Respekt verschaffen' – erinnern Sie noch in etwa, was Sie darauf geantwortet haben?

K: Dass das heute nicht mehr stimmt, aber früher so war, weil ich das auch darauf angelegt habe.

I: Genau. Ihre Formulierung war: ‚Das hab' ich früher auch gemacht in meinem Viertel. Aber das war nichts mit Respekt, das war Angst. Aber die Leute sollten über mich reden wie eine ‚Serie', ich hab das richtig drauf angelegt, kann man sagen.' Und anschließend haben Sie erwähnt, das sei heute anders.

K: Ja, muss ja auch. Meine Jungs sagen auch zu mir: ‚Du bist voll ruhig geworden', und: ‚Du hast Dich voll geändert'.

I: Würden Sie das so bestätigen?

K: Ja, muss ich doch auch. Ich hab' Bewährung und ich will mir diese Dauer-Paranoia nicht mehr geben, sonst bin ich wirklich irgendwann psychisch ‚richtig durch' und dann schieb' ich nur noch meine Filme.

I: Sie haben gesagt, dass Sie einfach nur Ihre Ruhe haben wollen. Um das zu erreichen, sind Sie ja auch umgezogen.

K: Ja, weg aus H. [Stadtteil in Hamburg; Anm.] und zu meinem Vater nach S. [anderer Stadtteil in Hamburg; Anm.] – da ist es auf jeden Fall schon mal besser für mich. Am liebsten würde ich ganz raus aus Hamburg, aber das geht im Moment nicht, weil ich meinen Vater nicht alleine lassen möchte mit seiner Krankheit.

I: Hat der Umzug für Sie etwas mehr Ruhe gebracht?

K: Ja, schon. Aber ich muss trotzdem aufpassen, weil immer noch mal ein paar Leute auftauchen können, die was von mir wollen, aber egal: Ich sag' denen, die sollen machen, wenn sie wollen – ich will nur noch meine Ruhe, sonst nichts.

I: Da klingt noch mal wieder etwas von der Paranoia durch.

K: Ja, aber egal. Ich versuch, den Leuten aus dem Weg zu gehen. Ich geh jetzt meinen Weg und die sollen ihren gehen.

I: Der Weg wird vermutlich lang für Sie.

K: Ich bin ja auch noch ganz am Anfang. Das ist so, dass ich auf dem Weg nach oben bin auf den Berg, und das habe ich zu einem Drittel geschafft, aber ich weiß, ich kann wieder runterfallen.

I: Und dann versuchen Sie es noch einmal?

K: Muss ich, bis ich oben bin – vorher gebe ich nicht auf.

I: Auf jeden Fall lohnt die Anstrengung.

K: Ich muss das jetzt durchziehen.

I: Und Sie wollen das jetzt scheinbar auch durchziehen.

K: Wollen und müssen, wollen und müssen.

I: Was ja wiederum auch Sinn macht, wenn Sie sich mal an die Auflistung der Vor- und Nachteile erinnern, die Sie aufgezählt haben bei den vier Feldern, wenn Sie Ihr Verhalten ändern würden beziehungsweise, wenn Sie so weitermachen wie bisher.

K: Da gab es doch, glaube ich, gar keinen richtigen Vorteil für mich.

I: Na ja, einen einzigen haben Sie genannt: ‚Gut Geld'. Demgegenüber sind Ihnen allerdings 8 Nachteile eingefallen – das ist zumindest von der Anzahl her eindeutig gewesen. Es sei denn, Sie sagen, das Geld toppt alles, egal wie viele Nachteile das mit sich bringt.

K: Was bringt mir das Geld, wenn ich im Knast bin und meine Freiheit weg ist?

I: Gute Frage.

K: Gute Frage, ja.

I: Und: Was bringt Ihnen das Geld, wenn Sie im Knast sind und Ihre Freiheit weg ist?

K: Ja – nichts. Nichts, nichts und nochmal nichts.

I: Bei der Veränderung Ihres Verhaltens war die Übersicht noch deutlicher: Nur Vorteile und nicht ein einziger Nachteil.

K: Gibt ja auch keine Nachteile, außer eben das Geld, das fehlt, aber das ist ja dann wieder kein Nachteil, weil ich nicht in den Knast muss – ganz einfach eben.

I: Kann man so sagen. M., ich möchte mit Ihnen noch einmal auf die von Ihnen benannten Gründe, weshalb jemand kriminell oder gewalttätig wird, zu sprechen kommen. Da hatten Sie als für sich zutreffend genannt: Geldnot, drogenabhängig, Gruppe, Stolz, Ehre, Langeweile, Vorbilder, Wut, Frust und Spaß. Erinnern Sie sich, welche davon Sie aus heutiger Sicht immer noch als mögliche Risikofaktoren bewertet haben?

K: Ich glaube Geld auf jeden Fall, Ehre, Stolz glaube ich auch mal – ja die drei so.

I: Die drei und Wut hatten Sie noch genannt.

K: Wut auch, ja. Aber ich glaube mal, da würde ich heute nichts mehr machen deswegen. Da wäre jetzt nur noch das Geld, aber da hatten wir ja schon drüber gesprochen, dass ich mir damit auch keinen richtigen Vorteil einhandel – das ist so gesehen also unnötig, dafür was zu machen und die Bewährung zu riskieren.

I: Für die anderen genannten Gründe, also: Ehre, Stolz und Wut würden Sie die Bewährung riskieren?

K: Was heißt hier riskieren? Ich würde auf jeden Fall nicht so von mir aus was machen, dass ich damit sozusagen dafür verantwortlich bin, dass ich rein müsste. Und wenn andere was machen würden, würde ich trotzdem nichts machen, außer ich werde angegriffen oder jemand von meiner Familie wird angegriffen – dann müsste ich ja was machen.

I: Sie meinen Notwehr.

K: Ja, sowas.

I: Notwehr und Nothilfe sind ja keine Straftaten.

K: Ja.

I: Nur wenn es darüber hinausgeht, könnte es für Sie mit Ihrer Bewährung wieder riskant werden.

K: Eben, also am besten passiert nichts und alles ist gut.

I: Zumindest können Sie einiges dazu beitragen, dass bestimmte Risikosituationen gar nicht erst zustandekommen, vermute ich.

K: Da haben Sie Recht, deshalb sage ich ja auch: Ich mach nichts mehr, dann hab ich meine Ruhe und gut ist.

I: Nur Ihre ‚innere Ruhe' haben Sie noch nicht erreicht.

K: Das wird auch noch dauern, glauben Sie mir.

I: Bewährung und Hamburg – oder was verhindert diese ‚innere Ruhe'?

K: Bewährung auf jeden Fall, ja, und Hamburg ist so gesehen auch ein Dorf und hier wollen einfach zu viele Leute was von mir. Sobald ich kann, bin ich raus aus Hamburg.

I: Je größer die Entfernung zu Hamburg, desto größer die Chance, Ihre ‚innere Ruhe' zu finden?

K: Ja, so sehe ich das mal. Wenn ich woanders bin, wo mich niemand kennt und wo ich niemanden kenne, hab ich schon mal nicht den Stress, den ich hier hab mit den Leuten, die hier ja an jeder Ecke irgendwo lauern. Ich muss ja immer mit Augen im Hinterkopf rausgehen, wenn ich irgendwo unterwegs bin, wissen Sie, wie ich meine? Das hat ja auch schon was von Paranoia so, und wenn ich raus bin aus Hamburg, bin ich weg von diesen Leuten hier.

I: Hamburg ist also nicht mehr Ihre Stadt?

K: Kann man so sagen, ja.

I: Also müssen Sie woanders Ihre ‚Serie' starten.

K: Ja, aber so auf entspannt und ohne Polizei und Kopfkino und was-weiß-ich für bli-bla-blub-Gestresse.

I: M. als Hauptdarsteller in einer friedlichen Daily-Soap.

K: So in der Art, ja. ‚XY [Stadt im europäischen Ausland; Anm.] Tag und Nacht'-mäßig eben – nur eben alles ganz easy-peasy gechillt.

I: Würde das außerhalb von Hamburg für Sie passen?

K: Ja, klar, ich hab doch hier nichts zu verlieren, und in XY [siehe oben; Anm.] hätte ich nur einen Freund, den ich da kenne und sonst nichts. Ich könnte da arbeiten und wohnen wäre auch kein Problem soweit ich weiß.

I: Reset in XY [siehe oben; Anm.].

K: Warum nicht? Hier holt mich irgendwann sonst alles wieder ein und dann krieg ich diesmal richtig Kelle [meint: Haftstrafe für mehrere Jahre; Anm.] und muss dann auch wieder ganz von vorne anfangen. Dann mach ich lieber gleich einen Neuanfang oder eben so reset-mäßig und muss vorher nicht in den Knast.

I: So gesehen klingt das sinnvoll.

K: So muss ich das sehen, Herr Schawohl, alles andere bringt mich hier nicht weiter.

I: Und genau in die entgegengesetzte Richtung ging Ihre Argumentation bei der Aussagekarte ‚Es gibt mir ein gutes Gefühl, dass Leute Angst vor mir haben' – auch da gab es die Unterscheidung ‚damals' und ‚heute', erinnern Sie sich in etwa daran, was Sie gesagt haben?

K: Ich glaube, dass das heute nicht mehr stimmt, weil es ja nicht um Respekt geht, sondern nur um die Angst, die jemand hat.

I: Fast wortwörtlich: ‚Das stimmt nicht, weil es ja im Endeffekt nur Angst ist. Bis vor ein paar Monaten war das aber anders'. Und das, was anders war, haben Sie damit erklärt, dass Sie damals darauf aus waren, dass die Leute nur Ihren Namen hören sollten, um dann zu wissen, wer Sie sind. Und dann haben Sie on top folgende Bemerkung abgeliefert: ‚Mein Name war sozusagen meine Waffe, und diese Waffe war immer dabei'.

K: Ja, war so damals.

I: Wie bewerten Sie das aus heutiger Sicht?

K: Lächerlich, wenn man das so hört heute. Aber damals hab ich wirklich geglaubt, dass das so ist – ich hab voll meine Filme geschoben und geglaubt, mir kann keiner was.

I: Hatte scheinbar schon was Größenwahnsinniges.

K: So war ich damals aber, Herr Schawohl. Ich hab mich gefühlt wie Gott – verrückt eigentlich.

I: Dieser Gott ist dann ja auch gescheitert.

K: Zum Glück – ja.

I: Inwiefern ‚zum Glück'?

K: Wer weiß, was sonst noch alles passiert wäre. Wenn man glaubt, keiner kann einem was, dann muss man irgendwann auf die Schnauze fallen oder von einem anderen was kassieren, wenn man sich mit den falschen Leuten anlegt.

I: Und Sie haben sich mit den falschen Leuten angelegt und sind auf die Schnauze gefallen, auch das hat ja für Sie hier zur Teilnahme geführt.

K: Ja, aber hoffentlich gerade noch rechtzeitig. Sonst wäre das der ganz große Absturz geworden, aber das hatten wir ja schon am Anfang besprochen, als wir über die verschiedenen Situationen in meiner Familie und beim Job und so gesprochen haben [meint: ‚Referat'; Anm.].

I: Das stimmt. Dieser Switch vom damaligen Größenwahn zum reset-mäßigen Neuanfang ist auch deutlich geworden bei der schriftlichen Begründung, die Sie bei der Aussage ‚Ich begehe keine weiteren Straftaten' gegeben haben, nämlich: ‚Stimmt. Ich bin zufrieden mit meinem Leben und den Möglichkeiten, die die Freiheit mir bereitet. Ich habe alles, was ich brauche und allein die Tatsache, dass ich mich frei bewegen kann, ist der größte Luxus, den ich mir vorstellen kann'. Und diese Richtung setzen Sie fort bei der Aussage ‚Es hat für mich Vorteile, ohne Straftaten zu leben': ‚Stimmt. 1. Weil ich nicht mehr in Gefahr gerate, eingesperrt zu werden und nicht von meiner Familie getrennt zu sein.

2. Weil ich bescheidener leben muss und hart für meinen Lebensunterhalt arbeiten muss'. Das sind zumindest Ihrerseits sinnvolle Beiträge, um zu verhindern, dass Sie ‚auf die Schnauze fallen'.

K: Ja, aber ich kann ja eigentlich auch zufrieden sein mit dem Leben so, wie es jetzt ist. Eigentlich könnte das ruhig so weitergehen, nur vielleicht noch ein bisschen mehr Gehalt, dann würde das gut passen.

I: Wobei die Trennung von der Familie dann ja auch gegeben wäre, wenn Sie nach XY (s.o.) ziehen würden.

K: Schon, aber die Trennung sonst meinte ich ja, wenn ich im Knast wäre – das andere wäre ja kein Problem, wenn man sich besuchen kann. XY (s.o.) wäre einfach ruhiger für mich. Und ich brauch auch nicht viel zum Leben. Ich will meine Ruhe und in Freiheit leben – fertig.

I: Klingt alles andere als größenwahnsinnig.

K: Die Zeiten sind endgültig vorbei.

I: Im Grunde war während des gesamten Trainings Ihr Tenor: Ich will meine Ruhe und weg von dem kriminellen Weg, den ich jahrelang gegangen bin. Zumindest gibt es etliche Zitate von Ihnen, die bei den Wochenrückblicken zu finden sind, bei der Wandzeitung, bei den Aussagekarten – ich glaube fast, es hat nicht eine Sitzung gegeben, in der Sie nicht in diese Richtung gedacht oder geredet haben.

K: Das stimmt auch. Und ich muss sagen, dass mir das auch jedes Mal deutlicher geworden ist, wenn ich jede Woche hier gewesen bin – das hat mir sozusagen die Bestätigung dafür gegeben oder sogar die Erkenntnis gebracht, dass das so auf jeden Fall richtig ist.

I: Vielmehr kann von so einem Einzel-AAT ja gar nicht erwartet werden. Und all das wäre ohne Ihre Mitarbeit und ohne Ihr Mitwirken nicht zustande gekommen. Wobei Sie ja auch von Beginn an mit großer Bereitschaft dabei waren.

K: Weil ich das ja auch wollte. Ich hab das ja selbst so bei der Bewährungshilfe vorgeschlagen, dass ich so ein Einzel-AAT hier machen will. Und hab ich ja schon gesagt: Nach jedem Termin bei Ihnen habe ich mich besser gefühlt als vorher und dann hab' ich jedes Mal gewusst, dass das auf jeden Fall richtig war. Und das war auch immer so vorbereitet oder wurde von Ihnen immer so mit den Gesprächen so geleitet, dass das wie für mich gemacht war, das muss ich schon sagen.

I: Danke für das Kompliment, M. – nur nochmal: Das war ja nur ein Teil, der andere Teil kam von Ihnen, also geht das Kompliment ebenso an Sie zurück.

K: Dann sag ich auch danke. Haben wir beide das also gut gemacht, kann man sagen.

I: Sagen wir es so.

Auch diese Interviewpassage gibt zu verstehen, dass die Wirksamkeit des gesprochenen Wortes und die formulierten Inhalte ihre Sinngebung durch die jeweilige personale Anerkennung gewinnen.

Mit poetischer Nuance sei die nachfolgende Interviewpassage erwähnt:

K: Man wird älter, ja. Und dann muss man vielleicht auch mal versuchen, die ganze Scheiße von früher mal ins Gegenteil zu drehen, also, dass die Sachen, die früher schlecht oder nicht immer so gut gewesen sind, jetzt mal so zum Guten werden oder einfach besser eben.

I: Kennen Sie Hermann Hesse?

K: Wer soll das sein?

I: Ein Schriftsteller.

K: Ah, nein, weiß ich jetzt nicht. Aber Goethe kenne ich – der hat doch auch 'ne ganze Menge geschrieben, oder? Von dem mussten wir sogar mal was in der Schule lernen, glaube ich.

I: Der Zauberlehrling wird gerne genommen

K: Der Zauberlehrling – ja, der war das glaube ich, genau.

I: Walle, walle, manche Strecke, dass zum Zwecke Wasser fließe, und mit reichem, vollem Schwalle zu dem Bade sich ergieße.

K: Ja, genau – Sie kennen das auch. Und nachher geht das dann alles unter, weil das Wasser nicht mehr aufhört – genau.

I: Zurück zu Hermann Hesse. Der fällt mir ein, weil der über das Älter- oder das Einsichtigwerden einiges geschrieben hat. Zum Beispiel den Gedanken, dass man irgendwann, meist ja wohl am Ende des Lebens, eine Bilanz zieht und überlegt, wie das Leben verlaufen ist, oder dass man an irgendeinem Zeitpunkt des Lebens für sich eine Zwischenbilanz zieht und zu dem Ergebnis gelangt, dass eventuell etwas geändert oder verbessert werden müsste, weil irgendetwas in Scherben oder Trümmern liegt, und dass man dann trotzdem dagegen hält oder dagegen angeht, weil man eben Trotz und Hoffnung hat, dass es anders oder besser werden könnte. Da heißt es dann so in etwa: ‚Scherbenberg und Trümmerstätte ward die Welt und ward mein Leben. Weinend möcht ich mich ergeben, wenn ich diesen Trotz nicht hätte. Diesen Trotz im Grund der Seele, mich zu stemmen, mich zu wehren, diese Hoffnung, was mich quäle, müsse sich ins Helle kehren'[212]*. Also so in etwa wie Sie das gesagt haben, dass die ganze Scheiße von früher mal ins Gegenteil gedreht werden kann, vom*

212 Hesse 1992, S. 195:

> Scherbenberg und Trümmerstätte
> Ward die Welt und ward mein Leben.
> Weinend möchte ich mich ergeben,
> wenn ich diesen Trotz nicht hätte.
> Diesen Trotz im Grunde der Seele,
> Mich zu stemmen, mich zu wehren,
> Diesen Glauben: was mich quäle,
> Müsse sich ins Helle kehren.

Schlechten zum Guten – Hesse hat es nur etwas anders formuliert als Sie, vom Sinn her liegen Sie aber auf einer Welle.

K: Genau, so kann man das auch sagen: Jetzt wird es langsam hell bei mir – dunkel war es lang genug.

I: Das klingt doch auch beinahe schon poetisch, W.: Langsam wird es hell bei mir, dunkel war es lang genug. Und das lässt sich doch auch mit dieser wunderbaren Melodik fortsetzen: Lügen weichen nun von mir, aus ist's mit dem Selbstbetrug. W., daraus können Sie einen Rap oder einen Song machen – wer weiß, was am Ende dabei rauskommt. Bei Hesse hat es zum Nobelpreis geführt.

K: [Lacht]. Herr Schawohl, Sie sind echt gut. Wie war das jetzt? Langsam wird es hell bei mir…

I: …dunkel war es lang genug. Lügen weichen nun von mir, aus ist's mit dem Selbstbetrug.

K: Das kommt gut, ja, richtig gut.

I: Und dann setzen Sie das fort mit Ihrem Wandel und Ihrem Ziel, öfter ‚Nein' sagen können und mehr Klarheit über sich selbst und dann haben Sie Ihren Nummer-Eins-Hit für Ihre persönlichen Charts.

K: Oh, Mann, Herr Schawohl, Herr Schawohl.

I: Daraus können Sie was machen, W., und wenn Sie in den Charts sind und irgendeinen Preis bekommen, dann denken Sie daran, wie der Song entstanden ist.

K: Ich mach Ihnen backstage was klar, Herr Schawohl.

I: Bleiben Sie mal schön bei Ihrem ‚Öfter ‚Nein' sagen' und dadurch in Freiheit und bei Ihrer Familie – mehr Nummer eins geht dann gar nicht für Sie.

K: Da haben Sie Recht, ja.

Abschließend sei ein junger Heranwachsender zitiert, der ebenfalls einen Sozialen Trainingskurs absolviert hat, dessen Botschaft gleichsam analoge Gültigkeit beanspruchen können sollte, da er einem anderen Teilnehmer mitteilt: *„Ich geb Dir einen Tipp: Hör mit dem Saufen auf. Ich hab früher auch viel gesoffen - das ist nichts. Das ist viel schöner, wenn Du Deine Freundin einfach mal so in den Arm nehmen kannst und ihr dann einen Kuss gibst. Das ist schon was Schönes"*[213].

Da ist dem jungen Mann doch nicht zu widersprechen - eine solche Perspektive ist wirklich etwas Schönes und lohnt jede Anstrengung.

213 Schawohl 1999, S. 8

Reflexionen und zwei Fallbeispiele oder: „Wann führt jemand wie ich schon mal solche Gespräche?"

Am Ende des Einzel-AATs erfolgt die Kursreflexion, indem ein bilanzierendes, auswertendes und überdenkendes Gespräch mit dem Teilnehmer geführt wird - es werden die Worte von [dem betreffenden Teilnehmer] rück- und vorausschauend betrachtet.

Die nachfolgend wiedergegebenen Fall- und Praxisbeispiele veranschaulichen und verdeutlichen einige dieser reflektierenden und reflektierten Aspekte der jeweiligen Einzel-AATs[214]. Dabei sind - erfreulicherweise - fast ausnahmslos sogenannte ‚Auch-Geschichten'[215] wiederzufinden, die einerseits die straffälligen Momente der jungen Menschen beinhalten, andererseits die bedeutsamen perspektiven Potentiale ebenso thematisieren und in den Fokus rücken, um dadurch Zukunft gestaltbar werden zu lassen.

Die in der Kapitelüberschrift gestellte Frage eines Teilnehmers betont den exponierten dialogisch geprägten Charakter dieses Angebotes.

Diese Gespräche beinhalten Anteile von

- Konfrontation,
- Perspektive,
- Provokation,
- Emphase,
- Empathie,
- Perspektive,
- Konturierung,
- Biografie,

214 Vgl. dazu ausführlich: Schawohl 2020
215 Böll 1983, S. 14

- Respekt,
- Kultur,
- Humanität,
- Humor
- und…

Die favorisierte dialogische Konstellation begünstigt „ein entstehendes Interesse [- dieses] führt […] zu Nähe oder zur Anteilnahme, führt zur Selbstversetzung; aus dem Gefühl wächst die Erkenntnis, dass wir mit im Spiel sind“[216] – ohne die jeweils andere Person findet das Spiel nicht statt. Beide Beteiligten tragen somit zum gelingenden oder misslingenden Geschehen bei.

Wird zum Abschluss der bescheinigende Bericht sowie das Zertifikat ausgehändigt, ist in der Regel eine wohlwollende und entspannte Atmosphäre vorherrschend.

Die Reflexionen der Einzel-AATs korrespondieren insofern mit der erfreulich hohen Haltequote, als dass die positive Wirksamkeit des Angebotes von den Absolventen implizit und manchmal explizit bestätigt und/oder zum Ausdruck gebracht wird.

Abschließend seien zwei solcher Reflexionsgespräche[217] komplett wiedergegeben, um den dialogischen Impetus erkennbar und nachvollziehbar werden zu lassen.

Neben den bilanzierenden und reflektiven Anteilen scheinen diese Passagen zudem geeignet, eine Annahme Collas zu bestätigen, da er davon ausgeht, dass solche Interviews „eine Fundgrube für die Fortschreibung des Ansatzes bieten“[218].

216 Lenz 1998, S. 15
217 Schawohl 2020, S. 135ff.
218 Schawohl 2013, Buchrücken

Die hier publizierte Weiterentwicklung des Ansatzes versteht sich zugleich als Beitrag für eine diskursive Fortschreibung. Kann oder soll dafür kein - durchaus kritisches - Wohlwollen aufgebracht werden, mag sich der Verfasser die Fähigkeit zugutehalten, es „in aller Ruhe auszuhalten, missverstanden zu werden“[219].

Beispiel 1:

„Ich hab' gar nicht so an die Bewährung gedacht, sondern an das Training hier.“

Klient: SG (19)

Urteil: Körperverletzung

Ziel: Dass ich ein paar Strategien habe, wie ich mit meinen Aggressionen umgehen kann. Auf Gewalt verzichten.

I: S., zu Beginn des Trainings haben Sie als Ziel genannt: ‚Dass ich ein paar Strategien habe, wie ich mit meinen Aggressionen umgehen kann. Auf Gewalt verzichten' – wie lautet Ihre Einschätzung: Zu wieviel Prozent haben Sie diese beiden Vorhaben erreicht?

K: Zweimal hundert Prozent. Bei beiden Zielen hundert Prozent. Sie wissen ja, dass ich gar nichts mehr gemacht habe, seit ich hier bin – absolut null. Und deshalb ist das mit hundert Prozent auch nicht übertrieben.

I: Das klingt sicher und beinahe stabil.

K: Ist es auch und da bin auch stabil. Ich kann Ihnen auch Beispiele dafür geben, dass das so ist, wie ich sage – soll ich?

I: Da Sie wohl gerne wollen, machen Sie mal.

219 Walser/Augstein 2017, S. 281

K: Also, das hatte ich ja schon mal erzählt hier [meint: Beim Wochenrückblick; Anm.], als ich mit meinem Kollegen am Bahnhof gewesen bin und auf dem anderen Bahnsteig zwei Typen gewesen sind, die auf Provokation rübergeguckt und gemuckt haben; und da hab' ich erst gedacht, ich sag jetzt was, aber dann hab' ich mir gedacht, ist unnötig und du willst das auch gar nicht, und da bin ich schön mit meinem Kollegen weiter, ohne dass wir da rüber sind.

I: Was wäre denn ohne Ihr Nachdenken, dass das ‚unnötig ist', in dieser Situation passiert?

K: Da wären wir rüber zu denen und hätten gefragt, was das soll, dass die so zu uns rüberglotzen und da ihre Faxen machen.

I: Das heißt, Sie wären mit Ihrem Kollegen auf dem Bahnsteig zurückgegangen, die Treppen hoch, die Treppen wieder runter, hin zu denen, nur um zu fragen, ‚was das soll'?

K: Ja klar, früher auf jeden Fall.

I: Was für ein Aufwand.

K: Das wäre egal gewesen. Wir wären da auf jeden Fall rüber und hätten die zur Rede gestellt.

I: Und von dieser Rede hätte unsereins dann eventuell in der Zeitung lesen können. Eine dieser Meldungen am Rande [meint: Arbeit mit Zeitungsmeldungen, s.o.; Anm.] vielleicht – Sie erinnern sich?

K: Ja, natürlich. Keine Ahnung, was dann passiert wäre.

I: Glauben Sie, es wäre bei einem gepflegten Gespräch geblieben?

K: Wohl eher nicht. Aber deshalb bin ich ja auch gar nicht rüber zu denen, sondern hab' auf entspannt gesagt: ‚Lass weitergehen, die interessieren uns gar nicht' – und fertig.

I: Was war denn Ihre Überlegung, zu sagen: Ich gehe da nicht rüber?

K: Wenn wir da rübergegangen wären, hätte es doch auf sicher Streit mit denen gegeben. Und was hätte das gebracht? Nichts. Also, gar nicht erst dahin, gibt es auch keinen Ärger, Punkt.

I: Gute Überlegung – und vor allem vorher und nicht erst im Nachhinein.

K: Genau, das meinte ich ja auch, dass ich das gar nicht erst wollte. Weil das ist doch klar, wenn wir da aus Stress erst mal rübermarschieren, dann eskaliert das – warum sollten wir da sonst auch rüber?

I: Gute Frage und vorher schon die passende Antwort gegeben. Sie hatten in einer der Sitzungen gesagt, dass Straftaten wie die, die zu Ihrer Verurteilung geführt haben, jetzt für Sie gar kein Thema mehr sind – was hat sich seitdem geändert, dass Sie sich da so festlegen?

K: Ich will meine Freiheit nicht riskieren. Bisher bin ich mit maximal Arrest und einmal kurz Zelle weggekommen, und wenn ich jetzt noch mal was mache, ist meine Bewährung weg und dann bin ich auf sicher für zwei Jahre oder noch länger eingesperrt und kann noch nicht mal sagen, dass mich das weiterbringen würde. Ich verliere ja auch die Zeit, die ich dann in der Zelle sitzen muss. Da verliere ich ja richtig: Zeit und Freiheit.

I: Wiegt beides schwer.

K: Auf jeden Fall. Und die anderen Nachteile müssen dann ja noch dazu gerechnet werden: Job, Freunde, Familie, Essen, Mädchen treffen, alles, was da noch so fehlen würde im Knast.

I: Sie denken an die vier Felder [meint: Vier-Felder-Matrix; Anm.], die bei Ihnen so ein eindeutiges Ergebnis gebracht hatten?

K: Ja, da waren ja nur Nachteile kann man sagen. Und das Geld bringt ja auch nichts, wenn ich anschließend dafür im Knast sitzen muss. Und dann der Stress, ob die plötzlich bei mir im Zimmer stehen, weil ein Haftbefehl draußen ist und die mich dann nachts aus dem Bett holen mit einem frechen Grinsen im Gesicht – alleine das will ich denen schon nicht gönnen.

I: Das haben Sie ja auch sehr treffend formuliert: ‚Erst um sechs Uhr morgens bin ich mir sicher, wenn ich weiß, die Bullen waren nicht da' – so haben Sie Ihre Paranoia beschrieben.

K: Das war aber richtig Paranoia. Ich konnte mir nie sicher sein, ob die noch kommen oder nicht – ekelhaft war das.

I: Und dann kommt bei Ihnen ja noch dazu, dass dann nicht Ihre Wohnung, sondern das Haus Ihrer Großeltern gestürmt worden wäre.

K: Das wäre gar nicht gegangen. Meine Oma hätte… – weiß ich gar nicht, was mit der passiert wäre, will ich mir aber auch gar keinen Kopf machen, aber schön wäre das jedenfalls nicht gewesen.

I: Davon kann man wohl ausgehen. Allerdings: Wenn Sie jetzt juristisch nichts Neues abliefern, sind doch alle Beteiligten auf der sicheren Seite.

K: Neues gibt es von mir nicht mehr – gibt nur noch gute Neuigkeiten ab jetzt.

I: Da werden Oma und Opa sich freuen.

K: Das muss auch so sein. Das reicht schon, wenn da immer die Post für mich ankommt und da ist wieder irgendein Polizeibrief oder sonst was dabei. Dann muss ich das immer so erklären, dass Oma nicht gleich einen Herzkasper kriegt und Opa natürlich auch nicht.

I: Bei dem, was Sie so über Ihre Großeltern erzählt haben, müssten Sie sich doch schon deswegen mit solchen Aktionen zurückhalten, weil Sie doch beim ‚Referat' gesagt haben, dass Sie ohne Oma und Opa schon lange im Knast gelandet wären.

K: Das stimmt. Ohne die wäre ich schon längst weg. Wenn die mich nicht aufgenommen hätten, wäre ich richtig, richtig auf die kriminelle Schiene gekommen. Was hätte ich sonst auch machen sollen? Ich hatte keine Wohnung, keinen Job, kein Geld, und die Jungs mit denen ich war, hätten auch nur so den kriminellen Ehrgeiz gehabt, dann wäre der Knast für mich sicher gewesen.

I: Direkt aus dem Haus der Großeltern in den Knast wäre ja der Horror gewesen – vor allem für Oma und Opa.

K: Hören Sie auf, daran will ich gar nicht erst denken.

I: ‚Die beste und liebste Oma der Welt' haben Sie beim ‚Referat' gesagt. Und dann hätte ‚die beste und liebste Oma der Welt' eben in den Knast kommen müssen, wenn Sie ihren Enkel hätte sehen wollen – wie unwürdig.

K: Bitte, Herr Schawohl – das hätte ich gar nicht zugelassen! Stellen Sie sich das doch mal vor: Meine Oma soll mich da besuchen kommen!

I: Stellen Sie sich das mal vor, S., oder noch besser: Tun Sie alles dafür, dass niemand sich das überhaupt vorstellen muss.

K: Horror!

I: Und Sie können diesen Horror verhindern. Lassen Sie uns noch mal auf einige Ihrer Zitate zu sprechen kommen im Zusammenhang mit den Aussagekarten [s.o.]. Bei der Aussage ‚Es gibt mir ein gutes Gefühl, dass Leute Angst vor mir haben', kam sofort: ‚Heute stimmt das nicht mehr, früher hat das auf jeden Fall gestimmt', und Ihre Begründung war: ‚Das ist ein Gefühl von Respekt, eine Art Anerkennung, man baut sich einen Ruf auf. In V. [Stadtteil von Hamburg; Anm.] sagen die Leute: ‚Man sollte sich nicht mit dem anlegen'. Da haben Sie sich scheinbar tatsächlich einen Ruf aufgebaut. Was entgegnet der S. von heute dem S. von damals?

K: Der S. von heute sagt dem S. von damals: ‚Schau Dir mal schön an, was Du davon hast, wenn Du glaubst, dass Du mit Deinem tollen Ruf irgendwo Weltmeister werden kannst oder der Ghettoking oder sonst was. Gar nichts kannst Du damit erreichen, Digga! Knast und sonst gar nichts!‘ Das würde ich dem S. von damals sagen.

I: Beim S. von heute klingt ein wenig mehr Einsicht durch.

K: Jeder wird eben älter und vernünftiger.

I: Das mit dem Älterwerden stimmt, das mit der Vernunft nicht unbedingt. Schön, dass bei Ihnen scheinbar beides zutrifft. Beim ‚Referat‘ kam von Ihnen der Satz: ‚Nicht einer von den Jungs war es wert, dass ich mich gerade gemacht habe für die‘ – das hört sich so brutal ehrlich und auch brutal resignativ an.

K: Das muss ich leider wirklich so sagen. Bitter eigentlich, aber ist wirklich so. Wir haben immer gesagt: ‚Keiner verrät was oder nennt Namen, wenn die Bullen einen oder mehrere von uns hopsnehmen – gehört sich nicht‘. Und was war? Werden zwei von uns hochgenommen und schon werden alle Namen genannt und die Bullen haben ihren Erfolg und holen einen nach dem anderen ab.

I: Wo sind Sie ‚abgeholt‘ worden?

K: Zum Glück nicht zu Hause. Also schon bei mir, aber nicht im Haus – die haben mich davor abgegriffen.

I: Also haben Oma und Opa davon nichts mitbekommen?

K: Nein, aber ich musste denen dann ja sagen, dass ich erst mal nicht nach Hause kommen kann, weil ich in der Zelle bin; das war mir auch schon so peinlich genug. Zum Glück bin ich nach ein paar Stunden wieder rausgekommen, aber das hätte nicht sein müssen und da wäre ja auch nichts gewesen, wenn diese Verräter sich an die Abmachung gehalten hätten, dass niemand bei den Bullen oder beim Gericht irgendwas sagt, aber dann weiß man, auf wen man sich verlassen kann und wer eine Pussy ist.

I: Sie hätten sich in der gleichen Situation an die Abmachung gehalten?

K: Auf jeden Fall, sonst muss ich sowas vorher doch gar nicht sagen. ‚Bro for hoe‘ war eigentlich so unser Wort, aber da wissen einige gar nicht, was das wirklich heißt – die wollen einfach mit bestimmten Leuten sein und haben gar nicht so richtig die Ahnung, was das denn heißt.

I: Sie wissen das?

K: Auf jeden Fall bin ich keine Pussy und verrate meine eigenen Leute.

I: Wobei dieses Thema ja so heute auch gar nicht mehr von Bedeutung ist, weil ich hier ja mit dem einsichtigen und vernünftigen S. spreche. Wobei Sie sich schon noch in diese Zeit reinversetzen können, wenn man Ihr Engagement beim Reden mal bedenkt, lässt Sie das zumindest nicht völlig unberührt.

K: Geht so.

I: Doch noch gefährdet?

K: Dass ich immer noch mit denen unterwegs bin, meinen Sie?

I: Nicht unbedingt mit denen, aber immer noch so wie mit denen – nur eben mit anderen oder alleine.

K: Gar nicht mehr, gar nichts mehr davon!

I: Da muss der S. von heute dem S. von damals allerdings immer mal wieder erklären, was es bedeutet, für Ruf und vermeintliche Ehre einzustehen – und hören Sie dem S. von heute dabei gut zu, der hat nämlich ganz gute Argumente.

K: Ja, weiß ich ja auch, aber damals hat mich das schon aufgeregt, wie das abgelaufen ist.

I: Und so ganz ist die Aufregung wohl auch noch nicht weg. Noch ein Zitat von Ihnen, das Ihre damalige Einstellung gut ausdrückt. Beim ‚Referat' haben Sie bei der Kombination Angst – Freunde gesagt: ‚Bei uns gilt: Lieber von fünf Leuten kassieren als weglaufen' – auch so ein testosterongetränktes ‚bro before hoe'-Statement.

K: Ja, aber das war so damals. Pussymäßig wäre peinlich gewesen. Und weglaufen wäre auf Pussy gewesen.

I: Weglaufen und Pussy ist also gleichbedeutend?

K: Damals war das bei uns so, ja.

I: Was ja auch eine Konsequenz aus dem Ruf ist: ‚Man sollte sich nicht mit dem anlegen' – das schränkt so gesehen die eigenen Optionen natürlich auch ein.

K: Da haben Sie Recht, aber früher war man eben noch jung und unwissend, sag' ich mal.

I: ‚Was andere denken, ist Dein Ruf' – noch so ein Zitat von S. dem Jüngeren.

K: Genauso: ‚Was andere denken, ist Dein Ruf', ja. Heute sag ich mir: Scheiß drauf, was die anderen denken – sollen die denken, was sie wollen, das interessiert mich überhaupt nicht, ist mir egal.

I: Was ein paar Jahre Lebenserfahrung doch bewirken können.

K: Stimmt.

I: Mit geringerer Lebenserfahrung lässt sich dann bei der Karte ‚Wer eine Waffe bei sich trägt, benutzt sie auch' die Ansage erklären: ‚Stimmt. Wenn ich sie nicht benutze, muss ich sie ja gar nicht erst mitnehmen. Aber die meisten haben nicht die Eier, sie auch einzusetzen' – richtig?

K: Richtig – muss ich aber auch wieder dazu sagen, dass das eben auf damals bezogen war; heute ist das albern – da ist es eher pussyhaft, wenn ich was dabei hätte.

I: So ändern sich die Perspektive und die Bewertung.

K: Stimmt schon, aber wie gesagt: Man wird eben älter.

I: Noch ein Zitat bezogen auf Ihre ‚No-Pussy-Ära: ‚Wenn ich ihn kaputt mach', dann hat er Respekt vor mir' – so war Ihre Antwort bei der Karte ‚Mit Gewalt kann man sich Respekt verschaffen'.

K: Damals ja, aber dann war ja auch ganz schnell klar, dass das Angst ist und nichts mit Respekt zu tun hat. Wenn man das alles mal so hört, was damals so stattgefunden hat, muss man ja wirklich glauben, wir waren alle nur so auf Psycho-Alien-Tour unterwegs – völlig verrückt.

I: Und das ‚Damals' ist noch gar nicht so lange her.

K: Ja, aber für mich ist das so ‚Damals', weil ich das eben so auf heute betrachtet anders sehe. Der ‚S. von damals' kennt den ‚S. von heute' ja gar nicht richtig.

I: Und nur der ‚S. von heute' könnte den Kontakt zum ‚S. von damals' herstellen, wenn er es denn wollte.

K: Wäre besser, wenn er das nicht will, würde ich sagen.

I: Meine Zustimmung haben Sie.

K: Danke.

K: Das hatten wir ja vorhin schon gesagt, dass ich damit ein viel zu hohes Risiko eingehen würde und damit alles aufs Spiel setzen würde, was mir wichtig ist – die Rechnung kann für mich nicht aufgehen. Wenn ich mittlerweile hier was gelernt habe, dann, dass diese kriminelle Schiene für mich nichts bringt. Irgendwann muss ich das ja mal akzeptieren – sonst lande ich früher oder später doch noch im Gefängnis. Ich finde, man muss das Schicksal auch nicht auf übertrieben reizen – ich hab jedenfalls für mich verstanden, dass der Weg so für mich nicht gut sein kann, also der kriminelle Weg. Der legale Weg ist entspannter und führt nicht ins Gefängnis.

I: Nicht einmal Richtung Gefängnistor. Also ist Ihr Entschluss endgültig: Der S. von damals tritt nie wieder öffentlich in Erscheinung?

K: Der S. von damals kann gar nicht mehr öffentlich in Erscheinung treten, weil der S. von heute ihm lebenslänglich verpasst hat – so sieht es aus.

I: Und da heißt lebenslänglich dann wirklich lebenslänglich?

K: Lebenslänglich und SV [meint: Sicherungsverwahrung; Anm.] – der taucht nie wieder auf.

I: Na dann. So wie Sie das darstellen, sind Sie sich Ihrer Sache ja richtig sicher. Glauben Sie, dass Sie ohne die Bewährung auch zu dieser Entscheidung oder dieser Erkenntnis gelangt wären?

K: Meinen Sie, dass sich das für mich nicht lohnt oder dass ich dann eben doch irgendwann rein muss?

I: So in diese Richtung, ja. Dass Sie ohne den Hinweis der Justiz, dass der Spielraum nun allmählich enger wird, auch gesagt hätten: Jetzt ist Schluss für mich?

K: Schwierig, ganz ehrlich. Vielleicht hätte ich solange weitergemacht, bis das Gericht gesagt hätte: So, jetzt gibt es noch einmal Bewährung, und bei der kleinsten Kleinigkeit gibt es den Widerruf und keine letzte Chance mehr. Aber ich weiß das gar nicht, weil ich ja jetzt auf Bewährung bin und diese letzte Chance für mich ja quasi diese Bewährung eben ist.

I: Gab es Situationen oder Momente, in denen Sie sich überlegt haben, ob Sie das Risiko eingehen, die Bewährung aufs Spiel zu setzen, weil auf hundertprozentig sicher irgendwo die Summe X zu holen gewesen wäre?

K: Nicht so wirklich. Ich hab für mich gesagt, dass ich diese Chance jetzt nutzen muss, sonst bleibt doch nur noch Knast, und das will ich nicht – also.

I: So haben Sie das ja auch hier von Anfang bis Ende berichtet und diese Linie konsequent beibehalten.

K: Dazu muss ich Ihnen auch sagen: Ich hab' gar nicht so an die Bewährung gedacht, sondern an das Training hier, wenn ich mir überlegt habe, was alles für ein Risiko besteht für mich. Es ging hier ja eigentlich ganz oft darum, was mir das bringt, also in beiden Fällen jetzt: Was bringt es mir, wenn ich weiter kriminell unterwegs bin? Und was bringt es mir, wenn ich sauber und entspannt unterwegs bin? Irgendwie ist es immer darauf gekommen und immer war klar, was passiert, wenn ich das Kriminelle bevorzugen würde – man kommt immer wieder zu demselben Ergebnis: Gar nichts bringt das! Gar nichts!

I: Und der andere Weg bringt Ihnen auf jeden Fall eines: Freiheit.

K: Freiheit. Und alles, was ohne Freiheit nicht geht. Niemals würde ich das aufgeben – niemals.

I: Gute und richtige Entscheidung, S., so soll's bleiben.

K: Muss. Und ich sag auch danke dafür, dass Sie mir das so klar gemacht haben. Das war richtig, richtig gut.

I: Dann ist es ja gut so wie es ist – fertig.

Beispiel 2:

„Ich wäre ‚Ich' geblieben, wenn ich eher an die Religion geglaubt hätte."

Klient: AY (21)

Urteil: Körperverletzung; Raub

Ziel: Innerlich stärker werden. Sprachlich besser werden. Mehr Klarheit über mich selbst.

I: A., wenn Sie Ihr Ziel vom Anfang des Trainings, ‚Innerlich stärker werden. Sprachlich besser werden. Mehr Klarheit über mich selbst', heute betrachten: Zu welchem Ergebnis kommen Sie, inwieweit Sie dieses Ziel erreicht haben, wenn Sie das in Prozentzahlen angeben würden?

K: Oh, innerlich stärker bin ich auf jeden Fall geworden, aber da fehlt noch einiges, also sechzig Prozent hab ich da so. Sprachlich muss ich immer noch viel lernen, da fehlt noch eine ganze Menge, also vielleicht auch so fünfzig bis sechzig Prozent kann ich sagen. Mehr Klarheit hab ich auf jeden Fall bekommen – da denke ich, bin ich so gut bei achtzig oder sogar neunzig Prozent angekommen.

I: Sind Sie mit diesem Ergebnis zufrieden?

K: Ich kann mich auf jeden Fall immer noch verbessern, da kann ich noch nicht wirklich zufrieden sein mit mir.

I: Was beinhalten denn die sechzig Prozent, die Sie sich für das ‚innerlich-stärker-Werden' geben?

K: Ich darf mich nicht so von anderen mitreißen lassen, wenn ich mit denen unterwegs bin. Ich weiß ja, dass ich dann auch Probleme bekomme mit der Polizei, wenn ich auch dabei bin.

I: Wobei Sie ja bei einem der Termine gesagt haben, dass Sie mit diesen Jungs gar nicht mehr unterwegs sind, sondern eigentlich nur noch mit Ihrem Bruder.

K: Das stimmt, das ist jetzt auch nicht mehr so wie früher. Das hat aber auch damit zu tun, dass ich jetzt weniger kiffe als früher. Wenn ich mit denen unterwegs war, wurde ja immer gekifft eigentlich – das war ja auch mit ein Grund, warum man sich überhaupt mit diesen Leuten getroffen hat.

I: Kifferfreunde.

K: Das kann man wirklich so sagen, ja. Es ging ja immer nur darum, dass man zusammen geraucht hat, also passt das schon, wenn man das als ‚Kifferfreunde' bezeichnet, ja.

I: Die Kontakte mit diesen Leuten sind ja nun weniger geworden, sagen Sie, weil Sie weniger kiffen – was müssen oder was wollen Sie innerlich noch an Stärke hinzugewinnen?

K: Ich will auf jeden Fall noch stabiler werden, so, dass ich mir zu hundert Prozent sicher sein kann, dass mein Weg der richtige ist.

I: Auf was beziehen Sie das, A.?

K: Ich bin jetzt intensiver in die Religion reingegangen; ich denke mehr darüber nach, und ich hab dadurch jetzt noch mehr in den Glauben reingefunden, aber da bin ich noch nicht so weit, dass ich sagen kann, dass ich da zu hundert Prozent alles so mache, wie es sein soll, aber ich möchte mich da noch sicherer fühlen. Ich erkenne immer mehr, dass das der richtige Weg für mich ist.

I: Wann wären Sie denn so weit, dass Sie sagen könnten, ‚dass Sie da zu hundert Prozent alles so machen, wie es sein soll'?

K: Wenn ich weiß, dass alles, was ich mache, mit meiner Religion übereinstimmt.

I: Wollen Sie da hundert Prozent erreichen oder wollen Sie sich da einfach nur ‚noch sicherer fühlen', wie Sie es gesagt haben.

K: Beides finde ich. Wenn ich hundertprozentig alles so mache wie es vorgeschrieben ist, dann bin ich mir ja auch sicher, dass das alles so richtig ist.

I: Wenn Sie hundertprozentig alles so machen wie es vorgeschrieben ist, dann muss das ja nicht unbedingt bedeuten, dass das für Sie auch alles richtig ist.

K: Wie meinen Sie das?

I: Soweit ich weiß, ist der Koran eine interpretative Schrift: Das, was in den Suren und Hadithen steht, kann und muss wohl interpretiert werden, und je nachdem, wer was wie welcher Koranschule folgend interpretiert, können die jeweiligen Auslegungen unterschiedlich ausfallen. Da gibt es wohl unterschiedliche Schulen mit unterschiedlichen Lehrmeinungen. Irgendwo habe ich den sinngemäßen Ausspruch gelesen, dass der Koran nur eine Schrift zwischen Buchdeckeln ist, die nicht spricht, sondern die Menschen sind es, die mit ihm sprechen[220] *– so ungefähr zumindest. Da ist es, glaube ich, schwer, zu hundert Prozent alles so zu machen, wie es sein soll – verstehen Sie, wie ich das meine?*

K: Ja, jetzt habe ich das verstanden und das stimmt. Das ist ja sowieso schon schwer, sich an alles zu halten, was da vorgegeben

220 „Der Koran ist eine Schrift zwischen zwei Buchdeckeln die nicht spricht; es sind die Menschen, die mit ihm sprechen" (zit. n.: Kermani 2009, S. 108)

ist. Ich glaube, das kann man auch gar nicht alles zu hundert Prozent so schaffen, dass man keine Fehler dabei macht.

I: Auch da ist dann ja wieder die Frage, ob es sich denn überhaupt um einen Fehler handeln würde. Vielleicht sagt der eine Gelehrte, es wäre ein Fehler, und ein anderer Gelehrter sagt, nichts daran ist falsch – je nachdem.

K: Das kann auch sein, ja. Das macht das Ganze ja dann noch komplizierter, finde ich.

I: Bietet Ihnen diese Möglichkeit der unterschiedlichen Auslegungen denn eher Sicherheit oder verunsichert Sie diese Mehrzahl an Möglichkeiten?

K: Das ist wirklich eine gute Frage. Das weiß ich ehrlich gesagt gar nicht so richtig, was ich dazu sagen soll.

I: Das ist ja auch nicht einfach.

K: Gar nicht.

I: Woran orientieren Sie sich denn, wenn Sie im Koran lesen und dann eventuell Fragen für Sie auftreten?

K: Ich rede mit meinem Vater, weil der den Koran auf Arabisch liest und dadurch mehr davon versteht als ich.

I: Sie lesen den Koran auf Deutsch?

K: Ja, ich muss den auf Deutsch lesen, weil ich sonst gar nichts verstehen könnte, was da überhaupt steht.

I: Kommt es oft vor, dass Sie Ihren Vater fragen müssen, weil Sie etwas nicht richtig verstehen?

K: Nicht so oft, aber mein Vater fragt mich dann auch eher, ob ich alles richtig verstanden habe oder ob ich Fragen habe.

I: Vater-Sohn-Gespräche sozusagen.

K: Dann reden wir wirklich viel miteinander, ja.

I: Hat sich Ihr Verhältnis zu Ihrem Vater geändert, seitdem Sie sich intensiver mit der Religion beschäftigen?

K: Auf jeden Fall: Wir gehen jetzt erwachsener miteinander um, finde ich. Er redet auch ganz anders mit mir, wenn wir über solche Themen sprechen. Ich glaube, mein Vater respektiert mich viel mehr als früher.

I: Wie kommen Sie darauf?

K: Ich finde, er redet jetzt mehr so wie ein Mann mit mir, also mehr als Mann, dass er mich auch als richtigen Mann sieht, meine ich, und nicht einfach nur als seinen Sohn, der noch so ein kleines Kind ist.

I: Wenn es für Sie Unsicherheiten oder Fragen gibt, wie etwas zu interpretieren ist und Sie dann Ihren Vater fragen – gibt es da dann auch Interpretationen oder Auskünfte von Ihrem Vater, die Sie als Erklärung nicht verstehen oder nachvollziehen können?

K: Manchmal kommt das vielleicht vor, aber ich höre mir das dann auf jeden Fall erst einmal alles an und überlege mir dann danach, wie er das gemeint hat. Mein Vater hat sich das ja auch alles selbst beigebracht – der ist ja auch gar nicht zur Schule gegangen damals, also musste er das ja alles von alleine lernen. Ich glaube, er hat auch nie was anderes gelesen als den Koran, aber dafür kennt er den auch in- und auswendig, habe ich das Gefühl.

I: Wie gehen Sie denn damit um, wenn Ihr Vater Ihnen eine Stelle aus dem Koran so interpretiert, dass Sie damit nicht wirklich weiterkommen, weil Ihre Vorstellung eine ganz andere ist?

K: Ich überlege mir dann, ob das, was mein Vater gesagt hat, vielleicht besser passt als das, was ich vermutet habe.

I: Kommt es denn vor, dass Sie nicht davon überzeugt sind, was Ihr Vater Ihnen erklärt oder interpretiert hat?

K: Das kommt schon mal vor, ja. Aber dann muss ich eben warten, bis ein Moment kommt, in dem ich das vielleicht besser verstehe oder mir auch selbst erklären kann, was damit gemeint sein könnte.

I: Sie lassen sich also schon die Möglichkeit offen, dass die Erklärung Ihres Vaters eventuell nicht zutreffend sein könnte oder dass eine andere Interpretation möglich sein könnte?

K: Ja, das muss ja manchmal auch so sein, weil mein Vater ja eben auch alles nur dadurch weiß, dass er sein Leben lang nur den Koran gelesen hat – was anderes kennt er ja gar nicht.

I: Immerhin erlauben Sie sich, Ihre eigenen Gedanken und Ideen zuzulassen – das gibt und lässt Ihnen Freiräume für eigene Vorstellungen und Möglichkeiten.

K: Ich beschäftige mich auch viel damit, dass ich verstehen will, wie ich mich jetzt verhalten soll, damit ich möglichst alles richtig mache und keine Fehler mehr passieren.

I: Welche ‚Fehler' sollen Ihnen denn zukünftig nicht ‚mehr passieren'?

K: Auf jeden Fall wird schon mal weniger gekifft, und Alkohol ist auch nicht mehr so viel wie früher. Ich muss sehen, dass ich diesen Weg so weitergehe wie jetzt.

I: Verstehe ich Sie richtig, dass die Begriffe Fehler und Sünde für Sie gleichbedeutend sind?

K: Ein Fehler ist ja auch immer eine Sünde, ja.

I: Ist ein Fehler wirklich immer eine Sünde oder ist eine Sünde immer ein Fehler?

K: Oh, wieder so ein schwere Frage. Wenn ich eine Sünde begehe, ist das auf jeden Fall schon mal ein Fehler, weil ich dann ja irgendwas falsch gemacht haben muss. Aber es muss ja nicht jeder Fehler, der einem passiert, auch sofort eine Sünde sein – das geht ja auch gar nicht, sonst würde man ja am Tag andauernd irgendwelche Sünden begehen, weil man ja immerzu irgendeinen kleinen Fehler macht. Das kann ja gar nicht immer Sünde sein dann. Aber da ist schon oft der Gedanke bei mir: Du machst Sünde: Kiffen, Rauchen und so.

I: Sie hatten ja während des Trainings erwähnt, dass Sie von den möglichen Sünden bisher einige begangen haben. Dabei waren die Straftaten, die Sie begangen haben, aus Ihrer Sicht die am wenigsten schlimme Sünde. Ist das auch Ihre persönliche Überzeugung?

K: Die anderen Sachen, also Kiffen und Alkohol und sowas, ist auf jeden Fall schlimmer, weil das auch eindeutig so im Koran steht, dass man das nicht machen soll, weil das dem eigenen Körper schadet.

I: Vermutlich lässt sich doch auch irgendwo entnehmen, dass keine Straftaten oder wie das beschrieben und bezeichnet wird, begangen werden sollen, oder?

K: Auf jeden Fall soll man sich immer so verhalten, dass kein anderer deswegen leiden muss – das auf jeden Fall.

I: Daraus ließe sich das ja auf jeden Fall ableiten. Und ohne Straftaten wären Sie ja nun gar nicht erst hier angemeldet worden. Was würden Sie denn annehmen, wie es sich in Zukunft mit weiteren Straftaten bei Ihnen verhält?

K: Von den Sachen, die ich früher gemacht habe [BtmG-Verstöße und damit im Zusammenhang stehende Körperverletzungsdelikte; Anm.], gibt es keine neuen Sachen – da bin ich mir ganz sicher. Und mit den Leuten von früher hab ich ja auch nicht mehr so viel zu tun – also kann da ja auch schon mal nichts mehr passieren.

I: Welche weiteren Gründe gibt es aus Ihrer Sicht, die Sie davon abhalten, ‚neue Sachen', also weitere Straftaten, zu begehen?

K: Die Leute, mit denen ich nicht mehr zusammen bin, dann dass ich nicht mehr kiffe oder schon mal viel, viel weniger als früher; dann auf jeden Fall meine Tochter, weil ich ja auch nicht will, dass sie einen kriminellen Vater hat; dann wie gesagt, dass ich mich mehr mit meinem Glauben beschäftige; ich gehe wieder öfter zum Sport und meine Ausbildung ist ganz wichtig, weil ich dafür auch richtig viel lernen muss, aber das ist auch gut für mich, weil ich dann die Zeit dafür nutze und nicht wieder so wie früher mit den falschen Leuten in Kontakt komme.

I: Welche Bedeutung hat Ihr derzeitiges Verhältnis zu Ihrer Familie?

K: Das ist auf jeden Fall auch viel besser geworden seitdem ich nicht mehr so viel kiffe und nicht mehr mit den Leuten von früher zusammen bin. Das läuft richtig gut – die lieben mich und ich liebe die. Ich versuche auch, dass ich auf meine Brüder einen guten Einfluss nehmen kann.

I: Inwiefern?

K: So, dass die auf jeden Fall zur Schule gehen und auch nicht so in Kontakt mit den falschen Leuten kommen, damit die nicht auch so diesen Ärger mit der Polizei bekommen wie ich früher. Ich will auch nicht, dass meine Eltern das alles noch ein zweites Mal mitmachen müssen – das haben die nicht verdient.

I: Da gibt es ja einige Faktoren, die im Moment eine gute Wirkung auf Sie haben: Keine negativen Kontakte, weniger Cannabiskonsum, Ihre Vaterrolle, der Glaube, die Ausbildung, der Sport und das Verhältnis zu Ihrer Familie – da sind neben dem Glauben also noch einige andere wichtige Faktoren.

K: Ja, die Beschäftigung mit dem Glauben ist ja auch nicht so, dass ich jetzt gar nichts anderes mehr mache, aber ich beschäftige mich eben ausführlicher damit als früher.

I: Ein Grund von mehreren Gründen, die Ihnen momentan gut tun.

K: Genau.

I: Und ein paar menschliche Schwächen haben Sie sich ja auch bewahrt.

K: Kann man so sagen, ja, aber ich finde es auch schwer, wenn man auf alles verzichten würde – manchmal geht das auch gar nicht anders, finde ich.

I: Sie müssen das gar nicht rechtfertigen, A., das passt schon.

K: Danke.

I: Wie gesagt: passt schon. Sie erinnern sich vermutlich an die Karten mit den Aussagen.

K: Ja, genau.

I: Da gab es die Aussage ‚Es gibt mir ein gutes Gefühl, dass Leute Angst vor mir haben'. Ihre Antwort war: ‚Stimmt nicht, weil ich erkannt habe, dass ich lieber möchte, dass die Leute mich respektieren'. Und dann kam noch eine Anmerkung von Ihnen, die auch zu dem Erwachsenwerden passt: ‚Das ist so Kleinkinderdenken'.

K: Ja, so ist das auch wirklich. Heute würde ich nie mehr auf die Idee kommen, so rumzulaufen wie früher, weil das auch irgendwie peinlich wäre, finde ich. Das passt dann auch gar nicht mehr, wenn man älter wird.

I: Eine weitere Aussage war: ‚Meine Freundin darf alleine in die Disco gehen' – wissen Sie noch, was Sie dazu gesagt haben?

K: Das stimmt nicht, weil ich ja weiß, was da für Jungs sind, also geht das schon mal gar nicht, dass sie da alleine hingeht. Ich kenne auch kein Mädchen, das nur zum Tanzen in die Disco geht.

I: So haben Sie das vor einigen Wochen auch gesagt. Und in dem Zusammenhang haben Sie dann gesagt – mit Blick auf die Treue der Männer –: ‚Deshalb darf man ja in meiner Religion vier Frauen heiraten', und haben dann noch ergänzt: ‚Das ist ja auch erniedrigend für die Frau' – das finde ich bemerkenswert, dass Sie das so bewerten, A.

K: Ich finde, das ist so. Der Mann darf sich mehrere Frauen nehmen, und die Frau darf nur mit einem Mann zusammen sein – das ist doch nicht gerecht.

I: Sie haben ja sogar von ‚erniedrigend für die Frau' gesprochen – das ist ja noch eine Nuance schärfer ausgedrückt.

K: Das ist doch auch erniedrigend für die Frau, wenn sie weiß, dass es noch drei andere Frauen gibt, die sie dann mit ihrem Mann teilen muss.

I: Ich widerspreche Ihnen da gar nicht, A., allerdings glaube ich auch nicht, dass Sie mit Ihrer Ansicht beim Freitagsgebet in der Moschee Pluspunkte sammeln würden.

K: Die würden mich da rausschmeißen, wenn ich das sagen würde, aber trotzdem finde ich das für die Frauen richtig erniedrigend. Das ist ja sowieso so, dass der Koran eigentlich die Vorteile nur für die Männer hergibt, wenn man das mal auf bestimmte Punkte hin betrachtet.

I: Sie sind da belesener und wissender als ich, A. – das könnte durchaus so sein.

K: In diesem Punkt mit dem Heiraten ist das auf jeden Fall so.

I: Sie wissen, dass Religion nicht meine Welt ist, wobei ich Ihnen ja gesagt habe, dass es nicht verkehrt ist, wenn Sie sich zu einigen Punkten Ihren eigenen Kopf machen und sich eine eigene Meinung und eventuell auch Widerspruch erlauben.

K: Das geht manchmal auch gar nicht anders.

I: Wir hatten ja auch bei einigen Wochenrückblicken diese Fragestellung, wenn Sie erzählt haben, dass Sie mit Ihrem Bruder und zwei Freundinnen auf dem Kiez zum Feiern gewesen sind – das eine schließt für Sie das andere eben nicht aus.

K: Nein, das wäre ja für mich auch nicht gut.

I: Sehen Sie – diese Prise Menschlichkeit scheint für Sie auch richtig und wichtig zu sein.

K: Es muss auch nicht alles verboten sein, finde ich.

I: Wobei wir wieder bei dem Faktor ‚Interpretation' sind, und Sie erlauben sich neben den Interpretationen anderer Leute auch Ihre eigenen – und so passt es dann im Moment für Sie.

K: Ich muss sagen, dass mir das auch jedes Mal hilft, wenn wir hier über solche Sachen sprechen. Mit meinem Vater will ich so bestimmte Themen auch gar nicht besprechen, weil ich gar nicht möchte, dass ihm das vielleicht peinlich sein könnte. Hier kann man dann doch einfacher reden, weil Sie das einfach besser verstehen als mein Vater.

I: Möglicherweise habe ich in manchen Punkten eine andere Sichtweise als Ihr Vater.

K: Auf jeden Fall. Weil mein Vater ja auch gar nicht so wirklich vertraut ist mit dem Leben wie es hier geführt wird. Der hat ja auch gar nicht viel mit anderen Menschen zu tun und weiß auch viele Sachen einfach gar nicht. Das ist ja auch so, dass wir ihm immer helfen müssen, wenn irgendwelche Post von Behörden oder so kommt, weil er das gar nicht richtig versteht, was die überhaupt wollen. Ich glaube, deshalb lässt er mich und meine Brüder bei bestimmten Sachen auch einfach in Ruhe.

I: Was ja auch eine Art Verständnis sein kann, ohne das es gleichbedeutend mit Zustimmung sein muss.

K: Das stimmt, vielleicht ist das auch so, und deshalb spricht mein Vater bestimmte Sachen auch gar nicht erst an.

I: Und Sie wiederum auch nicht – was ja auch durchaus etwas mit beiderseitigem Respekt zu tun haben könnte.

K: Das stimmt, ja.

I: Auch hier trifft dann ja der Satz zu: Respekt ist keine Einbahnstraße.

K: Respekt ist keine Einbahnstraße, genau – das passt sogar sehr gut.

I: Respekt passt in der Regel immer.

K: Aber hier passt der Satz auf jeden Fall.

I: Und Sie tragen etwas dazu bei, dass er passt, A. – ohne Ihr Zutun würde der Satz hier gar nicht zur Geltung kommen.

K: Danke.

I: Gerne. Noch einmal zurück zu den Aussagekarten: ‚Wer eine Waffe bei sich trägt, benutzt sie auch' – da haben Sie gesagt: ‚Stimmt – das kann ich so sagen, weil ich das selbst oft so erlebt habe'. Und dann haben Sie auf Nachfrage gesagt, dass Sie das sozusagen von beiden Seiten kennen, also dass Sie andere mit einer Waffe bedroht haben und dass Sie mit einer Waffe bedroht worden sind. Und dann haben Sie ergänzt: ‚Zum Glück ist nie etwas passiert – da hätte ja auch jemand sterben können, aber daran denkt man in so einer Situation gar nicht. Aber deshalb sag ich meinen Brüdern auch immer, sie sollen gar nicht erst damit anfangen, weil das zu gefährlich ist'.

K: Ja, genau. Die sollen ihre Schule machen und sehen, dass sie dann eine Ausbildung und einen guten Beruf haben. Die müssen nicht diesen Umweg machen, so wie bei das mir gewesen ist. Die sollen den geraden Wege gehen.

I: Wann ist Ihnen denn klar geworden, dass das mit den Waffen und so wie Sie den Weg gegangen sind ‚zu gefährlich ist'?

K: Eigentlich hab ich das immer gewusst, aber ich hab das nie so gesehen, dass das für mich irgendwie mal gefährlich sein könnte, weil ich eigentlich immer wusste, mit wem ich es zu tun habe, weil ich die meisten Leute ja auch kannte. Das war nur ganz selten, dass man da mal mit jemandem eine Auseinandersetzung hatte.

I: Bis auf das eine Mal, als scharf geschossen wurde – damit haben Sie in dem Moment auch nicht gerechnet.

K: Das stimmt, aber dazu muss ich sagen, dass der Typ auch echt verrückt ist. Den nennen alle auch nur ‚Psycho', weil der eigent-

lich immer völlig stoned ist und gar nichts mehr versteht, was um ihn herum passiert – der ist völlig durch.

I: Und der hätte beinahe Ihr Leben beendet – kein schöner Abgang von der Erde.

K: Danach hab ich mir ja auch gesagt, dass ich damit aufhören muss [meint: Verkauf von Drogen; Anm.], weil ich das auch nicht noch mal erleben wollte. Und das lohnt ja auch nicht wirklich, wenn man sich das mal richtig überlegt. Was hat man denn davon, wenn man sich das mal genau überlegt? Das bringt nur Probleme und vielleicht sogar Knast, wenn man das übertreibt – das hat man ja gesehen bei den vier Abschnitten mit den Vor- und Nachteilen [meint: Arbeit mit der Vier-Felder-Matrix; Anm.].

I: Das stimmt. Das Ganze ist nicht ohne Risiko und irgendwie hat sich das für Sie nicht wirklich gerechnet.

K: Überhaupt nicht. Eigentlich war das nur ein großes Minus, wenn man das mal ehrlich sagen will.

I: Die Vorteile ohne das Verticken haben wir ja vorhin schon erwähnt. Bauen Sie die mal weiter aus – das passt besser zu Ihnen, A.

K: Danke, auch dafür, dass Sie mir dabei geholfen haben. Dadurch ist mir das alles auch viel deutlicher geworden und ich konnte die Zusammenhänge viel besser verstehen. Alleine kommt man auch gar nicht auf solche Fragen wie hier, finde ich – da muss man mit jemandem reden, um das überhaupt richtig verstehen zu können.

I: Die Fragen würden Sie sich eventuell sogar stellen können – vermutlich wäre es mit den Antworten etwas schwieriger.

K: Ja, so meinte ich das auch, genau. Auf jeden Fall hat mir das hier geholfen. Und ich liebe mein Leben so, wie es jetzt ist. Ohne Kiffen, ohne Kriminalität – genau so.

I: Dann machen Sie was daraus, A., und bewahren Sie sich dabei diese Prise Menschlichkeit – gutes Gelingen.

K: Danke, danke.

Ackermann, S.: Der Weg zum Selbstrespekt. In: Psychologie Heute 09/2020, S. 30 - 35.

Albrecht, P.A./Lamnek, S.: Jugendkriminalität im Zerrbild der Statistik. München 1979.

Amtsgericht Hamburg: Urteil 2019.

Backes, L./Dahlkamp, J./Diehl, J./Eberle, L./Heise, T./Meyer-Heuer, C./Ulrich, A.: Die Gangster von nebenan. In: Der Spiegel 8/2019, S. 12 - 23.

Bärsch, T./Rohde, M.: Kommunikative Deeskalation. Norderstedt 2008.

Bandura, A.: Aggressionen: eine sozial-lerntheoretische Analyse. Stuttgart 1979.

Ders.: Principles of behaviour modification. New York 1969.

Bánhidai, S.: „Ich höre da pure Freude". In: concerti 01/02/2021, S. 28 - 31.

Beckers, M.: Vom Glück des Strebens. In: Hohe Luft 3/2019, S. 46 - 51.

Bergmann, W.: Gute Autorität. Grundsätze einer zeitgemäßen Erziehung. München 2001.

Bjerg, B.: Serpentinen. Berlin 2020.

Böll, H.: Heinrich Böll im Dialog. In: Werke. Kölner Ausgabe Band 24. Interviews I, 1953 - 1975. Köln 2009.

Ders.: Worte töten, Worte heilen. Ausgewählt und zusammengestellt von Daniel Keel. Zürich 1989.

Ders.: Was soll aus dem Jungen bloß werden? Oder: Irgendwas mit Büchern. München 1983.

Brandler, P.: Aus dem Leben eines Jugendrichters – Von der Repression zur Integration. In: ZJJ 1/2020, S. 72 – 79.

Brandt, S./Mohammadi, S.: Menschenwürde braucht soziale Gerechtigkeit. In: Flüchtling 03/2019, S. 4/5.

Brantschen, N.: Vom Vorteil, gut zu sein. München 2005.

Brecht, B.: Lektüre für Minuten. Auswahl und Nachwort von Günter Berg. Frankfurt am Main 1998.

Bromberg, W./Röer, M.: Pfarrer Karl zeigt klare Kante. In: Hamburger Morgenpost vom 03./04.04.2021, S. 16 – 19.

Brühl, A./Deichsel, W./Nothacker, G.: Strafrecht und Soziale Praxis. Stuttgart 2005.

Burger, R./Ghadban, R.: „Wir müssen die Clan-Strukturen jetzt schnell zerschlagen". In: Frankfurter Allgemeine Zeitung vom 07.04.2018, S. 4.

Busch, A.-C.: Hamburgs jüngster Einbrecher: Er ist erst 14! In: Hamburger Morgenpost vom 06.01.2020.

Cialdini, R. B.: Die Psychologie des Überzeugens. Bern 2006.

Colla, H. E.: Konfrontative Pädagogik – Impulse der Glen Mills School und Chance ihrer Übertragbarkeit. In: Hörmann, G./Trapper, T. (Hrsg.): Konfrontative Pädagogik im intra- und interdisziplinären Diskurs. Baltmannsweiler 2007, S. 33 – 74.

Ders.: Personale Dimension des (sozial-)pädagogischen Könnens – der pädagogische Bezug. In: Colla, H. E./Gabriel, T./Millham, S./Müller-Teusler, S./Winkler, M. (Hrsg.): Handbuch Heimerziehung und Pflegekinderwesen in Europa. Neuwied 1999, S. 341 – 362.

David, O.: Nationalität nennen – oder nicht? In: Hamburger Morgenpost vom 10.01.2020, S. 2/3.

Droemer, R./Fraenkel, C.: „Philosophie muss bescheidener werden.“ In: Hohe Luft 5/2016, S. 48 - 53.

DUDEN: Das Fremdwörterbuch. Mannheim/Zürich 2011.

DVJJ (Vorstand und Geschäftsführung): Stellungnahme zu den Urteilen zur sogenannten Stuttgarter Krawallnacht. In: ZJJ 4/2020, S. 412/413.

DVJJ (Vorstand): Positionspapier der deutschen Vereinigung für Jugendgerichte und Jugendgerichtshilfen e.V., 11.07.2019.

Ebert, H./Pastoors, S.: Respekt. Wie wir durch Empathie und wertschätzende Kommunikation im Leben gewinnen. Wiesbaden 2018.

Elger, K./Fokken, S./Großbongardt, A./Himmelrath, A./Schulze, L./Thimm, K./Traufetter, G./Weinzierl, A.: „Wir bleiben im Krisenmodus.“ In: Der Spiegel 26/2020, S. 8 - 16.

Ellis, A.: Wut. Berlin 1987.

Fichtner, U.: Weltuntergang? Im Leben nicht! In: Der Spiegel 14/2021, S. 10 - 16.

Geissler, E. E.: Autorität. In: Flitner, A./Scheuerl, H. (Hrsg.): Einführung in pädagogisches Sehen und Denken. Weinheim und Basel 2000, S. 76 - 87.

Giesecke, H.: Die pädagogische Beziehung. Weinheim und München 1999.

Giesecke, H.: Das „Ende der Erziehung“. Ende oder Anfang pädagogischer Professionalisierung? In: Combe, A./Helsper, W. (Hrsg.): Pädagogische Professionalität. Untersuchungen zum Typus pädagogischen Handelns. Frankfurt am Main 1996, S. 391 - 403.

Gleißner, T.: Ein wirksamer Weg aus der Gewalt - Neue Perspektiven für Sozialarbeit, Justiz und Schule. In: Schanzenbächer, S. (Hrsg.): Gewalt ohne Ende. Freiburg im Breisgau 2004, S. 9 - 12.

Gözübüyük, D.: „187"-Laden eröffnet: Polizeieinsatz. In: Hamburger Morgenpost vom 24.08.2020, S. 11.

Gottschalch, W.: Wahrnehmen, Verstehen, Helfen. Grundlagen psychosozialen Handelns. Heidelberg 1988.

Großekathöfer, M.: Baders Jungs. In: Der Spiegel 8/2020, S. 48 - 52.

Großmann, C.: Mobbing unter Schülerinnen und Schülern. Hamburg 2006.

Hamburger Morgenpost, Leserkommentar: Ausgabe vom 01.03.2021, S. 38.

Dies, o. N.: Mehr Diebesbanden, Einbrüche nehmen zu. In: Hamburger Morgenpost vom 30.01.2020, S.1.

Dies., o. N.: Kriminalität stark rückläufig. In: Hamburger Morgenpost vom 28.01.2020.

Hassemer, W.: Warum Strafe sein muss. Ein Plädoyer. Berlin 2009.

Havel, V.: Am Anfang war das Wort. Reinbek 1990.

Heinrichs, D.: Da hab ich nur noch rot gesehen. Köln 2008.

Hestermann, T.: Von Lichtgestalten und Dunkelmännern. In: Hestermann, T. (Hrsg.): Von Lichtgestalten und Dunkelmännern. Wie die Medien über Gewalt berichten. Wiesbaden 2012, S. 15 - 24.

Hesse, H.: „Eigensinn macht Spaß". Individuation und Anpassung. Zusammengestellt von Volker Michels. Frankfurt am Main 1992.

Hinz, W.: Soziales Gebot oder „Lebenslüge"? Der Erziehungsgedanke bei der Jugendstrafe. In: Zeitschrift für Rechtspolitik 6/2005, S. 192 - 195.

Höfker, M.: Mobbing: Wie Chefs ihre Mitarbeiter quälen. In: Hamburger Morgenpost vom 26.03.2021, S. 14/15.

Hoppe, O.: Vertrauen. In: Meyer, C./Tetzer, M./Rensch, K. (Hrsg.): Liebe und Freundschaft in der Sozialpädagogik. Personale Dimension professionellen Handelns. Wiesbaden 2009, S. 135 - 155.

Hummelmeier, A.: Was ist wirklich interessant? In: Hestermann, T. (Hrsg.): Von Lichtgestalten und Dunkelmännern. Wiesbaden 2012, S. 79 - 86.

IKD Homepage: www.konfrontative-paedagogik.de. Stand 09.03.2021.

Jaeger, M.: Frankfurts mutige kleine Schwester. In: Frankfurter Allgemeine Zeitung vom 07.03.2019, S. 3.

Jantos, R.: Etwas mehr Respekt, bitte! In: Hannoversche Allgemeine Zeitung vom 10.04.2019, S. 12.

Jordan, T./Stadler, R.: Im Sog der Parolen. In: Süddeutsche Zeitung vom 29./30.06.2019, S. 10.

Kähler, H.: Soziale Arbeit in Zwangskontexten. Wie unerwünschte Hilfe erfolgreich sein kann. München 2005.

Kampa, D.: Nachwort. In: Lenz, S.: Gespräche unter Freunden, S. 493 - 497. Hamburg 2015.

Karanikolas, N./Maas, M.-C.: „Sie wollen eine Jugend-Quote". In: Die Zeit 8/2020, S. 34.

Kermani, N: Wer ist Wir? Deutschland und seine Muslime. Bonn 2009.

Kilb, R.: Konflikte, Radikalisierung, Gewalt. Weinheim 2020.

Ders.: Einladung zum Fachtag ‚Austausch zu Weiterentwicklungen Konfrontativer Pädagogik' in Mannheim am 02.03.2017.

Ders.: Der Einsatz konfrontativer Techniken bei Ablöseprozessen Jugendlicher in pädagogischen Maßnahmen und Einrichtungen. In: Weidner, J./Kilb, R. (Hrsg.): Konfrontative Pädagogik. Konfliktbearbeitung in Sozialer Arbeit und Erziehung. Wiesbaden 2004, S. 149 - 163.

Ders.: Gewaltphänomene bei Kindern und Jugendlichen und ihre Ursachen. In: Weidner, J./Kilb, R./Jehn, O. (Hrsg.): Gewalt im Griff, Band 3. Weinheim, Basel, Berlin 2003, S. 34 - 56.

Kilb, R./Weidner, J.: Einführung in die Konfrontative Pädagogik. München 2013.

Klatetzki, T.: Narrative Praktiken. Weinheim 2019.

Klug, W.: „Motivationsarbeit" - Theoretische Grundlagen und praktische Folgerungen der Motivationsarbeit in Zwangskontexten. In: Bewährungshilfe 4/2012, S. 325 - 344.

Klug, W./Zobrist, P.: Motivierte Klienten trotz Zwangskontext. München/Basel 2021.

Köber, C./Habermas, T.: Erzähl dein Leben. In: Gehirn & Geist 01/2016, S. 26 - 31.

Krüger, T.: Über das Studieren bei Herbert Colla. In: Sozialpädagogische Impulse 2/2016, S. 54/55.

Lang, B./Toscani, O.: „Wenn andere Menschen nicht frei sind, bin ich es auch nicht." In: S. Magazin 4/2018, S. 16 - 18.

Laudenbach, P./Forst, R.: „Wir schulden einander vernünftige Gründe." In: brandeins 02/2020, S. 56 - 59.

Lauenstein, M.: Lasst den Shitstorm im Internet! In: Die Zeit 08/2020, S. 65/66.

Lauermann, K.: Herbert E. Colla - 75 Jahre. In: Sozialpädagogische Impulse 2/2016, S. 36/37.

Lenz, S.: Gespräche unter Freunden. Ausgewählt und mit einem Nachwort von Daniel Kampa. Hamburg 2015.

Ders.: Bedenkenloser Entwurf eines ganz und gar idealen Verlags. In: Der Autor und sein Verlag. Zusammengestellt von Daniel Kampa. Hamburg 2015, S. 85 - 93.

Ders.: Die Sprache des Präsidenten. In: Gelegenheit zum Staunen. Herausgegeben von Heinrich Detering. Hamburg 2014, S. 166 - 173.

Ders.: Das Interview. In: Die Maske. Hamburg 2011, S. 105 - 123.

Ders.: Über den Schmerz. In: Über den Schmerz, S. 9 - 29. Hamburg 1998.

Ders.: Große Scheherezade des Nordens. In: Ders.: Elfenbeinturm und Barrikade. Hamburg 1983, S. 175 - 178.

Lotter, W.: Klartext. In: brandeins 02/2020, S. 36 - 41.

Lührs, G.: Vom Lieben und Lenken. In: Hohe Luft 1/2021, S. 20 - 25.

Michel, G.: Ja zum Nein. In: Psychologie Heute 09/2020, S. 82/83.

Mitzel, W.: „Der ganz normale Wahnsinn…? Persönlichkeitsentwicklung und Identitätsbildung junger Menschen - Konsequenzen für die berufliche Praxis. In: ZJJ 4/2016, S. 417.

Motamedi, S.: Konfliktmanagement. Vom Konfliktvermeider zum Konfliktmanager. Offenbach 1999.

Müller, B.: Nähe, Distanz, Professionalität. In: Dörr, M./Müller, B. (Hrsg.): Nähe und Distanz. Weinheim und München 2007, S. 141 - 157.

Neidhardt, F.: Gewalt. Soziale Bedeutung und sozialwissenschaftliche Bestimmung des Begriffs. In: Bundeskriminalamt (Hrsg.): Was ist Gewalt? Wiesbaden 1986.

Niedhart, G.: Durch den Eisernen Vorhang. Darmstadt 2019.

Petry, J.: Behandlungsmotivation. Grundlagen und Anwendungen in der Suchttherapie. Weinheim 1993.

Pfeiffer, C.: Haben „harte“ Jugendrichter mehr Erfolg als „milde“? In: ZJJ 1/2020, S. 79 - 82.

Polsky, H.: Cottage Six. Huntington, New York 1977 (Orig. 1962).

Preuß, T.: Die Herabsetzung des Strafmündigkeitsalters auf 12 Jahre. In: ZJJ 4/2020, S. 348 - 358.

Preuß, R./Özuak, B.: „Mit Brutalität kann ich mir Respekt verschaffen.“ www.sueddeutsche.de, 31.03.2019.

Rehbein, C.: Einzel-AAT: Umgang mit einer neuen ambulanten Hilfe in Hamburg. In: standpunkt: sozial 3/2018, S. 99 - 103.

Reichart, E: Was heißt hier RESPEKT? München 2015.

Reinhard, R.: Mehr Geist, bitte! In: Hohe Luft 1/2021, S. 75 - 77.

Rippert, A.: Der innere Kompass. In: Hohe Luft kompakt 1/2020, S. 58 - 61.

Rohde, S.: Das Ego hinter dem Ratschlag. In: Psychologie Heute 5/2020, S. 69 - 73.

Rohde, S./Schmidbauer, W.: „Bewertungen verstellen den klaren Blick auf die Dinge." In: Psychologie Heute 5/2017, S. 12 - 15.

Rückert, S.: Zur falschen Zeit am falschen Ort. In: Zeit-Magazin 5/2011, S. 10 - 18.

Schäfer, S.: „Das Leben in unserer Stadt wird von Jahr zu Jahr sicherer". In: Hamburger Morgenpost vom 08.02.2020, S. 8/9.

Schäfer, S. A.: Konfrontative Pädagogik und Anti-Aggressivitäts-Training: Licht in das Dunkel einer (schwarzen?) Pädagogik. In: Reinnickel, S. (Hrsg.): Erziehung krimineller Jugendlicher in kriminalpolitischen Institutionen. Wiesbaden 2011, S. 95 - 112.

Schawohl, H.: Das Einzel-AAT oder: Respekt ist keine Einbahnstraße. Mönchengladbach 2020.

Ders.: Der AUREBEKO-Effekt. Typoskript; erscheint 2024.

Ders.: Zertifizierter Ausbildungsgang für das Einzel-Anti-Aggressivitäts-Training. Hamburg 2021.

Ders.: „Und was haben Sie noch immer gesagt: Respekt ist keine Einbahnstraße". In: standpunkt: sozial 3/2016, S. 100 - 104.

Ders.: Präventionsarbeit für Mädchen und Jungen beim Mobbing. In: Polizei Hamburg (Hrsg.): Jugendlagebild 2015. Jugendkriminalität und Jugendgefährdung in Hamburg. Hamburg 2016, S. 37 - 42.

Ders.: MuT-Gruppen helfen Mädchen und Jungen bei Mobbing in der Schule. In: Werner, S. (Hrsg.): Mobbing – Opferorientierte Hilfen für Kinder und Jugendliche. Weinheim und Basel 2015, S. 110 - 118.

Ders.: Zur Kritik am Anti-Aggressivitäts-Training. Eine replizierende Betrachtung. Mönchengladbach 2014.

Ders.: Konzept Einzel-Anti-Aggressivitäts-Training (Einzel-AAT). Hamburg 2014.

Ders.: Kommunikation als motivationaler Faktor für die Arbeit mit gewaltbereiten Jugendlichen. Mönchengladbach 2013.

Ders.: Kommunikative Kompetenz im Kontext der Konfrontativen Pädagogik. In: Weidner, J./Kilb, R. (Hrsg.): Handbuch Konfrontative Pädagogik. Weinheim und München 2011, S. 157 - 166.

Ders.: Vom Behandlungszwang zur Freiwilligkeit. Göttingen 2009.

Ders.: Gewalt junger Täter und Opferleid. In: Soziale Arbeit 9/2006, S. 336 - 342.

Ders.: Das Anti-Aggressivitäts-/Coolness-Training® (AAT/CT). In: Soziale Arbeit 8/2005, S. 302 - 310.

Ders.: Das Anti-Aggressivitäts-Training (AAT) im Jugendstrafvollzug. In: Standpunkt: Sozial 2/2005, S. 78 - 83.

Ders.: Sprich mit ihnen von Mensch zu Mensch. In: unsere jugend 3/2004, S. 99 - 106.

Ders.: Von Glen Mills lernen. Vom Interventionsrecht zur Interventionserlaubnis im deutschen Anti-Aggressivitäts-Training. In: Colla, H. E./Scholz, C./Weidner, J. (Hrsg.): „Konfrontative Pädagogik": Das Glen Mills Experiment. Mönchengladbach 2001, S. 199 - 226.

Ders.: Diskussionsbeitrag. In: Martha Stiftung (Hrsg.): Gewalt in Institutionen. Dokumentation der Fachtagung im Sozialtherapeutischen Zentrum für Suchtkranke am 22.11.2001.

Ders.: Die curricularen Eckpfeiler des Antiaggressivitätstrainings in der praktischen Anwendung. In: Reader zum 2. Kieler Fachforum zur Arbeit mit Jungen. Kiel 1999, S. 2 - 8.

Schawohl, H./Weidner, J.: Konfrontative Pädagogik: it works! In: Sozial Extra 5/2014, S. 38 - 40.

Scheuerl, H.: Der Dialog in Erziehung und Unterricht. In: Flitner, A./Scheuerl, H. (Hrsg.): a.a.O.; S. 183 - 196.

Schiefele, H.: Lernmotivation und Motivlernen. München 1974.

Schneider, K./Schmalt, H.-D.: Motivation. Stuttgart 2000.

Schmid, W.: Gegen die Betriebsblindheit. In: Psychologie Heute 09/2017, S. 34 - 38.

Schriever, S.: Worte statt Fäuste. In: Hamburger Rundschau Nr. 29 vom 16. Juli 1998, S. 3 - 4.

Schweer, T./Strasser, H./Zdun, S.: „Das da draußen ist ein Zoo, und wir sind die Dompteure". Wiesbaden 2008.

Sennett, R.: Erfolg im Zeitalter der Ungleichheit. Berlin 2002.

Sieland, B./Tarnowski, T.: Emotionskompetenz als Kernkompetenz für (Sozial-)Pädagogen und für ihre Schüler. In: Meyer, C./Tetzer, M./Rensch, K. (Hrsg.): Liebe und Freundschaft in der Sozialpädagogik. Personale Dimension professionellen Handelns. Wiesbaden 2009, S. 121 - 134.

Tausch, R./Tausch, A.-M.: Erziehungspsychologie. Psychologische Prozesse in Erziehung und Unterricht. Göttingen 1973.

Thiersch, H.: Nähe und Distanz in der Sozialen Arbeit. In: Dörr, M./Müller, B. (Hrsg.): Nähe und Distanz. Ein Spannungsfeld pädagogischer Professionalität. Weinheim und München 2007, S. 29 - 45.

Tügel, H.: Die Kunst der Reue. In: Geo Wissen 35/2005, S. 98 - 104.

Ullrich, V./Kröber, H.-L.: Können Kinder Kriminelle sein? In: Die Zeit 3/2020, S. 10.

Vasek, T.: Blüht, Leute! In: Hohe Luft 3/2021, S. 28 - 31.

Ders.: Brücken bauen, NICHT zerschlagen. In: Hohe Luft 2/2021, S. 14/15.

Ders.: Der Mensch lebt nicht allein. In: Hohe Luft 1/2021, S. 14 - 17.

Ders.: Grund und Wirkung. In: Hohe Luft 1/2020, S. 66 - 70.

Ders.: Handeln, ohne zu handeln. In: Hohe Luft kompakt 1/2020, S. 80 - 83.

Ders.: Energie des Lebens. In: Hohe Luft 2/2019, S. 40 - 45.

Vollmers, B.: Streben, leben und bewegen. Kleiner Abriss der Motivationspsychologie. Göttingen 1999.

Walser, M./Augstein, J.: Das Leben wortwörtlich. Reinbek bei Hamburg 2017.

Walsh, M./Hausenberger, R./Krischker, S./Platten, G./ Rimer, S./Schmid, A.: Beziehungsarbeit im Rahmen einer Intensivbetreuung. In: ZJJ 3/2016, S. 242 - 246.

Walter, A.: Trichter zur Welt. In: Hohe Luft 3/2021, S. 46 - 49.

Walter, M.: Jugendkriminalität. Stuttgart 2001.

Weidner, J.: Konfrontative Pädagogik (KP). Ein Plädoyer für eine gerade Linie mit Herz - auch im schulischen Alltag. In: Kilb, R./Weidner, J./Gall, R. (Hrsg.): Konfrontative Pädagogik in der Schule. Weinheim und München 2006, S. 29 - 43.

Ders.: Konfrontation mit Herz: Eckpfeiler eines neuen Trends in Sozialer Arbeit und Erziehungswissenschaft. In: Weidner, J./Kilb, R. (Hrsg.): a.a.O. (2004), S. 11 - 23.

Ders.: Anti-Aggressivitäts-Training für Gewalttäter. Bonn/Mönchengladbach 1997.

Weidner, J./Kilb, R. (Hrsg.): Handbuch Konfrontative Pädagogik. Weinheim und München 2011.

Dies.: Einladung zum Kongress 20 Jahre AAT am 09.05.2008 in Mannheim.

Weipert, T.: Lebenswelt Gefängnis. Herbolzheim 2003.

Widulle, W.: Gesprächsführung in der Sozialen Arbeit. Wiesbaden 2011.

Winkler, M.: Die konkrete Theorie der Sozialpädagogik. In: Sozialpädagogische Impulse 2/2016, S. 46 - 50.

Ders.: Konfrontative Pädagogik: Unerträglich und doch bedenkenswert. In: Sozial Extra 5/2014, S. 50 - 53.

Wintergerst, T.: Autorität und Regeln. Prinzipien funktionierender Teamarbeit. In: Sozialmagazin 2/2001, S. 25 - 32.

Wissenschaftliche Dienste des Deutschen Bundestages: Zeugnisverweigerungsrecht im Bereich der sozialen Arbeit? Geltende Rechtslage und Spielraum des Gesetzgebers. WD 7 - 3000 - 034/20, Deutscher Bundestag 2020.

Zimbardo, P. G.: Psychologie. Augsburg 1995.